Frank-Rainer Schurich

Tödliche Lust

Sexualstraftaten in der DDR

Das Neue Berlin

Das Buch

Das Thema hatte noch nicht Konjunktur in den Medien, als der Autor sich daran machte, ein bislang wenig erörtertes Kapitel DDR-Geschichte aufzuschreiben, an dem er seinerzeit als Kriminalist mitgewirkt hatte. Der fortschreitende Verlust von Sicherheit, der sich nicht nur in der Statistik, sondern auch als Unwohlsein bei den meisten Menschen niederschlägt, hat in den letzten Jahren das Interesse an diesem Thema sprunghaft wachsen lassen.

Wenn Schurich sich in seinem Pitaval mit einigen historischen Fällen auseinandersetzt, tut er dies keineswegs mit der Absicht, einer vermeintlich »sicheren« Welt das Wort zu reden. Es geht ihm um Geschichte und um die gesellschaftliche Dimension von Kriminalität unter bestimmten politischen Verhältnissen.

Das Buch behandelt Vorfälle, die sich zwischen 1973 und 1989 in der DDR-Hauptstadt zutrugen.

Der Autor

Frank-Rainer Schurich, Jahrgang 1947, Kriminalistik-Studium an der Berliner Humboldt-Universität 1967 bis 1971, Forschungsstudium und anschließende wissenschaftliche Laufbahn, Dozent bzw. ordentlicher Professor für Kriminalistik an der HUB. Seit 1994 freier Autor.

1985/86 Mitarbeiter der Diensthabenden Gruppe der Berliner Kriminalpolizei (DHG). Um die Verbindung zur Praxis nicht zu verlieren, arbeitete Schurich jährlich in den Semesterpausen bei der Kripo. Zahlreiche Publikationen, u. a. »Die Kriminalistik an der Berliner Universität. Aufstieg und Ende eines Lehrfachs« (mit Rainer Leonhardt, 1994), und »Glaubenskrieg. Kirche im Sozialismus – Zeugen und Zeugnisse eines Kulturkampfes« (mit Sedler/Schumann, 1995), »Mein Name ist Hase. Kuriositätenlexikon der Kriminalgeschichte« (1997), »Berlin mörderisch« (mit Rainer Leonhardt, 1999).

Inhalt

Die DDR –
ein kriminalpräventives
Gesamtkunstwerk?

Legt man die durchschnittliche Kriminalitätsbelastung in der DDR Mitte der 80er Jahre zugrunde, war die polizeilich registrierte Kriminalität in der BRD rund zehnmal höher als in der DDR. Für das Jahr 1988 bedeutete dies konkret, daß in der DDR 119.124 Vergehen und Verbrechen erfaßt wurden (715 pro 100.000 Einwohner), in der BRD dagegen 4.356.726 (7.094 pro 100.000). Zu Lebzeiten beider deutscher Staaten war dies der DDR regelmäßig Anlaß, die historische Überlegenheit des Sozialismus lobzupreisen. Für Peter Przybylski, den Sprecher der Generalstaatsanwaltschaft, waren die Zahlen der BRD-Kriminalstatistik »ohnehin nur ein Indiz für die wirkliche Dimension des Verbrechensgeschehens. Denn die Verbrechen von Angehörigen der besitzenden Klasse und von eng mit ihr verbundenen Repräsentanten des kapitalistischen Systems erscheinen nicht in den Ziffern der Kriminalstatistik«.

In den Ziffern, aus denen das DDR-Zahlenwerk zusammengesetzt war, witterte dagegen die andere Seite permanenten Betrug und plumpe Fälschung. Weil aber diese Zahlenverbiegerei schwerlich zu beweisen war (man hatte ja die Akten noch nicht!), half man sich skrupellos mit der These, daß in der SED-Diktatur, diesem autoritären Unterdrückungs- und Überwachungsstaat, Straftäter natürlich zwangsweise von Verbrechen abgehalten würden – in der freiheitlichen Demokratie undenkbar, weil Kriminalität eben ein Preis der Freiheit sei.

Der Hamburger Kriminologe Fritz Sack schreibt, daß die Statistik allenfalls einen Überblick darüber gebe, wo die Polizei ihre Ressourcen einsetze, also mehr eine bloße Umschreibung der selektiven Mechanismen der Strafverfolgung sei.

Allerdings lassen sich die Kriminalstatistiken zweier Staaten so wenig vergleichen wie Äpfel und Birnen. Denn es gab unterschiedliche Strafgesetze und Erfassungsgrundlagen sowie auf beiden Seiten verschiedene Möglichkeiten, die Zahlenkolonnen zu manipulieren.

Die »Berliner Projektgruppe Kriminologie«, die spätere und abgewickelte »Kriminologische Forschungsstelle an der Humboldt-Universität zu Berlin«, mutmaßte bereits 1991, daß es 1988 in Wirklichkeit 393.900 angezeigte Straftaten gegeben hat, während die offizielle Kriminalstatistik nur 119.000 auswies. Das läßt sich u. a. damit erklären, daß in der BRD Fälle, in der DDR Anzeigen/Verfahren gezählt wurden, wobei neue Anzeigen laufenden Verfahren zugeordnet werden konnten, wenn innere Tatzusammenhänge nachweisbar waren. Hinzu kam, daß Fahrraddiebstähle (1988: ca. 94.800 – die quasi entkriminalisiert »Fahrradverluste« hießen), geringfügige Eigentumsverfehlungen bis 100 Mark (1988: ca. 66.700) und Kinderdelikte (1988: ca. 1.700) keine Chance hatten, in den Tabellen des Statistischen Jahrbuchs aufzutauchen.

Das ist aber nur ein Teil der Wahrheit. Auf der anderen Seite zählte man in der DDR Straftaten, die es im Westen gar nicht gab, ja nicht geben durfte (z. B. § 213 StGB: »Ungesetzlicher Grenzübertritt«, § 249 StGB: »Beeinträchtigung der öffentlichen Sicherheit und Ordnung durch asoziales Verhalten«) oder die dort nicht mehr mitgerechnet wurden, wie die Verkehrsstraftaten. Man nahm sie 1963 aus der Statistik, um den wenig erfreulichen Kriminalitätsanstieg zu kaschieren.

Der Abteilungsdirektor im Bundeskriminalamt Edwin Kube faßt die Zahlenspielerei volkstümlich zusammen: »Damit ergibt sich im Verhältnis zur ehemaligen DDR für die ›alte‹ Bundesrepublik eine etwa drei- bis vierfach (statt 10fach) so hohe Häufigkeitszahl, in Zahlen: etwa 2.000 zu 7.500.« Kube steht wirklich nicht im Verdacht, eine wesentlich niedrigere Kriminalitätsbelastung in der DDR herbeifälschen zu wollen. Doch Kriminalität umfaßt nicht nur die angezeigten, sondern alle tatsächlich begangenen Straftaten.

Deshalb nähern wir uns den verbrecherischen Realitäten

exakter, wenn zuzüglich die sogenannte Latenz betrachtet wird: Straftaten, die nicht erkannt, ermittelt oder zur Anzeige gebracht wurden.

Dunkelfeldforschungen haben zum Beispiel zutage gefördert, daß die Latenz bei leichten Delikten größer ist als bei schweren Straftaten. Und daß es normal ist, im Jugendalter zu delinquieren, jedoch anormal, dabei auch erwischt und bestraft zu werden. Zudem besitzt jedes Delikt eine spezifische Dunkelziffer, die als Verhältnis von Hellfeld (registrierte Straftaten) und Dunkelfeld umschrieben werden kann.

Im Bereich der Sexualstraftaten ist, der Natur der Sache nach, die Dunkelziffer relativ hoch. Nehmen wir ein Delikt, das gerade ganze Nationen aufwühlt: den sexuellen Mißbrauch von Kindern. 1988 wurden in der DDR 1.091 Fälle, in der BRD 11.404 verzeichnet (DDR: sieben Straftaten pro 100.000 Einwohner, BRD: 19). In beiden Ländern galt die Kinderschändung als das häufigste Sexualdelikt. Nach anonymen schriftlichen Befragungen in der DDR (1978) war das Verhältnis von angezeigten, begangenen Straftaten bei Mädchen 1:6,5 und bei Jungen 1:10. Es drang aber kaum in die Öffentlichkeit. Für eine Gesellschaft, die jede Kriminalität als wesensfremd stigmatisierte und sich als überaus kinderfreundlich bezeichnete, war es ein unerträglicher Gedanke, daß jährlich Tausende von Kindern unter 14 Jahren durch sexuelle Attentate verantwortungsloser Menschen mißbraucht werden, wie aus einer Untersuchung des Kriminologen Karl-Heinz Röhner hervorgeht.

Berechnungen von Christian Pfeiffer, Professor am Kriminologischen Forschungsinstitut Hannover, heute niedersächsischer Justizminister, belegen: In der heutigen Bundesrepublik erleben 8,5 Prozent der Mädchen und ungefähr drei Prozent der Jungen sexuellen Mißbrauch in der Kindheit, wobei in den letzten Jahrzehnten die Häufigkeiten im Dunkelfeld fast konstant geblieben sind. Nach Pfeiffer wären dies 100.000 sexuell mißbrauchte Mädchen pro Jahrgangsgruppe. Grob gerechnet zu den DDR-Dunkelzifferzahlen käme man auf eine ähnliche Konstellation, nur daß das Dunkelfeld auch dreimal so groß wie in der DDR ist! Nach Angaben des Bundeskriminalamtes kommen in Deutschland auf eine Anzeige sechs bis acht Fälle des sexuellen Mißbrauchs von Kindern.

Im Bereich der Sexualstraftaten war die Kriminalitätsbelastung in beiden deutschen Staaten laut Statistik recht unterschiedlich. So wurden 1988 in der DDR 530 Vergewaltigungen polizeilich registriert (BRD 1988: 5.251; je 100.000 der Bevölkerung DDR/BRD: 3/9 Straftaten), 445 Nötigungen und Mißbräuche zu sexuellen Handlungen (3.376, 3/6) und 113 Straftaten des sexuellen Mißbrauchs von Jugendlichen (keine Vergleichszahlen, DDR je 100.000 Einwohner: eine Straftat).

»Die Kriminalität in der DDR wesentlich geringer als in der BRD, ja, wie kommt denn das?« könnte man jetzt fragen. Während die Kriminalgeschichte des sozialistischen deutschen Staates dem Zeitgeist entsprechend in speziellen Apparaturen wie Enquête-Kommission, Kolumne oder Talk-Runde höchst vereinfachend aufgearbeitet wird, bürstete ein westdeutscher Sozialwissenschaftler kühn gegen den Strich. Fünf Jahre nach der deutschen Einheit fragte Prof. Dr. Robert Northoff in der Fachzeitschrift »Kriminalistik« unter anderem, ob denn die DDR ein kriminalpräventives Gesamtkunstwerk gewesen sei. Seine bemerkenswerten Untersuchungen belegen, »daß die DDR, bezogen auf die Kriminalität privater Personen, der sicherere Staat gewesen ist« und daß »der ganzheitlich, gesellschaftsorientierte Ansatz der DDR (zur Kriminalitätsvorbeugung – FRS) im Kern durchaus fortschrittlich« war.

Gelobt werden in dem Aufsatz die kommunalen Arbeiter vor Ort und verschiedene Professionen, die interdisziplinär an die Sache herangingen und so eine wirksame Verbrechensvorbeugung ermöglichten. Aspekte der Familienpolitik, der feste Klassenverband während der ersten zehn Schuljahre, guter Kontakt zwischen Elternhaus und Schule und noch vieles andere werden hervorgehoben. »In der DDR gingen die Lehrer mehr auf die Eltern zu. Das Erziehungsrecht wurde auch als Pflicht verstanden und ernster genommen. Delinquentem Verhalten konnte so schnell und auf niedriger Ebene entgegengewirkt werden. Die Freizeitgestaltung und Betreuung der Schüler wurde aktiv und preisgünstig durch die Schulen gestaltet. So konnten altersspezifische Zeitungen bezogen werden wie die ABC-Zeitung oder ›Die Trommel‹, es gab ein pädagogisch durchdachtes Fernsehprogramm mit täglichen Kindersendungen ...«

Aber nicht nur »ABC-Zeitung« und »Trommel« kommen zu späten Ehren. Selbst den »parteipolitisch geprägten Mitgliedschaften bei den Pionieren und der FDJ« kann Positives abgerungen werden, weil sie immerhin den Gemeinsinn prägten. Und die Tatsache, daß jeder in der DDR Arbeit hatte, wird unter dem Vorbeugungsgedanken ebenso gewürdigt wie die umfangreiche außergerichtliche Konfliktbewältigung durch gesellschaftliche Gerichte, die erzieherisch sehr von Vorteil sei. So kam Northoff, der an der Fachhochschule Neubrandenburg lehrt, nicht an der pragmatischen Frage vorbei, ob nicht bestimmte kriminalitätsrelevante gesellschaftliche Rahmenbedingungen der DDR auch in einem vereinigten Deutschland ihren Platz finden könnten. Doch die durchaus produktiven Erfahrungen kommen bedauerlicherweise vom Verlierer, und so ist die Antwort (vorerst) Schweigen.

Der Präventionsgedanke durchzog auch die kriminalistischen Ermittlungen in der DDR. Aus der Erkenntnis, daß nicht Milde der Strafe, sondern die Straflosigkeit der Verbrechen die Gesetze kraftlos werden läßt (oft Lenin zugeschrieben; aber der hatte sie, korrekt zitiert, von Marat), leitete man die reichlich überzogene und illusionäre Forderung ab, alle Straftaten aufzudecken und die Täter allesamt zu ermitteln. Wie immer im Leben lag auch in dieser Übertreibung ein durchaus richtiger Ansatz, nämlich, daß die schnelle Bestrafung des Schuldigen ebenfalls eine vorbeugende Wirkung entfalten kann. Das Ergebnis war sicher nicht so, wie in der Kriminalstatistik ausgewiesen, beispielsweise für 1986 eine Aufklärungsquote von 74,7 Prozent. Indem sie sich an Ermittlungsverfahren und nicht an tatsächlichen Fällen orientierte, lud sie zur »Hochrechnung« ein. Denn gerade diese Quote galt als eine enorm wichtige Kennziffer im Vergleich der kriminalpolizeilichen Dienststellen untereinander. Dabei wären schon 60 Prozent auch international gesehen ein Riesenerfolg gewesen! Zum Vergleich: Im gleichen Jahr lag die Aufklärungsquote in der BRD bei 45,8 Prozent, 1995 bei 46,0 Prozent, 2001 bei 53,0 Prozent.

Nicht in die Denkstrukturen der Sicherheitslenker und Polizeioberen der BRD paßte auch die kriminalistische Hochschulausbildung, die es – einzigartig in Deutschland – an der Humboldt-Universität gab und die mit dem akademischen Grad eines Diplomkriminalisten endete. In einer wissenschaftsfeindlichen Landschaft wird der Polizeiführungsakademie in Münster/Hiltrup bildungspolitisch gerade mal ein Status wie der einer Ausbildungsstätte für Fußpfleger zuerkannt und werde die Kriminalpolizei von Polizeiorganisatoren praktisch zwischen Hundestaffel und Musikkorps einsortiert, stellt zugespitzt der Chefredakteur der Heidelberger Zeitschrift »Kriminalistik« Waldemar Burghard fest. Da nimmt es auch nicht wunder, daß der Berliner Senat den Fachbereich Kriminalistik »mangels Bedarfs« 1994 restlos abwickelte.

Die teilweise schon praktizierte, aber allerorts angestrebte »Eingemeindung« der Kriminalpolizei in die Schutzpolizei ist zudem ein weiterer Schritt in die falsche Richtung. Er gibt auch den Gedanken der Prävention durch gute kriminalistische Arbeit gänzlich auf. Wie soll denn die Ausbildung dieser Allround-Polizisten aussehen? Eine Vereinheitlichung beider Gewerke, so Erwin Quambusch von der Fachhochschule Bielefeld, »bedeutet zwangsläufig eine Minderung kriminaltypischer Kreativität, solange die Ausbildung von den strukturellen und personellen Merkmalen gegenwärtiger Schutzpolizeiausbildung bestimmt wird«. Der Autor geht mit seinen Kollegen nicht gerade fein um: Die Ausbildung von jungen Polizei- und Verwaltungsangestellten finde wie eh und je in einem Ghetto interner Bildungsarbeit statt. Dies sei die unrühmliche Folge einer erschreckenden Stabilisierung philiströser Denk- und Handlungsweisen, wie sie einer aufs bloße Verwalten und nicht auf den Dienst an Bürger und Staat ausgerichteten Beamtenherrschaft eigen ist.

»Weil mich die Fußspuren schrecken, die alle zu dir hineinweisen, während keine wieder herausführt«, sagte in Horaz' Fabel der achtsame Fuchs zum kranken Löwen. Solche Sternstunden detektivischen Denkens dürften zukünftig nur noch in seltenen Fällen zu erwarten sein.

Die im Buch vorgestellten Berichte und Dokumente, die Sexualstraftaten in Berlin, Hauptstadt der DDR, zum Gegenstand haben, zeigen, daß gut ausgebildete Kriminalisten am Werke waren, wenn auch nicht immer auf Anhieb erfolgreich. Manchmal kam ihnen der berühmte Kommissar Zufall zu Hilfe. Dies unterscheidet die Kripo der DDR wohl kaum von der Kriminalpolizei der alten Bundesrepublik. Und doch wird sinnfällig, daß die gesellschaftlichen Bedingungen zur Vorbeugung von Straftaten und zur Ermittlung von Rechtsverletzern den heutigen in der kapitalistischen Gesellschaft überlegen waren. Oft wirkten viele Menschen ohne Sensationsgier, finanzielle Interessen oder Geltungsbestreben daran mit.

Zu Sexualstraftaten in der DDR zählte man nach dem Strafgesetzbuch von 1968 im engeren Zirkel die Vergewaltigung (§ 121 StGB), Nötigung und Mißbrauch zu sexuellen Handlungen (§ 122 StGB), sexuellen Mißbrauch von Kindern (§ 148 StGB) und von Jugendlichen (§§ 149, 150), homosexuelle Handlungen Erwachsener mit Jugendlichen (151 StGB – dieser Paragraph wurde mit dem 5. Strafrechtsänderungsgesetz 1989 aufgehoben), Vornahme sexueller Handlungen in der Öffentlichkeit (§ 124 StGB) und die Beleidigung in der Alternative der unsittlichen Belästigung (§ 137 StGB). Zahlreiche Taten mit sexuellem Hintergrund rechneten, obgleich vielleicht kriminologisch nicht exakt, zur Sexualkriminalität im weiteren Sinne, z. B. sadistisch motivierte Tötungs- und Körperverletzungsdelikte, fahrlässige Tötung während sexueller Handlungen und Störung der Totenruhe durch geschlechtliche Manipulationen an einer Leiche. Freilich konnten auch andere strafbare Handlungen sexuell motiviert sein, ohne gleich begrifflich zu den Sexualstraftaten zu gehören. Bekanntlich gibt es Täter, die sich des Hausfriedensbruchs schuldig machen, weil sie sich beim unbemerkten nächtlichen Einschleichen in das Schlafzimmer einer fremden Frau sexuell erregen. Wäschefetischismus und sexuelle Kleptomanie sind Spielarten des Diebstahls; fetischistische Zopfabschneider agieren, strafrechtlich gesehen, als Körperverletzer. Schließlich sei noch die sexuelle Pyromanie erwähnt, die oft als Brandstiftung in die Schlagzeilen und in die Kriminalstatistik eingeht.

Zu Sexualstraftaten im weiteren Sinne zählten in der DDR noch Ausnutzung und Förderung der Prostitution (§ 123 StGB), Prostitution (§ 249 Abs. 2 StGB: Beeinträchtigung der öffentlichen Ordnung und Sicherheit durch asoziales Verhalten), Verbreitung pornographischer Schriften (§ 125 StGB) und Geschlechtsverkehr zwischen Verwandten (§ 152 StGB); diese Delikte spielten aber im kriminalistischen Leben der DDR eine untergeordnete Rolle. Sodomie, also Geschlechtsverkehr mit Tieren, war im Strafgesetzbuch der DDR kein eigener Tatbestand mehr. Solche Handlungen konnten als Tierquälerei (§ 250 StGB) oder sinnigerweise als »Schädigung des Tierbestandes« (§ 168 StGB) verfolgt werden!

Zuweilen faßte man Gewalt- und Sexualkriminalität (wie in dem gleichnamigen Buch vom Staatsverlag der DDR aus dem Jahre 1970) pragmatisch zu einer Gruppe zusammen. Die Assoziation, daß Sexualtäter besonders gefährlich, brutal und verabscheuungswürdig sind, ergibt sich dabei wie von selbst. In Wirklichkeit machte in der DDR die Gewaltanwendung innerhalb der Sexualstraftaten den kleineren Teil aus. Sexualmord und Mord zur Verdeckung einer Sexualstraftat, Vergewaltigung und schonungslose sexuelle Praktiken wären Beispiele dafür.

Die Ursachen für die Sexualkriminalität in der DDR wurden bis in die 70er Jahre hinein sehr einseitig interpretiert. In dem erwähnten Buch über Gewalt- und Sexualkriminalität gibt es ein Kapitel mit dem stelzigen Titel »Die Bedeutung des Einflusses der imperialistischen Ideologie und Unkultur für die Determination der Gewalt- und Sexualdelikte«. Was gemeint ist, konnte 1971 auch in der Fachzeitschrift des Ministeriums des Innern (MdI) »Forum der Kriminalistik« nachgelesen werden: »Durch das ständige und nachhaltige Einwirken auf das Bewußtsein und die Persönlichkeitsentwicklung sollen die Bürger der DDR in ihrem Weltbild, in ihren Denkgewohnheiten, ihren Gefühlsregungen und ästhetischen Urteilen sowie in ihrer ganzen Lebensweise den reaktionären Klasseninteressen des Imperialismus untergeordnet und von ihren Aufgaben bei der Gestaltung des entwickelten gesellschaftlichen Systems des Sozialismus abgehalten und zu antisozialistischen Verhaltenseigenschaften bewegt werden. Eine entscheidende Seite der ständigen Beeinflussung durch die Gangster-, Horror- und Sexfilme sowie durch systematisches Propagieren und Verherrlichen von Banditentum, Brutalität, Roheit und Töten ist die Einwirkung auf die Persönlichkeit. Sie kann bis zur Deformierung labiler oder sogar fehlentwickelter Menschen führen und unter dem Eindruck des Gelesenen oder Gesehenen zu Sexualstraftaten anregen. Unter dem Einfluß der imperialistischen Ideologie und Unkultur kann es zu einer primitiven Sexualität, zu Perversität sowie anderen sexuellen Abwegigkeiten, zum Beispiel Sadismus, Masochismus, Sado-Masochismus, Transvestitismus, Pädophilie, Fetischismus, Voyerismus, kommen.«

Mitte der 70er Jahre wurden solche vordergründigen und klassenkämpferischen Thesen aufgegeben. In Fröhlichs Betrachtung der Sexualkriminalität in der DDR aus dem Jahre 1980 spielen diese Faktoren keine Rolle mehr. Als Ursachen und Bedingungen für Sexualstraftaten führte er vielmehr an:
- psychiatrische Erkrankungen im engeren Sinne (Psychosen, organisch bedingte Erkrankungen);
- isolierte, relativ konstante und abgegrenzte Abweichungen (Triebanomalie, Triebstörungen);
- Persönlichkeitsstörungen (Verwahrlosung, Persönlichkeitsdefizite, neurotische Persönlichkeiten);
- Entwicklungsbesonderheiten und -störungen im Jugend- und im höheren Lebensalter;
- situative Bedingungen sowie Opferverhalten, Alkoholkonsum, Affekte und ein bestimmter Gruppeneinfluß.

Einer Untersuchung in den 80er Jahren zufolge vergewaltigten Männer in 60 Prozent aller Fälle unter Alkohol. Das »Gaststättentrinken« war in 75 Prozent der Straftaten Ausgangspunkt für sexuelle Gewaltstraftaten, die in der kriminalistischen Fachsprache dann »Zechanschlußdelikte« heißen.

Auf der einen Seite wurde der Sexualtäter in der DDR in der

Öffentlichkeit zuweilen in die Nähe des gefährlichen Gewalt-
täters gerückt, andererseits ließen ihm Untersuchungsorgane,
Staatsanwaltschaft und Richter auch besondere Fürsorge ange-
deihen. Im Vergleich zur Gesamtkriminalität gab es bei dieser
Tätergruppe unverhältnismäßig viele psychiatrische und
psychologische Gutachten, die wie bei keiner anderen Delikts-
gruppe mit Exkulpierungs- und Dekulpierungsvorschlägen
endeten. Diese Sonderstellung der Sexualtäter setzte sich fort
in besonderen Maßnahmen (z. B. Anordnung einer fachärztlichen Heilbehandlung nach § 27 StGB) und in intensiven
Bemühungen um Resozialisierung.

Wohl auf der ganzen Welt sind Sexualstraftaten Delikte aus
dem sozialen Nahraum, sie waren es auch in der DDR. In der
größten Zahl der Fälle kannten sich Täter und Opfer oder waren
gar verwandt. Auch flüchtige Bekanntschaften wurden häufig
zur Begehung von Sexualdelikten genutzt. Was auf der Haben-
seite den Ermittlern die Untersuchungen erleichterte, wenn
derartige Straftaten angezeigt wurden, war auf der anderen Seite
ein auf das Anzeigeverhalten des Opfers negativ wirkender
Faktor. Zu viele familiäre oder andere Rücksichten mußten
genommen werden, so daß davon ausgegangen werden kann:
Die meisten Sexualstraftaten sind auch in der DDR nicht zur
Anzeige gebracht worden.

Daraus erklärt sich eine hohe Dunkelziffer bei Straftaten,
die sich gegen die sexuelle Selbstbestimmung richteten. Besondere victimelle Beziehungen zwischen Opfer und Täter, gesellschaftliche Vor- und Werturteile, allgemeine gesellschaftliche
Prüderie und Tabuisierung der Sexualität, ein oftmals dulden-
des oder zweideutiges Opferverhalten waren wohl Gründe
dafür, daß die Mehrzahl der Sexualstraftaten nicht bekannt
wurde und damit verfolgt werden konnte. Handelte es sich
beim Täter um eine völlig unbekannte Person oder gehörte er
nicht zum Verwandten- oder Bekanntenkreis, erstatteten die
Opfer bzw. die Erziehungsberechtigten jedoch häufiger Anzeigen. Der Gerichtspsychologe Prof. Dettenborn stellte bei einer
Analyse von über 436 Gutachtenfällen fest, daß nur 22 Prozent
aller Straftaten des sexuellen Mißbrauchs von Kindern und

Jugendlichen noch am Tattag der Kriminalpolizei bekannt wurden. Bei immerhin 10 Prozent verging mehr als ein Jahr bis zur Anzeige.

Über das Anzeigeverhalten beispielsweise der Frauen, die Opfer von Vergewaltigern wurden, kann auch im Vergleich zu den Opfern in der BRD nur gemutmaßt werden. Die Frau in der DDR nahm viel aktiver am gesellschaftlichen Leben teil, arbeitete, war selbstbewußt und nicht dazu verdammt, sich klaglos in die Rolle als dienende Ehefrau, treusorgende Mutter oder abhängiges Hausputtelchen zu schicken. Insofern kann schon davon ausgegangen werden, daß entgegen der Praxis im anderen deutschen Staat ein potentiell anzeigenfreudigeres Verhalten vorlag. Auf der anderen Seite gab es aber auch eine Reihe Faktoren, die Opfer davon abhielten, die Verbrechen bei Strafverfolgungsbehörden anzuzeigen. Zu den schon benannten Bedingungen kam auch eine teilweise rigide Vernehmungsführung durch die Polizei (unnötige mehrfache Vernehmung des Opfers zu den Details der Straftat, auch im Beisein anderer männlicher Vernehmer), eine Prozedur also, die sich herumsprach und der man sich nicht unbedingt unterziehen wollte.

Kinder als Opfer von Sexualstraftaten schwiegen oft und lange, weil sie keine Chance sahen, gegen ihre Peiniger vorzugehen. Sie schämten sich selbst und wußten, daß ihnen niemand glauben wird und daß sie in den Auseinandersetzungen in der Familie den Kürzeren ziehen würden. Auch Angst vor Rache, Bestrafung und weiterer körperlicher Züchtigung waren weit verbreitet. Es sind Fälle berichtet worden, in denen die Kindesmutter davon glaubhaft wußte, daß ihr Ehemann sich an der minderjährigen Tochter verging. Auch sie schwieg, weil sie den ehelichen Frieden nicht gefährden und ihren Mann nicht verlieren wollte. Das Protokoll ganz am Ende des Bandes schildert einen solchen Fall.

Der außerordentlich familiäre Charakter des sexuellen Mißbrauchs von Kindern und Jugendlichen in der DDR wird auch durch eine Untersuchung des forensischen Psychologen Eckhard Littmann von der Nervenklinik der Charité anhand von 173 Glaubwürdigkeitsgutachten gestützt. Nur 19 Prozent waren fremde Täter; 81 Prozent kamen aus dem sozialen Umfeld des Opfers (31 Prozent Vater, Stiefvater oder Lebenskamerad der Mutter, sieben Prozent Verwandter ersten oder zweiten Grades, 43 Prozent Bekannte der Familie).

Sexualstraftaten im engeren Sinne waren auch in der DDR eine Männerdomäne. Frauen als Täter sind auch heute bei der Vergewaltigung ohnehin vom Tatbestand ausgeschlossen. Als kasuistische Rarität hatte der Psychiater Hanns Schwarz 1966 einen Fall des sexuellen Mißbrauchs von Kindern und Jugendlichen angeführt. Eine 28jährige Ledige, die in der damaligen Terminologie offenbar zu den »Personen mit häufig wechselndem Geschlechtsverkehr« gehörte, lud 13- bis 14jährige Jungen zum Koitus in ihre Wohnung ein, den sie ihnen dann, soweit funktionell möglich, auch gewährte. Der Kriminologe und Autor Gerhard Feix fand in einer Untersuchung heraus, daß von 3.390 Kinderschändern nur 22 Frauen waren, 0,6 Prozent. Auch Fälle der Beihilfe oder der mittelbaren Täterschaft sind vereinzelt bekanntgeworden, wenn die Partnerin des Täters das vergewaltigte Opfer mit festgehalten hat oder auf andere Weise beteiligt war, seinen Widerstand zu brechen.

Nicht unerwähnt darf bleiben, daß der Sexualtäter auch in der DDR besonders häufig rückfällig war. Wenn Taten noch latent, d. h. noch nicht aufgedeckt waren, konnte zum Beispiel das gleiche kindliche Opfer über eine lange Zeit durch viele Einzelhandlungen sexuell mißbraucht werden. Aber auch nach einer gerichtlichen Verurteilung wurden viele Täter erneut straffällig. In den empirischen Untersuchungen, die im Buch »Gewalt- und Sexualkriminalität« veröffentlicht wurden, waren die Täter bei gewaltsamen Sexualdelikten zu 40,1 Prozent und beim sexuellen Mißbrauch von Kindern zu 40,4 Prozent rückfällig, wobei der Anteil der gerichtlich vorbestraften Täter in der DDR 1967 insgesamt nur 16,6 Prozent betrug. Auch ein Indiz dafür, daß die zweifellos vorhandenen intensiven Bemühungen um eine Resozialisierung der Sexualstraftäter (auch mit psychologisch-psychiatrischer Unterstützung) aufgrund der spezifischen intrapersonellen Bedingungen nicht immer Erfolge zeitigten und soziale Verhaltensursachen oft nicht dominierten.

Dennoch hatte der Staat DDR die Sexualkriminalität im großen und ganzen unter Kontrolle. Sexualstraftäter wurden mit hohem Aufklärungswillen ermittelt, überführt und schließlich zur gerichtlichen Verantwortung gezogen. Davon zeugen auch die hier publizierten Fälle. Experten rückten oft wie Archäologen an die Tatorte aus. Und weil die meisten Verbrechen aufgeklärt wurden, saßen die zum Rückfall geneigten Täter gewöhnlich eine lange Zeit ein und wurden so staatlicherseits an der weiteren Verübung von Straftaten gehindert.

Zum Bild der DDR gehört auch, daß es eine offizielle Prostitution nicht gab. Es scheint unbestritten, daß die Prostitution in einer monogamen Gesellschaft mit tabuisierenden Sexualauffassungen eine Art Ausgleichsfunktion, legale Triebregulation besitzt, die in der DDR fast völlig fehlte. Damit gab es, etwas vereinfachend und drastisch ausgedrückt, auch keine »Ventilmöglichkeit« für Männer in großer Sexualnot. Das wird hier nicht als Mangel beklagt, sondern lediglich als Fakt hingestellt. Unmittelbar nach der Grenzöffnung und in der Zeit der Wende stellten DDR-Kriminologen interessanterweise einen gewissen Rückgang der sexuellen Gewaltkriminalität fest, ohne aber eine Kausalität zwischen beiden Erscheinungen hinreichend nachweisen zu können.

Verbreitung von Pornographie war, wie erwähnt, ebenfalls unter Strafe gestellt. Bei jeder Hausdurchsuchung, ganz gleich zu welchem Delikt, wurde nach Schund- und Schmutzliteratur »gefahndet«. Fand man bei einem Beschuldigten, der beispielsweise des Diebstahls verdächtig war, mehr oder weniger zufällig pornographische Werke, zog man sie, wenn Kinder im Hause waren, kraft besonderer gesetzlicher Bestimmungen zwecks Vernichtung sofort polizeilich ein (§§ 4 bis 6 der Verordnung zum Schutz der Kinder und Jugendlichen). Der reine Besitz war allerdings nicht verboten.

Trotz der Prohibition kursierten natürlich pornographische und halbpornographische Erzeugnisse mit dem Reiz des Verbotenen, vor allem aus dem Westen, aber auch aus Polen ungesetzlich eingeschleuste.

Da diese Produkte für den normalen DDR-Bürger dennoch

schwer erreichbar waren, ging man auch dazu über, selbst Pornos herzustellen. Aufgrund der beschränkten technischen Möglichkeiten meist laienhaft. Die Geschichte »Wer andern eine Grube gräbt ...« gestattet einen kleinen Einblick in die Motivstruktur der Beteiligten. Um noch ein anderes Beispiel zu nennen: Bei einer Hausdurchsuchung in den 70er Jahren in Berlin fand man ein »Brigadetagebuch« im leuchtend-roten Einband, wie es üblicherweise von den »Sozialistischen Brigaden« verwendet wurde. Es enthielt Fotografien einer Gruppe männlicher Jugendlicher, auf denen sich die Beteiligten bei ihren homoerotischen Spielen verewigt hatten. Auch dieses »Dokument« wurde natürlich sofort beschlagnahmt.

Die Kriminalität als gesellschaftliches Phänomen mit hausbackenen Ursachen im eigenen System – offiziell bekannte sich die DDR dazu nie. Demzufolge gab es bis in die 70er Jahre eine rigide Informationspolitik über die Verbrechenswirklichkeit. Zu Beginn der 80er verbesserte sich die Berichterstattung über aktuelle Kriminalfälle. Sexualverbrechen tat man in der Presse aber als Ausnahmen, Einzelverirrungen der menschlichen Seele ab. Es gab jedoch mehr Fahndungsersuchen an die Bevölkerung, Vermißtenanzeigen und Erfolgsmeldungen, wenn ein Täter dingfest gemacht werden konnte. Doch die Anstrengung, Wahrheiten öffentlich zu machen, hielt sich in Grenzen.

Natürlich, eine Sensationspresse war nicht vorhanden, und nichts geschah in der Berichterstattung unter Verletzung der Persönlichkeitsrechte der Beteiligten und Betroffenen. Das scheint angesichts der über uns gekommenen Regenbogenpresse ein echter historischer Vorteil gewesen zu sein.

Der Hang zur Geheimniskrämerei resultierte aus der theoretischen Fiktion, daß die Kriminalität dem Sozialismus wesensfremd war und die Ursachen außerhalb des eigenen Systems lagen. Der Nichtübereinstimmung von Modell und Kriminal-Realität, die nicht geleugnet werden konnte, entsprangen merkwürdige, zuweilen infantile, aber politisch durchaus verständliche Regulierungsmechanismen. Einen gewissen Höhepunkt der Indoktrination gab es in den 70er Jahren, als die Kriminalstatistik gänzlich aus dem Statistischen Jahrbuch der DDR genommen wurde, freilich ohne den gewünschten Erfolg. Denn die gesellschaftliche Erfahrung hatte schon lange gelehrt, daß, wenn von der Partei- und Staatsführung etwas verschwiegen wurde, Entwicklungen dahintersteckten, die nicht in das offizielle Bild paßten. Offenbar waren – trotz aller »Einflußnahmen« auf die statistischen Daten – Tendenzen sichtbar geworden, die das immer wieder propagierte »allmähliche Absterben der Kriminalität unter den Bedingungen der sozialistischen Gesellschaft« zumindest für einen bestimmten Zeitraum nicht mehr belegten.

Andersherum kümmerten sich Staat und Partei aber auch ganz praktisch um so manches Einzelverbrechen. Bei der Schilderung der beiden Serienfälle ist davon die Rede, daß sich übergeordnete Parteiorgane wie die Bezirksleitung der SED in Berlin und ihre Abteilung Sicherheit sowie namentlich Günter Schabowski als deren 1. Sekretär für den Stand der Ermittlungen interessierten. Daran wird exemplarisch vorgeführt, daß sich die Parteileitungen wirklich um alles kümmerten. Das mag ein wesentlicher Grund dafür gewesen sein, daß andere, viel wichtigere soziale und ideologische Prozesse in den Konvoluten, die sich auf den Tischen der Parteifunktionäre stapelten, allmählich untergingen – wie die DDR vielleicht gerade deswegen auch. Unbestritten aber ist, daß der Druck »von oben« im Rahmen der Fürsorge- und Kontrollfunktion der Partei an der Basis der Kriminalitätsbekämpfung durchweg positive Auswirkungen hatte: die Kriminalisten führten die Ermittlungen hochmotiviert.

»Unsere« Geschichten belegen auch, daß die Öffentlichkeit – wenn notwendig – umfassend und effektiv in die Aufklärung von Straftaten einbezogen wurde. Die Bereitschaft, mit der Polizei zusammenzuarbeiten, war wesentlich stärker ausgeprägt, als es in der alten Bundesrepublik war und heute ist, wo immer mehr Zeugen wegschauen. Eine besondere Rolle spielten dabei die »Freiwilligen Helfer der Volkspolizei«, eine Art FPR (»Freiwillige Polizeireserve«) der DDR, die auch in einigen Berichten vertreten ist und wesentliche Aufgaben zur Kriminalitätsvorbeugung und -bekämpfung übernahm.

Die folgenden acht Berichte, das Exposé und zwei Protokolle beinhalten Kriminalfälle aus der Hauptstadt im Zeitraum von 1973 bis fast zum Ende der DDR.

Bei der Auswahl der Fälle war von Anfang an klar, daß nicht unbedingt eine Kasuistik aus dem Raritätenkabinett sexueller Verirrungen ins Auge gefaßt war, wie sie erstmalig 1886 Psychiater Richard Freiherr von Krafft-Ebing mit seinem epochemachenden Werk »Psychopathia sexualis« vorlegte. Vielmehr soll von solchen Sexualstraftaten berichtet werden, die einen Einblick in die konkrete und spannende Ermittlungsarbeit der Kriminalpolizei gestatten.

Für die ersten fünf Geschichten gab der ehemalige Leiter des Dezernats X im Präsidium der Volkspolizei Kriminaloberrat Berndt Marmulla, mit dem ich mich auch auf Spurensuche begab, die entscheidenden Anregungen. Das Dezernat X war für die sogenannte Brennpunktkriminalität (heute: Serienstraftaten) in der Hauptstadt der DDR zuständig. Durch effektive Methoden der Bekämpfung der Straftaten in dieser Sondereinheit konnten unter der Leitung von Marmulla von 1984 bis 1989 alle Verbrechen aufgeklärt und die Täter ermittelt werden. An diesem Beispiel läßt sich festmachen, daß die von ihrem Wesen her rückwärtsgewandte prophetische Arbeit der Kriminalpolizei, wenn sie mit Ernsthaftigkeit betrieben wird, eine hohe Übereinstimmung mit der Verbrechenswirklichkeit erzielen kann.

Die ersten beiden Kriminalfälle über das »Phantom mit der Taschenlampe« und den »Würger im Schloßpark« stammen aus Marmullas Zeit als junger Kriminalist bei der Kripo im Stadtbezirk Berlin-Pankow. »Schlüsselsucher« und »Heftpflaster« waren Codenamen von Brennpunkttätern, die Marmulla und seine Mitarbeiter lange gesucht und schließlich auch gefunden haben. Die tragische Geschichte vom »Mord im Maisfeld« behandelt den Mord an einem zehnjährigen Jungen im Maisfeld an der Bucher Straße im Norden Berlins. Marmulla hatte als Leitungsdienst der Berliner Kriminalpolizei die Untersuchungen im Ersten Angriff geführt und war später nur am Rande mit diesen Ereignissen befaßt, so daß weitere Kriminalisten und Zeitzeugen befragt werden mußten.

Die folgenden vier Kriminalfälle – wie auch »Schlüsselsucher« und »Heftpflaster« – habe ich als Praktikant bei der Diensthabenden Gruppe (DHG) der Kriminalpolizei unmittelbar vor Ort verfolgt. Zur Vervollständigung meiner Erinnerungen befragte ich ehemalige Mitarbeiter der DHG und zog Fachliteratur zu Rate. »Wer andern eine Grube gräbt ...« stellt insofern eine Besonderheit dar, als hier der eigentlichen Falldarstellung das Exposé für einen »Polizeiruf 110« von Karin Simon und Frank Kowalewsky vorgezogen wird, die den Abdruck freundlicherweise genehmigten. In ihrer sozialen Bezüglichkeit widerspiegelt diese Geschichte recht genau die Ursachen für die Begehung von Straftaten in der DDR, zeigt aber auch eine gewisse Harmlosigkeit der Handlungen gegenüber den Erscheinungen, die uns heute mit Macht treffen: Gewaltwelle und Verbrechensexplosion. Damals geschah kein Mord und floß kein Blut, und doch wurde die Sache aus dem Jahre 1985 als unerhörter polizeilicher Vorfall registriert. Heute gäbe die Story wohl kaum Stoff für einen Kriminalfilm ...

Die DHG bestand aus vier Dienstschichten mit je einem Leiter, einem Ermittler und einem Kriminaltechniker. Diese Schichten waren für den Ersten Angriff, wie es in der Polizeisprache heißt, bei schweren Straftaten für das Gesamtgebiet von Ost-Berlin zuständig. Bei bestimmten, von der Struktur her von den Spezialkommissionen zu untersuchenden Delikten arbeitete die DHG als beigeordnete Einheit. Überwiegend aber wurde der Erste Angriff eigenständig zur Unterstützung der Kriminalpolizei in den Stadtbezirken geführt, so bei schweren Verkehrsunfällen, Körperverletzungen, vermißten Kindern und Jugendlichen, Vergewaltigungen, sexuellen Mißbrauchshandlungen, Raubstraftaten, schweren Diebstählen und Einbrüchen, Bombendrohungen, Anschlägen auf die Zivilluftfahrt, Grenzdelikten, Waffendelikten. Durch diese effektive Organisationsstruktur konnten viele Verbrechen schnell aufgeklärt werden.

»Die Vernehmung« fußt auf einem Tonbandmitschnitt, den ein Student von einem Praktikum bei der Kriminalpolizei als Lehrbeispiel mitbrachte. Das Protokoll dieser Befragung beweist, daß gerade im Bereich der Sexualstraftaten jede Anzeige außerordentlich ernstgenommen und zumindest versucht wurde, den Täter zu gesellschaftsgemäßem Handeln zu bewegen. Ebenfalls im Rahmen eines studentischen Praktikumsauftrages gelangte »Das Protokoll« als Muster für eine Vernehmung in die Lehre der Sektion Kriminalistik der Humboldt-Universität zu Berlin. Es ist das aufrüttelnde Dokument eines exzessiven sexuellen Mißbrauchs der Stieftochter seit ihrer frühen Kindheit: Das Psychogramm des Stiefvaters, der trotz aller offenkundigen Tatsachen die Schuld an der moralischen Entwicklung seines Opfers ablehnt. Mehr am Rande wird auch etwas zur Mutter ausgesagt, die, wie zu vermuten ist, von dem verbrecherischen Treiben Kenntnis hatte oder es zumindest geahnt haben mußte. Aber sie schwieg um des lieben Friedens willen. Das Protokoll dokumentiert auch, wie schwer sich Kriminalisten im Umgang mit Begriffen der Sexualität und der zur Untersuchung notwendigen Detailtreue taten.

Die Namen der Täter, Opfer und Zeugen sowie einige Handlungsorte wurden aus persönlichkeitsrechtlichen Gründen verändert. Für die so neu erfundenen Namen erklären Autor und Verlag, daß Personen dieses Namens in den behandelten Kriminalfällen in keinem Fall agiert haben, Übereinstimmungen sind rein zufällig.

Ich danke allen, die das Projekt unterstützten und mir bereitwillig Auskunft gaben, namentlich Kriminaloberrat a. D. Berndt Marmulla für die Mitwirkung an diesem Buch und dem Kriminologen Dr. Knut Thiel für seine klugen Hinweise zum Vorwort. Besonderen Dank schulde ich den Eltern des ermordeten Jörg Schrader für das Gespräch, das sie mir im Januar 1996 gewährten.

Die elf Kriminalfälle, über die in diesem Buch berichtet wird, bieten durch den nicht zu leugnenden Zufall ihrer Auswahl in gewisser Hinsicht zwar einen Querschnitt, nicht aber einen statistisch repräsentativen Überblick über sexuelle Straftaten. So sind Beziehungsstraftaten, für Delikte gegen die sexuelle Selbstbestimmung typisch, in den Berichten unterrepräsentiert. Auch die Tatsache, daß gleich zwei Polizisten als Täter ermittelt werden, gibt keine Begründung für einen Schluß, daß die Volkspolizei in besonderem Maße kriminell war.

Die vorgestellten Sexualstraftaten aus Berlin, Hauptstadt der DDR, werfen dennoch ein Schlaglicht auf ein gesellschaftliches Phänomen, das zu Zeiten der DDR vergessen und verdrängt werden sollte. Heute erscheinen die elf Fälle wie Mosaiksteine, die sich unkaschiert einfügen in ein realistisches Bild von der tatsächlichen inneren Verfaßtheit der zweiten deutschen Republik. Denn, es gab sie intra muros alle: Exhibitionisten, Voyeure, Vergewaltiger, Kinderschänder, Frauenschrecks, Sadisten, Masochisten, Lustmörder, Verdeckungsmörder, Pornoproduzenten, Pädophile, Fetischisten, exzessive Onanisten, Sodomisten, Leichenschänder, Inzestexperten, Sexualerpresser und -nötiger, autoerotische Unfalltote und andere Bürger mit abweichendem Sexualverhalten. Es gab sie alle in der kleinen DDR, diesem ganz normalen Land.

Frank-Rainer Schurich

Das Phantom
mit der Taschenlampe

Die 65jährige Rentnerin Margarete Neubauer löschte ihre altmodisch anmutende Nachttischlampe. Der Porzellansockel war mehrfach gesprungen und der moorgraue Schirm viel zu klein für den monströsen Unterbau. Margarete Neubauer hatte zuvor auf die andere schon seit über 20 Jahren verwaiste Hälfte des Ehebetts geschaut. Ihr Mann war, kurz nachdem sie die Wohnung in der Wolfshagener Straße im 1. Stock bezogen hatten, an einem Herzinfarkt verstorben. Eine weitere Beziehung hatte sich nicht ergeben. So lebte sie allein, die letzten Jahre mit ihren Krankheiten.

Sie zog die Bettdecke über die Nase, wußte nun aber plötzlich nicht mehr, ob der Gashaupthahn wirklich geschlossen war. In der Dunkelheit tastete sie nach dem Schalter. Klick. Die Lampe verstrahlte wieder ihr sanftes, moorgraues Licht. Frau Neubauer stand auf und ging in die Küche. Der Hahn zeigte die Stellung »ZU«. Auf dem Rückweg ins Bett kontrollierte sie noch einmal, ob auch die Wohnungstür wirklich verschlossen war. Als nunmehr alles in Ordnung zu sein schien, ging sie ins Bett und löschte das Licht endgültig. Wider Erwarten schlief sie alsbald ein.

Gegen drei Uhr morgens wurde sie wach, als sie ein heftiges, kratzendes Geräusch vernahm. Margarete Neubauer schlug die Augen auf, bemerkte aber im Schummerlicht nichts Verdächtiges. Da traf sie aus Richtung Fußende jäh der Lichtkegel einer Taschenlampe. Sie schrie laut auf, wollte reflexartig die Nachttischlampe einschalten, aber es ging nicht. Klick, keine Reaktion – kein moorgraues Licht. Nur der widerlich gleißende, kalt-weiße Schein dieser Lampe! Erstarrt vor Angst wartete sie auf den Angriff des unbekannten Raubtiers, das sie hinter dem Lichtkegel vermutete. Erst kürzlich hatte sie bei Zola gelesen, was in Mördern vor sich ging, wenn das Animalische in ihnen Oberhand gewann. Plötzlich schien sie mit ihrem Leben abgeschlossen zu haben. Kein Laut kam mehr über ihre Lippen.

Wider Erwarten geschah erst einmal nichts. Nach kurzer Zeit, in der sie leise, nicht zu ortende Geräusche vernahm, ging die Taschenlampe aus. Sie hörte schnelle Schritte und dann die Wohnungstür zuschlagen. Aber sicher war sich Margarete Neubauer nicht, ob das das Ende des Spuks war.

Sie stand auf und tastete sich fluchend in Richtung Korridor voran. Alsbald stellte sie fest, daß es in der ganzen Wohnung keinen Strom mehr gab. Es brannte kein Licht, und auch der Kühlschrank verweigerte seinen Dienst. Sie wußte nicht, was sie tun sollte. Um diesen Elektrokram hatte sie sich nie gekümmert. Telefon besaß sie nicht, und um diese Zeit bei den Nachbarn zu klingeln, nein, das ging nun wirklich nicht. Außerdem verstanden sie sich nicht besonders gut.

Nachdem sie in der Küche eine Flamme des Gasherds als Fackel angezündet hatte, suchte sie ihren gesamten Kerzenvorrat. Sie fand eine Menge, etwa zwanzig Stück, und verteilte sie auf mehrere Teller. Ihr Schlafzimmer war bald hell erleuchtet. Rasch stellte sie noch einen Stuhl unter die Klinke der Wohnungstür, sah nach, ob alle Fenster geschlossen waren und legte sich wieder ins Bett. Die Angst überfiel sie erneut wie ein weidwundes Tier. Wer war das? Wer macht so etwas? Und, was wollte er? Wird er wiederkommen? Diese Gedanken gingen ihr immer wieder durch den Kopf. Und irgendwann in der Morgendämmerung dieses 1. Juli 1973 war Margarete Neubauer über all den grüblerischen Gedanken eingeschlafen.

Traumgeschüttelt entschloß sie sich am Mittag, doch aufzustehen und zur Polizei zu gehen. Sie schob die Füße aus dem Bett und setzte sie auf das rissige Parkett, sie wollte sich erheben, doch dann schwanden ihr die Sinne.

Auf dem Polizeirevier Nr. 281 in Pankow, Berliner Straße, häuften sich im Frühsommer 1973 Anzeigen und Mitteilungen von Frauen unterschiedlichen Alters. Das jüngste Opfer war gerade mal 19 Jahre alt, die älteste Geschädigte, Margarete Neubauer, die zudem eine schwere psychische Störung erlitten hatte, 65. Der Tathergang war immer derselbe und wurde im Kriminalistendeutsch verknappt wie folgt umschrieben:

»In den späten Abend- bzw. Nachtstunden dringt eine Person in die Wohnung einer alleinstehenden Frau ein, begibt sich mit auffälligen Kratzgeräuschen in das Schlafzimmer, stellt sich an das Fußende des Bettes und leuchtet mit einer Taschenlampe in das Gesicht des Opfers. Die Frau versucht, Licht zu machen, aber die Nachttischlampe brennt nicht. Kein Strom! Schreiend oder wortlos vor Angst wartet die Frau weitere Reaktionen des Täters ab, aber nichts geschieht. Er betrachtet sie nur in ihrer Hilflosigkeit. In zwei Fällen hatte er allerdings die Bettdecke betont langsam vom Körper der Opfer gezogen, aber mehr passierte auch hier nicht. Der Täter verschwindet nach kurzer Zeit, ohne sich der Frau genähert zu haben.«

Zunächst wollte man die Sache gar nicht so richtig ernst nehmen. Die erste Anzeige, die von der Kripo entgegengenommen wurde, klang so unglaubwürdig, daß man sich nicht darüber im klaren war, ob die Anzeigenerstatterin vielleicht nur halluziniere. Außerdem war ja auch nicht viel passiert. Aber als die zweite, dritte Anzeige vorlagen, war offenkundig, daß reale Vorgänge wiedergegeben wurden. So beschloß man, sich die Tatorte anzusehen.

Die Kriminaltechniker untersuchten die Schlösser der Wohnungseingangstüren. Dort fanden sie Schartenspuren, also Rillen und Riefen von einem schloßfremden Gegenstand. Und da es sich bei allen Schlössern um einfache Buntbartschlösser handelte, war schnell ermittelt worden, daß der Täter mit einem Sperrhaken arbeitete und perfekt und geräuschlos in die Wohnungen eindrang. In allen Fällen hatte er im Flur sämtliche Sicherungen gelockert. Im Schlafzimmer der Opfer kratzte er wahrscheinlich mit dem Dietrich an der Wand oder am Bett, was aber nicht durch konkrete Spuren bestätigt werden konnte.

Über die Frage des Motivs herrschte bei den Kriminalisten Uneinigkeit. Diebstahlshandlungen waren ausgeschlossen, denn es fehlte ja nichts. Erst als ein pfiffiger Kriminaltechniker

bei einem Neuanfall eine frische Spermaspur vor dem Bett feststellen und sichern konnte, ging man von einem Sexualtäter
aus. Kriminalobermeister Marmulla, der diese Fälle auf seinen
Tisch bekam, wußte aus der Literatur, daß auch aus Spannern
unter bestimmten Umständen Vergewaltiger werden konnten.
Und ein »normaler« Spanner war hier nicht am Werke, denn
der agiert heimlich: schaut durchs Schlüsselloch dem Koitus zu,
beobachtet unbemerkt Liebespaare im Walde oder glotzt sehnsüchtig, mit einem Fernglas bewaffnet, in die Lichterviereckе
der Häuser, ob es da etwas Erotisches zu erspähen gibt. Die im
männlichen Voyeurismus enthaltenen aggressiven Komponen-
ten, gedankliche Herrschaft über die beobachteten Personen zu
gewinnen, bewirken, daß es manchmal eben nicht beim passi-
ven heimlichen Zuschauen, bei einer phantasierten Allmacht
und Verfügung über eine Frau bleibt. So war für Kriminalobermeister Marmulla bereits erkennbar, daß beim Täter, sollte er ein Voyeur sein, schon eine gewisse Entwicklung eingetreten war. Sich in Wohnungen einschleichen, Frauen
erschrecken und sich an ihrer Angst laben – das hatte schon
eine frontal-aggressive Note, die den Spanner auf dem Wäsche-
platz zu einem harmlosen Fall degradierte. Wird er, der Täter,
so weitermachen oder wird es weitere »Entwicklungssprünge«
geben, in denen seine aggressiven Impulse die Oberhand gewinnen? fragte sich Marmulla.

Steigerungsmöglichkeiten gab es noch eine ganze Menge:
Berühren der Opfer, Quälen, Vergewaltigen, Töten. So gesehen tickte eine Zeitbombe in seinem Revier.

Der junge Kriminalist überlegte, wie man dem »Phantom
mit der Taschenlampe« auf die Spur kommen konnte. Bei den
Dienstvorgesetzten stieß er allerdings mit seinen Vorschlägen
nicht gerade auf Verständnis. Rechtlich sei dies nur ein belang-
loser Hausfriedensbruch, also kriminalistisch gesehen
»Mumpe«.

Der Ausdruck »Mumpe« war für Marmulla auch eine neue
Erfahrung. Seine Wörterbücher kannten nur »Mumpitz« für
Unsinn. Nein, so kam er nicht weiter. Er mußte seinen Chefs
klarmachen, daß erstens dieses Phantom beim nächsten Mal

eine Vergewaltigung oder sogar einen Sexualmord begehen könnte, und zweitens, daß es in dem betreffenden Gebiet, vor allem bei alleinstehenden Frauen, schon reichlich Unruhe gab, so daß die Staatsmacht gefordert war.

Marmulla verbrachte eine lange Nacht in seiner kleinen Bibliothek. Voyeurismus oder Skopophilie, las er in einem Wörterbuch, ist eine allgemeine Triebbefriedigung bzw. sexuelle Lustempfindung durch Schauen. Der verbotene oder heimliche Anblick eines unbekleideten Körpers, des Geschlechtsverkehrs, von Liebesspielen eines Paares, einer schlafenden Frau usw. werde zwanghaft gesucht und bewirke Erregung und Befriedigung. Und – diese Sätze schrieb er sich auf einen Zettel: »Der Spanner empfängt nur dann Befriedigung aus seinen Akten, wenn die entsprechenden Handlungen auch verboten sind. Deshalb werde außer den sexuellen auch das Vorhandensein von aggressiven Tendenzen angenommen.« Dieselbe Aussage wird auch für den männlichen Exhibitionisten formuliert, der triebhaft seine Geschlechtsteile in Gegenwart von Frauen entblößt. Er ist der Gegenpol des Voyeurs; beide bilden, ähnlich dem Sadismus-Masochismus, ein Triebpaar.

Aus irgendeiner dunklen Quelle des MdI hatte Marmulla auch die Arbeitsübersetzung eines Werkes des US-amerikanischen Psychiaters Benjamin Karpman geschöpft: »Der Sexualtäter und seine Handlungen. Ätiologie, Pathologie, Psychopathologie und Behandlung«. Es war auf den vergilbten Blättern nicht einmal vermerkt, wann und wo das Werk erschienen war. Als korrekter, fast pedantischer Mensch empfand er Unbehagen über diesen Mangel. Aber er las trotzdem: Der Voyeur sagt: »Ich möchte das sehen, was du hast.« Die Eigenart seiner Tätigkeit weist auf psychosexuellen Infantilismus hin; in den USA wird der Voyeur »verstohlen guckender Tom« genannt; Masturbation mit voyeuristischen Verhaltensweisen sei die Regel. Dann wurde Marmulla doch stutzig: »Die vorherrschende Meinung, daß jede Handlung eine tatsächliche Bedrohung in sich einschließt, entbehrt völlig jeder Grundlage. Der Voyeur wird manchmal fälschlich, wenn er ertappt wird, als potentieller Einbrecher oder für jemand angesehen, der ein Sexualverbrechen vorhat: aber auch das ist eine falsche Vorstellung, denn er möchte nur sehen. Sein sexuelles Verlangen ist nur in den Augen.«

Der Kriminalobermeister legte die Arbeitsübersetzung beiseite. Offenbar ein altes Buch, nicht mehr auf der Höhe der Zeit. Ein Fall, daß ein Exhibitionist oder Spanner seine Aggressivität plötzlich direkt auslebte, war im »Forum der Kriminalistik«, der Fachzeitschrift des Ministeriums des Innern, publiziert worden. Aber in welchem Heft?

Ein Blick in seine Kartei signalisierte ihm ein entsprechendes Stichwort. Die Quelle: Leutnant der K Harald Herling. Exhibitionist als Gewaltverbrecher ermittelt. Forum der Kriminalistik Heft 10, 1966.

Marmulla las. Schon der Vorspann der Redaktion gefiel ihm: »Es war der Täter selbst, der alle sich mehr und mehr verstärkenden Zweifel am Vorliegen einer Straftat aufhob, indem er unter gleichen außergewöhnlichen Umständen am gleichen Orte eine weitere beging. Niemals voreingenommen sein, nichts für unmöglich halten, alles zu wägen, zu prüfen und zu erforschen, die Richtigkeit dieser kriminalistischen Grundregel bestätigte sich auch im nachfolgenden Fall.«

Was war geschehen? Eine Reisende namens P. übernachtete auf einem Umsteigebahnhof im Schlafraum des Deutschen Roten Kreuzes; sie hatte ihr Zimmer abgeschlossen. Nach ihrer Darstellung vernahm sie nachts gegen ein Uhr Geräusche und sah einen Mann im Zimmer. Dieser machte sich in den Taschen ihres Mantels zu schaffen, trat plötzlich auf sie zu, würgte sie mit beiden Händen und forderte wiederholt Geld. Die seiner Forderung nicht Folge leistende Frau drückte er, mit beiden Händen würgend, zu Boden und zwang sie so, ihre Gepäckstücke zu öffnen. Er raubte die Geldbörse und den Ausweis und versuchte sodann, die Reisende zu vergewaltigen. Davon ließ er aber ab, weil er auf dem Gang Schritte hörte. Der Täter verließ das Zimmer und verschloß es von draußen. Nach kurzer Zeit kehrte er zurück und verschloß die Tür von innen. Hier warf er den Ausweis der Geschädigten auf den Boden, trat mit entblößtem Geschlechtsteil auf sie zu, würgte sie mit einer Hand und vergewaltigte sie. Er verschwand und schloß die Geschädigte wieder ein. Diese war völlig verstört und befürchtete, getötet zu werden, falls der Mann nochmals in das Zimmer eindringen würde. Aus diesem Grund hatte die sensibel und ängstlich veranlagte Frau P. auch Hilferufe unterlassen. Zur Person des Täters konnte sie angeben, daß diese ca. 1,70 m groß war, ein volles Gesicht hatte, glatt nach hinten gekämmte dunkle Haare, mit einem dunklen, kurzen Mantel, einer dunklen Hose und vermutlich schwarzen und spitzen Herrenhalbschuhen bekleidet war. Sie war überzeugt, den Täter bei einer Lichtbildvorlage oder Gegenüberstellung wiederzuerkennen.

Die kriminaltechnische Untersuchung des Tatzimmers fiel wenig ergiebig aus; die Schloßuntersuchung ergab keine Anhaltspunkte, die auf ein Öffnen mit einem schloßfremden Werkzeug hindeuteten. Da die Geschädigte keine Verletzungen trug, ihr Zimmer beim Eintreffen der Kriminalpolizei wieder aufgeräumt war und sie sich, was den Tathergang betraf, in einige Widersprüche verwickelte, zweifelte man an der Glaubwürdigkeit der Aussagen von Frau P. Auch bei der gynäkologischen Untersuchung der Frau wurden im intra- und extravaginalen Bereich weder Spermaspuren noch Verletzungen oder andere Anhaltspunkte, die auf ein Notzuchtverbrechen hinwiesen, vorgefunden. Man legte Frau P. Lichtbilder von verurteilten Räubern und Notzüchtigern vor, aber sie erkannte niemanden, fand auch keinen nur ein kleines bißchen ähnlich. Sie war zu wenig selbstsicher, um irgendeinen zu verdächtigen. Weiter wurde bekannt, daß die Geschädigte in schlechten familiären und wirtschaftlichen Verhältnissen lebte und psychisch auffällig war (Furcht vor Geistern, paranoide Erlebnisreaktionen).

So einigte man sich mit einer gewissen Wahrscheinlichkeit auf eine beginnende Schizophrenie, zumal Frau P. nur nach Drängen der Verwandten, bei denen sie wohnte und mit deren Sohn sie verlobt war, wieder die Heimreise angetreten hatte, bei der die vermeintliche Straftat geschah. Bei ihrer Anzeige handele es sich somit, wie im Gutachten formuliert wurde, »um eine Trotzreaktion, um den befristeten Aufenthalt bei ihrem

Verlobten zu verlängern. Unter Umständen finden sich bei ihr auch stark fixierte Wunschvorstellungen, die sie offenbar in dieser Form abreagierte.«

Aber ihr Geld, das fehlte wirklich.

Man werkelte also weiter, kam zu keiner befriedigenden kriminalistischen Lösung und stellte schließlich das Ermittlungsverfahren vorläufig ein.

Die Situation änderte sich aber, als etwa sechs Wochen später in derselben Bahnhofswache des DRK erneut eine Reisende mit gleichartiger Tatmethode überfallen und beraubt wurde. Sie wurde ebenfalls gewürgt, konnte aber um Hilfe schreien, so daß der Täter das Weite suchte – mit der Reisetasche des Opfers, die er noch im letzten Moment an sich reißen konnte. Dieses Mal hatte die Geschädigte stark ausgeprägte Würgemale und einige leichte Hautabschürfungen am Hals davongetragen; die kriminaltechnische Untersuchung (einschließlich des Schlosses) brachte wiederum keine Ergebnisse.

Die Personenbeschreibung der Geschädigten V. stimmte, außer bei der Kleidung, mit den Aussagen von P. überein. Auch das neue Opfer erklärte, den Täter wiederzuerkennen, falls er ihr noch einmal über den Weg laufen sollte.

Diesmal hatten die Kriminalisten mehr Glück. Vier Eisenbahner meldeten sich, die diese Person sehr wahrscheinlich gesehen hatten – mit der gesuchten Reisetasche. Der Eisenbahner, der den vermutlichen Täter am Ostausgang des Bahnhofs sah, hatte auch mit ihm gesprochen, weil er in dieser Person den Beifahrer eines zu beladenen Lkw vermutete. Er fand unmittelbar nach dieser Unterhaltung hinter der Tür der Lademeisterei die Reisetasche der Geschädigten, so daß umgehend festgestellt werden konnte, welche Gegenstände der Täter entwendet hatte.

Die Zusammenarbeit mit den Kriminalisten des zuständigen Volkspolizei-Kreisamtes führte schließlich zur Ergreifung des Täters. Im Stadtgebiet waren in dem zwischen den beiden Straftaten liegenden Zeitraum zwei weitere einschlägige Verbrechen bekannt geworden, die als versuchter und vollendeter Raub klassifiziert wurden, in beiden Fällen in Tateinheit mit Körperverletzung. Und das Interessanteste: In der Nacht, als der versuchte Raub begangen wurde, war ganz in der Nähe des Tatortes ein Exhibitionist in Erscheinung getreten!

Der Geschädigten V. wurden sowohl Lichtbilder von Gewalttätern als auch Lichtbilder von Entblößern in großer Zahl vorgelegt. Sie erkannte sofort den S., der sie ihren Angaben zufolge im Schlafraum des DRK beraubt und gewürgt hatte.

S. wurde vorgeführt, und er trug die gleiche Kleidung wie bei der zweiten Tat auf dem Bahnhof. Bei einer Wahlkonfrontation erkannte die Geschädigte den S. ebenfalls als den Täter wieder.

Eine Hausdurchsuchung brachte die Bekleidung, die er bei der ersten Bahnhofstat trug, sämtliche geraubten Gegenstände und auch das Geld der P. in der von ihr angegebenen Stückelung an das Tageslicht. Und man fand sogar den Schlüssel, der in beiden Fällen zum Öffnen des Schlafraumes benutzt wurde!

S. hatte also schlechte Karten, zumal auch die Geschädigte P. ihn akustisch und optisch wiedererkannte. Ihm wurden noch eine der beiden anderen Raubstraftaten zur Last gelegt und eine versuchte Notzucht in Tateinheit mit der Erregung öffentlichen Ärgernisses. Wegen all dieser Delikte wurde S., wie es in dem Artikel heißt, für schuldig befunden und rechtskräftig verurteilt, obwohl er nur in einem Fall ein Teilgeständnis abgelegt hatte.

Herlings kasuistischer Triumph fiel dann, und das war das Wesentliche für Marmulla, so aus: »Damit wurde gleichzeitig die bisher von der kriminalistischen als auch der gerichtsmedizinischen Theorie und Praxis anerkannte These widerlegt, daß Gewaltverbrecher nicht gleichzeitig als Exhibitionisten und Exhibitionisten nicht als Gewaltverbrecher auftreten. Es erwies sich also als falsch, der Geschädigten P. bei der Bildvorlage keine Lichtbilder von Entblößern vorzulegen.«

»Herr Professor Karpman«, dachte der Kriminalobermeister, »veraltet sind Ihre Thesen. Exhibitionisten können auch Räuber und Vergewaltiger werden.« Und Voyeuristen auch. Dafür fand er im folgenden zwar keinen direkten Beleg mehr, aber das war für ihn fast am Ende der Nacht auch gar nicht mehr von

Bedeutung. Sie sind ein Paar, der Entblößer und der »verstohlen guckende Tom«, und ihre latente Aggressivität kann im Ausnahmefall unmittelbare Gewalt werden.

Am nächsten Morgen war Marmulla noch eher als sonst auf der Dienststelle. Die alte Villa des Reviers 281, die heute die Senatsverwaltung für Gesundheit, Abteilung III, Krankenaktenarchiv, beherbergt, machte an diesem Sommermorgen einen ausgesprochen heiteren Eindruck. Vögel lärmten ausdauernd und fröhlich. Nur die überquellenden Papiercontainer vor dem rechts liegenden Kino »Tivoli« störten das Gesamtbild.

Die Villa lag auf dem Hof des Grundstücks. Das Vorderhaus fehlte. Marmulla stampfte trotzig die frischgewischte Treppe hoch, vornübergebeugt und leise vor sich hin pfeifend. Die Kripo war, wie so oft in Berlin, unter dem Dach untergebracht.

Seine Vorgesetzten überzeugte er mit triftigen Argumenten und geschickt ausgewählten Zitaten. Den Fall aus dem »Forum der Kriminalistik« schilderte er lang und breit, und aus dem Exhibitionisten machte er einen Voyeuristen. Schließlich war er in Vorderhand: Den »erfahrenen« Kriminalisten war besagter Artikel nicht bekannt, und die darin enthaltene Problematik bewegte sie kaum. Aber sie fragten wenigstens nach, »wo denn der Fall da mit dem Bahnhof« überhaupt spiele.

»Genosse Major«, sagte Marmulla, »das kann ich Ihnen leider nicht genau sagen. Sie wissen ja, daß das ›Forum der Kriminalistik‹ ein Organ des Ministeriums des Innern ist, und die Vorschriften für die kausistische Darstellung von Fällen müssen natürlich eingehalten werden. Was heißt, daß die Dienststelle des Autors und die Namen der handelnden Personen sowie der Ort des Geschehens für Außenstehende nicht erkennbar sein dürfen. Aber Sie haben es bestimmt auch am Begriff ›Ostausgang des Bahnhofs‹ erkannt, es dürfte der Leipziger Hauptbahnhof gewesen sein.«

Für diese These gab es keinen schlüssigen Beweis, denn Ostausgänge hatten auch viele andere Bahnhöfe. Aber es ging ja nicht um den Ort dieses Verbrechens, sondern um die Sache.

Man kann sich denken, daß die nun fällige Entscheidung

im Sinne von Marmulla ausfiel: Die Kripo unter Leitung des jungen Kriminalobermeisters ermittelte mit Vehemenz weiter, faßte die bisher angezeigten Verbrechen als »Straftatenhäufung« zusammen, und die Chefs wiesen fortan jeden, der noch von »Mumpenfällen« sprach, mit wissenschaftlichen Argumenten in die Schranken.

Als der Kriminalobermeister wieder in seinem Dienstzimmer eintraf, war ihm klar: Nun mußte er also zeigen, was er gelernt hatte, und das Phantom zur Strecke bringen.

Er nahm ein leeres Blatt und kritzelte seine Untersuchungsfragen darauf:

Wie sucht der Täter seine potentiellen Opfer? Wie ermittelt er, daß die Frauen alleinstehend und zu den Tatzeiten auch wirklich allein, d. h. ohne Schutz und Beistand, sind? Was treibt den Täter zu derartigen Handlungsweisen? Usw.

Als er damit fertig war, deckte er seine Fragen mit beiden Händen ab – in Abwandlung der schönen Geste aus der Kinderzeit, die nun bedeutete »Mein Fall!« Und jetzt noch dazu: »Ich werde dich kriegen!«

Als erstes recherchierte er bei Personen, die auf Meldestellen beruflich Zugang zu Informationen hinsichtlich des Personenstandes hatten – ohne Erfolg. Die Überprüfung »einschlägig« vorbestrafter Sexualtäter scheiterte an dem Fakt der Einschlägigkeit – eine derartige »Arbeitsweise« war keinem Kriminalisten in Pankow und darüber hinaus bekannt. Die Opfer mit Lichtbildern von Sexualstraftätern zu konfrontieren, war sinnlos. Die Geschädigten hatten nur einen Schatten gesehen, eben ein Phantom. Auch die Karteien der Zentrale im Präsidium der Volkspolizei erbrachten keine Hinweise auf den Täter und sein besonderes Markenzeichen.

Sieben Anzeigen gab es inzwischen, zwei Opfer benötigten eine nervenärztliche Behandlung, darunter auch Margarete Neubauer. Marmulla versuchte, sich in die Situation der Opfer zu versetzen. Würde jede Frau eine Anzeige machen? Peinlich, peinlich das Ganze. Und immer auch die bange Frage: Werden die Polizisten mir das auch glauben, oder denken sie, die Alte hat da irgend etwas geträumt und will sich jetzt damit nur wichtigmachen? Marmulla wollte sich damit nur sagen, daß es eine hohe Dunkelziffer, eine große Latenz geben müßte. Denn eine Reihe von Straftaten kommt aus unterschiedlichen Motiven oft gar nicht zur Anzeige. Die Scham der Opfer und die fehlende Hoffnung, daß der Täter überhaupt gefangen wird, zählen zu häufigsten Beweggründen.

Also, dachte Marmulla, müßte man vielleicht noch Opfer finden, die den nächtlichen Besuch des Phantoms nicht der Behörde angezeigt haben. Vielleicht hatte der Täter in einem solchen noch nicht bekannten Fall doch einen Fehler gemacht und den Sicherungskasten nicht gefunden, seine Tat aber dennoch ausgeführt? Dann läge wenigstens ein besseres Signalement vor!

Mit dem Fahndungsblatt »Die Volkspolizei bittet um Mithilfe: Sexualstraftäter wird gesucht!«, das in Geschäften und an allen Ecken des Kiezes ausgehängt wurde, trat das ein, was sein Vorgesetzter ihm prophezeit hatte: Es meldete sich kein weiteres Opfer, und die Unruhe in der Bevölkerung wuchs ebenso wie das öffentliche Interesse an der Aufklärung dieser mysteriösen Straftaten.

Die weitere Fahndung lief fieberhaft, aber glücklos. Inzwischen war der Hochsommer übers Land gekommen, und das Phantom hatte sich wohl in die verdiente Sommerpause geschickt – es gab keinen neuen Auftritt. Kräfte der Schutzpolizei bestreiften dennoch zu den analysierten Tatzeiten das Territorium. Jeder Hinweis auf eine verdächtige Person wurde überprüft. Auch Kriminalisten in Zivil liefen Streife und observierten in öffentlichen Verkehrsmitteln. Aber alles ohne Erfolg.

Marmulla wußte trotzdem, daß er ihn kriegen würde, nur wann? Es war alles nur eine Frage der Zeit.

Doch im August 1973 sorgten die Weltfestspiele der Jugend und Studenten in Ost-Berlin für reichlich Ablenkung. Da hatte die Kripo aus Pankow andere Aufgaben zu erfüllen, als einen Frauenschreck zu jagen. Aber auch das Phantom schien Verständnis für die allgemeine politische und polizeiliche Situation zu haben und meldete sich nicht zu Wort.

Kriminalobermeister Marmulla wurde im Herbst 1973 mit Kleinkriminalität geradezu überhäuft. Ein des Diebstahls einer Handtasche verdächtigter Jugendlicher trat in der Beschuldigtenvernehmung sehr selbstsicher auf und leugnete die Tat. Er verlangte unter anderem die Anwesenheit seiner Mutter, damit sie sehe, wie hier das Geständnis aus ihm »rausgeholt« werde. Marmulla ließ den Jugendlichen im Warteraum Platz nehmen und sah sich noch einmal die Akten durch, analysierte den bisherigen Verlauf der Vernehmung und machte einen Plan, wie er, falls der Jugendliche wirklich der Täter sei, ihn zu einem Geständnis bewegen konnte. Er ging noch einen Kaffee trinken, und als er den Jugendlichen nach einer halben Stunde wieder in das Vernehmungszimmer holte, empfing ihn dieser sogleich mit den Worten: »Ich habe es getan.«

Warten lohnt sich, dachte der Kriminalist, es hat zwar seinen Preis, aber es führt oft zu einem Ergebnis. Und derart gutgelaunt begann er, das Geständnis des jungen Mannes in die Schreibmaschine zu tippen. Nach etwa fünf Minuten schrillte das Telefon. Die Meldung war kurz und schmerzlos: Das Phantom war offensichtlich vom Schwarzen Meer zurückgekehrt und hat wieder zugeschlagen.

Der junge Mann, der nun wirklich arm dran war, wurde wieder in den Besucherraum gesperrt.

»Überlegen Sie sich, was Sie noch auf dem Kerbholz haben«, sagte Marmulla mit scherzhaftem Unterton, den der Jugendliche aber nicht wahrnahm. Mißmutig ließ er sich auf einen der harten Stühle fallen.

Der ausführliche Bericht über das Phantom ging ungefähr so: Der Täter war leichtsinnig geworden. Bei seinem achten (von der Polizei registrierten) Delikt hatte er sich in die Wohnung einer der Kripo als »lebenslustig« bekannten jungen Frau verirrt, wohnhaft in der Pankower Florastraße. Voller Tatendrang ließ er die Sicherungen der Wohnung im Flur links liegen und stürzte sich direkt in sein bescheidenes Vergnügen. Er mußte wie bei den anderen Fällen auch das Haus und die Wohnung beobachtet und festgestellt haben, daß die Frau allein lebte. Aber von ihrer couragierten »Lebenslustigkeit« bemerkte er nichts, und das sollte sein Verhängnis werden. Der Griff des Opfers zum Schalter der Nachttischlampe brachte also das notwendige Licht ins Dunkel, um den Täter in seiner vollen Pracht anzuschauen. Natürlich war er überrascht. Der jungen Frau, im Umgang mit verschiedenartigen männlichen Charakteren außerordentlich geübt, gelang es trotz der übermächtigen Angst, die sie zu ersticken drohte, den Mann in ein Gespräch zu verwickeln. Er stand artig am Fußende des Bettes und antwortete, als er gefragt wurde, was er denn wolle: »Ich, ich weiß auch nicht, ich glaube, ich hab mich in der Wohnung geirrt!« Geschlagen wie ein räudiger Hund verließ er die Wohnung, lichterloh brannte nur die Taschenlampe.

Die Dame war sehr für Ordnung und machte eine Anzeige bei der Kriminalpolizei in Pankow. Im Gegensatz zu ihren Leidensgenossinnen hatte sie ja auch eine Rolle gespielt, die ihr die Anzeige erleichterte. Nur der Kriminalist, der sie anhörte, erkannte weder den Zusammenhang zur Straftatenhäufung »Phantom mit der Taschenlampe« noch fand er ihre Aussage besonders wahrheitsgetreu. Erst als die junge und hübsche Frau Stein und Bein schwor, daß sich alles so zutragen habe, wurde sie weitergereicht an einen Kriminalisten, der ihr zuhörte und der vor allen Dingen den Sachverhalt kannte. Als er die Story vernahm, wußte er gleich, daß es die lautere Wahrheit war, die sie sprach.

Nun lag eine sehr gute Personenbeschreibung vor: ca. 1,75 Zentimeter groß, ca. 30 Jahre alt, untersetzt, blondes, schon etwas schütteres Haar, und auf dem linken oder rechten Unterarm (solche Unsicherheiten in der Aussage gibt es, und sie sind erklärbar) ein tätowiertes Hufeisen, ca. fünf Zentimeter im Durchmesser. Dieses Signalement wurde an alle Polizeidienstkräfte übermittelt; die Fahndung lief auf Hochtouren. Ein hochbegabter Polizeizeichner, der nicht nur für Polizeizeitungen Karikaturen schuf, erarbeitete mit der Zeugin ein Phantom-Bild – so der für diesen Fall stimmige heutige Fachbegriff für ein subjektes Porträt nach den Erinnerungen des Wahrnehmungszeugen (in der DDR nannte man es »Identi-Kit-Bild«

nach den verschiedenenen Gesichtselementen, die zusammen-
gefügt wurden).

In einschlägigen polizeilichen Karteien lag diese Person nicht
ein, woraus geschlossen werden konnte, daß das Phantom mit
großer Wahrscheinlichkeit nicht vorbestraft war. Alle fahndeten mit: freiwillige Helfer der Volkspolizei, Mitglieder der
Wohnbezirksausschüsse (auch freiwillig), Angestellte der in diesem Gebiet gelegenen Verkaufsstellen. Einfach alle – gegen
einen.

Berndt Marmulla wußte, daß es nun wirklich nur noch eine
Frage der Zeit war. Er begrüßte jeden neuen Tag, an dem es
noch warm war, denn der lange, heiße Sommer ging allmählich zu Ende. Je kälter es wurde, desto größer war die Gefahr,
daß man seine für die Personenfeststellung so wichtige Tätowierung unter einem langen Hemd oder Pullover nicht mehr
sehen konnte.

Hinweise auf männliche Personen, die eine Ähnlichkeit mit
der gegebenen Personenbeschreibung hatten, gab es täglich zwei
oder drei, aber das Phantom mit der Taschenlampe war nicht
darunter.

Am 20. September 1973 gegen 20.30 Uhr ging beim Diensthabenden der Volkspolizei-Inspektion Pankow per Telefon die
Mitteilung einer Frau ein, die sich selbst als Opfer des Phantoms bezeichnete. Sie teilte mit, daß sie den Täter soeben in der
Gaststätte »Zur Hütte« in der Berliner Straße, ganz in der Nähe
der VP-Inspektion, wiedererkannt habe, am zweiten Tisch links,
wenn man die Gaststätte betrat. Er solle mit zwei anderen Herren Karten spielen. Marmulla hatte Kriminaldienst und nahm
die Information etwas mürrisch entgegen, denn viel Arbeit lag
auf seinem Tisch. Und wenn es wieder eine Spur war, die ins
Leere führte?

»Wie heißt denn die Dame?« fragte Marmulla nach.

»Wollte sie am Telefon nicht sagen.«

»Hat sie etwas von einer Tätowierung gesagt?«

»Nein. Sie hat nur gesagt, er ist es. Mit Sicherheit.«

»Dann weiß ich, wer angerufen hat.«

Marmulla legte den Hörer auf. Er schob die andere Arbeit

beiseite, schnallte sich seine Dienstpistole unter, zog das Sakko an und knatterte mit dem Dienstwagen Marke »Trabant« schlechtgelaunt vom Polizeihof. Als er nach kurzer Fahrt an der »Hütte« vorbeifuhr, rieb er sich die Nasenwurzel und nickte rechts hin zur Gaststätte, als säße noch ein anderer im Wagen, dem er etwas sagen wollte.

Marmulla vergegenwärtigte sich die notwendigen Koordinaten: Wann? 20. September 1973, 20.50 Uhr. Wer? Noch unbekannt. Wo? Berlin-Pankow, Berliner Straße 118/119, Speisegaststätte »Zur Hütte HO«, gegenüber der Post und in der Nähe der kubanischen Botschaft. Was? Verdacht auf »Phantom mit der Taschenlampe«.

Der Trabant war schnell abgestellt; der Kriminalobermeister überprüfte seine Pistole. Die junge Frau, die das Phantom bei Licht gesehen hatte, wartete in einiger Entfernung vom Eingang. Auch sie erkannte Marmulla und lief auf ihn zu: »Das Schwein, das ist da drin!«

Als Marmulla die Gaststätte betrat, saß der Mann, der sogar eine gewisse Ähnlichkeit mit dem Phantom-Bild hatte, immer noch an dem beschriebenen Tisch und spielte mit zwei anderen, auch sehr solide wirkenden Herren Skat. Er hatte seine Hemdsärmel hochgekrempelt, aber es war nicht zu sehen, ob sich an einem Unterarm eine Tätowierung befand. Am Nachbartisch waren noch Plätze frei; den Jungverliebten war anzusehen, daß sie sich wunderten, warum der Fremde gerade hier Platz nahm und nicht an einem der vielen anderen unbesetzten Tische. »Ich will ein bißchen kiebitzen«, erklärte ihnen Marmulla.

»Kiebitzen is nich!« rief die »Zielperson« vom Nachbartisch und drohte scherzhaft mit dem Zeigefinger. Der Blick des Kriminalisten fiel dabei auf eine Hufeisentätowierung.

»Na, denn nich«, sagte Marmulla trocken, bestellte sich eine Limonade, trank sie zur Hälfte aus und verschwand so schnell wieder, wie er gekommen war. An der frischen Luft atmete er tief ein, sondierte das Terrain und eventuelle Fluchtmöglichkeiten. Marmulla schaute auf die Uhr: 21.08. Jetzt endlich wußte er, daß das Phantom in einer einfachen »Hütte« gestrandet war.

Von der nächstgelegenen Telefonzelle forderte er über den Operativen Diensthabenden der VP-Inspektion einen Funkstreifenwagen an, der innerhalb kürzester Zeit eintraf. Die beiden Uniformierten wurden postiert: einer an den Haupteingang, der andere an den Nebeneingang. Marmulla betrat die Gaststätte wieder, der gesuchte skatspielende Bürger war verschwunden. Die Situation am Tisch aber war eindeutig: Er mußte auf der Toilette sein. Als der Kriminalist die Tür zur Herrentoilette öffnete und hineinging, kam ihm die Person schon entgegen.

Da niemand weiter die Toilette benutzte, schlug die Staatsmacht in Gestalt ihres Kriminalobermeisters unvermittelt zu. »Kriminalpolizei, Personenkontrolle, Sie stehen im dringenden Verdacht, an Straftaten beteiligt gewesen zu sein, weisen Sie sich bitte aus.«

Der schon etwas angetrunkene Bürger war völlig überwältigt und übergab dem Kriminalisten kampflos seinen blauen Personalausweis. Aus seinen Hosentaschen beförderte er noch nach der barschen Aufforderung, »mitgeführte Gegenstände« vorzuzeigen, eine Taschenlampe und einen Sperrhaken hervor.

Marmulla nahm Gerhard Sperenberg, 35 Jahre alt, verheiratet, Elektro-Ingenieur, auch in Pankow wohnhaft, vorläufig fest.

Auf dem Revier verwickelte sich dieser in verschiedene Widersprüche, vor allen Dingen machte er zum »Verwendungszweck« seiner bei ihm gefundenen Utensilien nicht sehr glaubwürdige Aussagen; diese Sachen trage er immer bei sich, dies sei so eine Angewohnheit von ihm. Marmulla wußte zu gut, daß es auch so etwas geben könne. Aber die Übereinstimmung der Personenbeschreibung, diese Tätowierung! Und Sperrhaken und Taschenlampe! Das konnte nur das Phantom sein, auch wenn es jetzt ordentlich-bieder, etwas verschüchtert und nun schon wieder fast völlig nüchtern auf seinem Stuhl saß.

»Also«, wandte sich der Kriminalobermeister eindringlich an ihn, »ich bin mir sicher, daß Sie der Mann sind, den wir seit langem suchen. Beweisen kann ich Ihnen das noch nicht, das ist auch klar. Aber, ich sage Ihnen, was jetzt passiert. Zunächst werden wir Ihre Alibis abklären. Das allein wird sicher schon sehr interessant werden. Aber noch besser ist, daß wir eine Geschädigte haben, die Sie mit absoluter Sicherheit wiedererkennen wird. Und dann haben wir noch eine Spermaspur, und da bin ich mir auch sicher, daß die Kollegen von der Gerichtsmedizin, wenn diese eine Probe von Ihnen entnommen haben, zu dem absoluten Schluß gelangen werden, daß der Verursacher der Spermaspur am Tatort und der Verursacher der Vergleichsspur, nämlich Sie, identisch sind. Und dann, dann können Sie erzählen, was Sie wollen, kein Gericht der Welt wird Ihnen dann noch irgendeinen Glauben schenken.«

Eine Stunde später wurde Haftbefehl gegen Gerhard Sperenberg erlassen, so daß er den Rest der Nacht in der Zelle verbringen mußte. Hier ließ er sich im Morgengrauen Zettel und Bleistift bringen und kritzelte ein Geständnis aufs Papier, formulierte darin sogar schon die sexuelle Motivation seiner Taten.

Der Kriminalobermeister vernahm Sperenberg am nächsten Tag und befragte ihn näher nach seinen persönlichen Beweggründen. Natürlich war es schwer, sich dem fremden Mann in dieser delikaten Sache voll zu offenbaren. Aber eines wurde klar: Seit Monaten lebte seine Ehefrau, eine Ärztin, in der Woche getrennt von ihm im Randgebiet von Berlin, wo sie einen Posten im Krankenhaus übernommen hatte. Wäre diese Trennung nicht gewesen, hätte er vielleicht ein ganz normales Leben weitergeführt. Aber so: Alte Ängste und Triebe brachen wieder auf, und die panische Furcht der Frauen – das wurde seine sexuelle Befriedigung. Stundenlang trieb er sich nach Feierabend im Stadtbezirk herum, um das richtige Opfer zu »selektieren«. Er verfolgte Dutzende von Frauen, bis er sicher war, daß sie allein lebten ...

Unsicherheiten des männlichen Selbstwertgefühls und latente Potenzängste verfolgten ihn schon als Jugendlichen. Zu Hause war er für seinen Vater der Schlappschwanz, der zu blöd war, mal ein Mädchen richtig zu bumsen. Als aus einer ersten sexuellen Beziehung gleich eine Schwangerschaft entstand, verschlimmerte sich seine Persönlichkeitssituation. Er begann, Frauen zu hassen, und stellte fest, daß er eine gewisse sexuelle

Befriedigung erfuhr, wenn er im Kino oder im Fernsehen sah, wie Frauen gequält wurden. Um seine inneren Konflikte auszudrücken, seine Ängste zu mildern und einen drohenden Verlust des psychischen Gleichgewichts zu kompensieren, nahm er zielstrebig derartige Filme in sein persönliches Programm auf. In diesen Situationen verspürte er eine lustfördernde Allmacht, die später in Selbstbefriedigung einmündete. Das angekratzte männliche Selbstwertgefühl war somit wieder regeneriert. Weitere Kontaktarmut und Beziehungsängste folgten. Er streifte oft an den späten, dunklen Abenden durch das Wohngebiet und schaute sehnsüchtig in jedes hellerleuchtete Fenster, ob sich da nicht etwas erspähen ließe, was zumindest seine sexuelle Phantasie anregen konnte.

Das änderte sich schlagartig, als er seine spätere Frau kennenlernte. Nach anfänglichen Pannen gestaltete sich das Eheleben im Sexualbereich durchaus harmonisch (Kinder waren nicht vorhanden); die früheren voyeuristischen und die darin enthaltenen aggressiven Tendenzen schienen der Vergangenheit anzugehören. Bis zu dem Zeitpunkt, als seine Frau sich beruflich veränderte. Langeweile des immer gleichen Tages und die endlosen Abende gebaren die alten Sehnsüchte neu.

Der Gutachter stellte später im Strafverfahren fest, daß der Voyeurismus in der Grundform eigentlich im heimlich-passiven Zuschauen und in einer phantasierten Allmacht und Verfügungsgewalt über eine Frau besteht. Das lautlose Eindringen in Wohnungen und das Erschrecken der schlafenden Frauen sei schon eine Stufe, die von direkten Aggressionen besetzt ist. Die Persönlichkeit des Angeklagten gäbe Hinweise dafür, daß, wenn er seine Taten uneingeschränkt fortgesetzt hätte, fatale Entwicklungen die Folge gewesen wären.

Marmulla hatte also recht gehabt. Obwohl er die Literatur etwas uminterpretierte. Aber, meinte er, das machen ja viele bis zum heutigen Tag.

Gerhard Sperenberg wurde wegen mehrfachem Hausfriedensbruch im schweren Fall (§ 134 Abs. 2 StGB) in Tateinheit mit mehrfacher Beleidigung (in der Alternative der unsittlichen Belästigung – § 137 StGB) mit einer Verurteilung auf Bewährung bestraft. Die Bewährungszeit wurde mit einem Jahr festgesetzt, die angedrohte Freiheitsstrafe mit sechs Monaten. Das Gericht sah es als erwiesen an, daß seine Taten nach ihrer Art und ihren Auswirkungen eine schwerwiegende Verletzung der Rechte der Geschädigten darstellen – es hatte sogar gemäß § 139 Abs. 2 StGB (Verfolgung von Beleidigungen und Verleumdungen) die Möglichkeit gehabt, auf eine Freiheitsstrafe bis zu einem Jahr zu erkennen. Es verpflichtete ihn, sich einer fachärztlichen Behandlung zu unterziehen, weil dies zur Verhütung weiterer Rechtsverletzungen unabdingbar schien.

Der Würger im Schloßpark

Es war Nachmittag, und es war Frühling im Schloßpark Berlin-Buch. Malerisch wölbten sich die kleinen Brücken über das Flüßchen Panke, das mit seinen Nebenarmen den Park durchschneidet und dem ganzen Stadtbezirk den Namen gegeben haben soll: Pankow. Spielende Kinder liefen wie in einem großen Garten. Zwei alte Damen hatten eine Parkbank belegt; in ihre gepflegte Melancholie hämmerte ein Rocktitel aus DDR-Produktion: Ein Jugendlicher, fast noch ein Kind, befuhr, bewaffnet mit einem laut dröhnenden Kofferradio, auf seinem Fahrad den Parkweg hinter der Bank.

Auf einer anderen saß ein Mann und las im »Neuen Deutschland« vom 1. April 1977, daß Polizeimeister Jürgen Lörcher aus Niederrodenbach (BRD-Land Hessen) eine Fete von Jugendlichen mit einem Kombattschuß aufgelöst hatte: »Der 14jährige nimmt beide Arme hoch, geht zwei Schritte zurück und ruft: ›Ich bin doch nur ein Junge.‹ Er taumelt gegen die Wand, rutscht in Sitzstellung. Fragend blickt er den Mann an, leise formt er die Wörter: ›Dürfen Sie denn überhaupt auf Kinder schießen?‹ Wenig später ist Peter Lichtenberg tot.«

Und vielleicht 50 Meter vom Eingang Pölnitzweg entfernt, im nördlichen Zipfel des Parks, wenige Schritte vom Weg, aber von dort aus nicht einsehbar, lag Evamaria Müller reglos in einem Gebüsch. Aber, wer wußte das zu diesem Zeitpunkt?

Der Fahrradfahrer raste genau in diese Richtung. Hätte man ihm ruhig ins Gesicht schauen können, so wäre seine Nervosität nur zu deutlich geworden.

Die Musik seines Radios in der Jackentasche dröhnte; sie schien ihn zu betäuben. Fast am Eingang Pölnitzweg angelangt, bremste er abrupt, so daß das Hinterrad weggerissen wurde. Diese Bewegung nutzte er geschickt aus, um abzuspringen. Das Fahrrad schlitterte auf den Rasen und fiel gänzlich um. Das Hinterrad trudelte aus; am schleifenden Geräusch hörte man, daß es eine kleine Acht hatte.

Der Junge schaltete das Radio aus, das Rad war zur Ruhe gekommen. Zum Fürchten still schien es nun an diesem dichtbewachsenen Teil des Weges. Kein Mensch, nirgends. Nur einer im Gebüsch.

Der 16jährige, lang aufgeschossen, blond, mit schmalen Schultern, wartete diszipliniert. Worauf? Die auf- und abschwellenden Schreie eines Martinshorns kamen näher und näher. Der Junge wirkte unentschlossen. Dann hetzte er zum nördlichen Ausgang des Parks.

Leutnant Marmulla war noch nicht lange Chef der Arbeitsgruppe Schwere Straftaten im Kommissariat III der Volkspolizei-Inspektion Berlin-Pankow. Er hatte seinen Kriminalplatz im Revier 281 mit einem kleinen Leiterzimmer in der Berliner Straße, in der Nähe des S-Bahnhofs Pankow, tauschen müssen. Seine Arbeit und sein unbändiger Aufklärungswille waren anerkannt worden; nun war er verantwortlich für die Aufdeckung und Untersuchung aller schweren Verbrechen im Stadtbezirk – eine Aufgabe, der er sich mit Leidenschaft stellte.

Auf seinem Schreibtisch türmten sich auch an diesem Tag im Frühjahr 1977 die Aktenberge. Die Sache im Bucher Schloßpark, ach ja, die wollte er sich ansehen. Der Leiter der Kriminalpolizei hatte angeordnet, daß sie noch einmal zu überprüfen sei.

Marmulla zog die entsprechende Mappe unter einem Stapel hervor, bemängelte die Aktenordnung und begann zu lesen.

Frau Mayer, die im Krankenhaus Berlin-Buch den Anruf entgegengenommen hatte, sagte laut Protokoll: »Am 1. April, gegen 15.05 Uhr, klingelte das Telefon. Ein Herr Kroening aus Bernau war dran. Er erklärte, daß er soeben einen Anruf von seinem 16jährigen Sohn erhalten habe. Dieser habe sich, bei Verwandten in Buch zu Besuch, mit seiner elfjährigen Cousine im Schloßpark aufgehalten. Er sei mit dem Fahrrad zum S-Bahnhof Berlin-Buch gefahren, um dort am Kiosk noch ein paar Zigaretten zu kaufen. Das Mädchen war nach seinen Schätzungen ca. 15 Minuten allein im Park. Als er zurückkam, war es nicht mehr an dem Ort, obwohl er ihr ausdrücklich gesagt hatte, daß sie auf jeden Fall an dieser Stelle warten solle. Er habe sie dann gesucht, und unweit des Eingangs Pölnitzweg habe er sie bewußtlos im Gebüsch gefunden. ›Schicken Sie bitte einen Arzt dorthin, mein Sohn wartet auf ihn am Eingang Pölnitzweg.‹ Dann hat Herr Kroening aufgelegt.« Frau Mayer informierte umgehend die Schnelle Medizinische Hilfe, die mit der üblichen Besatzung gegen 15.20 Uhr am Schloßpark eintraf. Der Junge hatte sein Versprechen gehalten; er kam ihnen aufgeregt entgegengelaufen und zeigte die Stelle, an der die Cousine lag.

Der diensthabende Arzt stellte keine äußeren Verletzungen fest. Evamaria Müller war zwar nicht ansprechbar, aber sie lebte. Das Mädchen wurde in die Rettungsstation des Krankenhauses Berlin-Buch eingeliefert, wo sie Tage bewußtlos lag. Nach Angaben der Ärzte keine Spuren von Gewalteinwirkung, keine Hinweise auf einen sexuellen Mißbrauch. Man vermutete ein Anfallsleiden und verständigte die Volkspolizei, weil die ganze Sache doch irgendwie ominös erschien.

Kriminalobermeister Steffens hatte den 16jährigen befragt. Peter Kroenings Angaben deckten sich in den wesentlichen Punkten mit den Aussagen von Frau Mayer.

Die Vorgeschichte war ebenso belanglos wie glaubwürdig. Er war mit dem Fahrrad zu Besuch in Berlin-Buch bei der Verwandtschaft, und an diesem wunderschönen Nachmittag hatte Peter den Vorschlag gemacht, mit Evamaria in den Schloßpark zu radeln. Das Mädchen setzte sich auf die Stange seines Herrenrades, und so fuhren sie gutgelaunt vom Brunswickenweg zum naheliegenden, vielleicht einen Kilometer entfernten Park. Sie tollten herum, hörten Musik. Auch das Mädchen durfte Peters Rad lenken, wobei sie ihre Füße durch den Rahmen stecken mußte, um überhaupt einigermaßen in Fahrt zu kommen.

Ja, und dann war er allein zum S-Bahnhof Buch gefahren, um Zigaretten zu holen. Nachdem er Evamaria bei seiner Rückkehr bewußtlos im Gebüsch gefunden hatte, sei er sofort wieder zum S-Bahnhof und habe von der Telefonzelle aus seinen Vater angerufen.

Der Kriminalobermeister raffte sich auf, zum »Fundort« zu fahren. Sein Bericht war gleichwohl nichtssagend: keine Feststellungen, keine Hinweise auf ein Verbrechen. Ende der Tatortuntersuchung: 18.30 Uhr.

»Es war wohl schon lange Feierabend«, brummelte Marmulla, als er den Bericht las. Keine Feststellungen, so etwas gibt es nicht.

Trotz seines Leiterpostens war Marmulla der um die Wahrheit kämpfende Mann der Praxis und der Tat geblieben. Er fuhr nach Bernau, lud dort mit Genehmigung der Eltern, versteht sich, den Oberschüler Peter Kroening in den Kriminal-Trabant ein und begab sich mit ihm zum Schloßpark nach Berlin-Buch.

»So, nun zeig mal, wo du deine Cousine gefunden hast«, forderte Marmulla den Jungen auf. Unterdessen hatte es angefangen zu regnen. Sie verließen den Weg. Peter Kroening vorneweg, der Leutnant hinterher. »Wenn du etwa fünf Meter vor dieser Stelle bist, dann geh' nicht weiter. Fünf Meter, das ist wichtig. Wegen der Spuren, weißt du.«

Nasse Zweige und Blätter berührten ihre Körper. Das Gebüsch lag hinter einem kleinen Hügel. Peter Kroening blieb stehen. »Da hinten war's.«

Marmulla war zu ihm aufgeschlossen. Er klopfte sich die Regentropfen vom Anorak und wollte genau wissen, wo und wie der Junge seine Cousine gefunden hatte. Jener grenzte mit seinem rechten Zeigefinger das Areal kreisend ein und erklärte etwas holprig die Auffindesituation.

»Und sag mal, die Schnelle Medizinische Hilfe, die ist auch so gegangen wie wir eben?«

Peter Kroening nickte.

Marmulla bemerkte, daß sich am Verhalten des Jungen etwas verändert hatte. Er war unruhiger geworden, je näher sie dieser Stelle kamen, nestelte mit den Fingern an seinen Jackenknöpfen, als er beschrieb, in welcher Lage sich Evamaria befand.

Der Leutnant ging noch weiter an den Fundort heran. Schon am Weg waren ihm Spuren von einem stürzenden Fahrrad aufgefallen. Trotz des leichten Nieselregens.

Und auch hier glaubte er, eine Schleifspur zu erkennen. So, als wenn jemand das Mädchen einige Meter aus Richtung des Weges hierher gezerrt hatte.

Eine Version keimte in ihm auf, noch ganz dumpf, aber doch schon irgendwie faßbar. Er drehte sich um und sah diesen unschuldigen Jungen hilflos dastehen, die Hände nun in den Hosentaschen und die Augen voller Blau. Augen, die den Mädchen gefallen müssen. Groß, hungrig, verletzlich. Und eben blau. Und darin ein leises Flackern.

»Das reicht für heute«, sagte Marmulla. »Ich bring dich wieder nach Hause.«

Dr. A. vom Gerichtsmedizinischen Institut der Charité an der Humboldt-Universität, Sitz Hannoversche Straße, war sofort bereit, sich das Mädchen im Krankenhaus anzusehen. »Irgend etwas stimmt in der Sache nicht«, hatte ihm Marmulla am Telefon bedeutet, »es könnte doch sein, daß jemand das Mädchen betäubt, gewürgt hat bis zur Bewußtlosigkeit, um es dann sexuell zu mißbrauchen. Sicher, die Zeit hat schon gegen uns gearbeitet, aber ein erfahrener Gerichtsmediziner wie Sie ... Vielleicht können Sie doch noch etwas entdecken.«

Auf der Fahrt nach Berlin-Buch mit dem Dienst-Trabi der Pankower Kripo erzählte der Experte die neuesten Fälle aus der eigenen Praxis und aus der Literatur, in denen Würger in Erscheinung getreten sind. Sein Fazit: Würgemale werden vom »Normalmediziner« oft übersehen oder fehlgedeutet, und gerade sie sind es, die das Verbrechen durch ihre individuellen Merkmale aufklären können. In einem Fall gelang der Beweis der Täterschaft nach dem Widerruf sämtlicher Geständnisse sogar durch den Vergleich der Würgemale mit den individuellen Merkmalen der Täterhand: Die Hände waren auffallend groß, sie hatten harte, lange Fingernägel sowie eine völlige Versteifung des rechten Daumenendgliedes. Beim beidhändigen Würgen seiner in Rückenlage schlafenden Freundin verursachte der gesunde linke Daumen mit seiner Spitze intensivere Würgemale an der linken Halsseite. Rechts dagegen fand man infolge der Daumenversteifung nur oberflächliche Hautspuren.

»Und nicht vergessen«, fuhr der Mediziner fort, als sie gerade auf der Heinersdorfer Straße waren und links und rechts den Drosselweg passierten, »daß das Strangulieren im weitesten Sinne erotisch sein kann. Man sollte es nicht glauben, aber es ist so. Es gibt Männer, die durch dosierten Sauerstoffmangel ein sexuelles Lustgefühl erzielen, welches in der Regel zwar zur Erektion, aber nicht unbedingt zur Ejakulation führt. Bei Erhängten, die zum Tode verurteilt wurden, hat man nicht selten Samenerguß registrieren können. Beim sogenannten autoerotischen Unfall wird die Welt plötzlich aufmerksam auf dieses Phänomen. Manch männlicher Mitbürger hängt sich dosiert und rhythmisch auf, um in das Reich der Glückseligkeit einzutauchen. Kollegen aus Jena haben da kürzlich einen ganz interessanten Fall berichtet.

Vor ein paar Jahren wurde ein etwa 30jähriger Mann von seiner Frau tot im Bett liegend aufgefunden – mit einer gewissen Maskerade. Er hatte eine Plastetüte über den Kopf gezogen, am Hals fest verschlossen. Unter dem Schlafanzug trug er auch eine Plastikhose, die an Bund und Beinen durch Gummiringe fest ansaß, und auf seinem Rücken fand man ein aufgebundenes Holzkreuz. Todesursache war eindeutig Ersticken. Nachdem dann die Ehefrau gehört wurde, war klar: ein autoerotischer Unfall, d. h., bei einer anormalen Art der Selbstbefriedigung verunfallt. Die Frau berichtete über sein abnormes Sexualleben. Er fesselte sie mit Riemen und Schnüren und hängte sie nackt in eine Vorrichtung, bis zu einer halben Stunde. In dieser Lage oder auch in einer anderen Fesselung schlug er seine Frau mit dem Handtuch oder mit der Peitsche. Dann war er endlich so erregt, daß es zum normalen Geschlechtsverkehr kam. Gelangte er nicht zum Orgasmus, und jetzt hören Sie, würgte er seine Frau. Er hatte aber auch eine masochistische Tendenz. Er ließ sich auch aufhängen, fesseln, auf ein Holzkreuz binden. Interessanterweise stieg er auch in einen selbstgefertigten Wachstuchbeutel, damit er schwitzen konnte. Zu diesem Zweck baute er dort eine Heizung ein. Dadurch wurde er so stark erregt, daß dann der normale Geschlechtsverkehr durchgeführt werden konnte. Manchmal mußte seine Ehefrau zu ihm nackt in den Beutel huschen, wo dann der Koitus stattfand. So etwas gibt es alles in der DDR, quer durch alle Gesellschaftsschichten. Das gibt es, steht aber natürlich nicht in der Zeitung.«

Nachdem der Doktor der Gerichtsmedizin sich diese Bilder von der Seele geredet hatte, stellten sich offenbar neue ein. Mittlerweile waren sie schon in Alt-Karow. Er wollte gerade fortfahren, da klinkte sich Marmulla produktiv in den Monolog ein. Dieser hatte über die Motivation von Sexualstraftaten einiges in der Ausbildung gehört, und einige wundersame Fälle hatte er schließlich schon selbst bearbeitet. Aber er wollte noch einmal die Bestätigung des Fachmanns hören.

»Also, wenn ich mal zusammenfassen darf. Jedwede Strangulation, ob Hängen, Würgen oder Drosseln, kann bei der betroffenen Person sexuell stimulierend sein. Wenn man es sich selbst zufügt, ein etwas deviantes Verhalten, aber – man schädigt sich doch nur selber. Siehe autoerotische Unfälle. Das wäre also diese masochistische Komponente. Aber, es ist auch so, daß der Sadist beim Würgen anderer Lustgewinn erzielt.«

»Stimmt genau«, sagte Dr. A. »Aber eines müßte man noch hinzufügen ...«

»Genau. Nämlich, daß beide Triebrichtungen, Quälsucht und Qualen erleiden, in einer Person gleichzeitig vorhanden sein können.«

»Sie haben wohl Krafft-Ebing gelesen?« wollte der Gerichtsmediziner wissen.

Marmulla lachte, während sie auf das Gelände des Krankenhauses Berlin-Buch einbogen. »Das nun nicht gerade. Aber wissen Sie auch, daß dieser Psychiater der Enkel eines ganz berühmten Kriminalisten ist? Das erzähle ich Ihnen auf der Rückfahrt.«

Evamaria Müller lag nun schon auf der Kinderstation, war aber noch immer nicht ansprechbar. In Anwesenheit des behandelnden Arztes untersuchte Dr. A. das zerbrechliche Kind, das mit seinen langen, schwarzen Locken wie eine Märchenprinzessin dalag; dann las er noch am Bett die Krankenakte. Seine Zusammenfassung fiel überraschend aus: »Am Nacken, beidseitig, befinden sich schwache Spuren von den Fingernägeln einer würgenden Hand. Würgemale. Eindeutig. Schauen Sie hier, Herr Kollege.«

Plötzlich hatte Marmulla ein Flackern in den Augen. Dr. A., fand er, hatte seine Erkenntnis sachlich, nicht belehrend vorgetragen. Einfach so, als wenn zum Beispiel der Facharzt für Lungenkrankheiten etwas auf der Lunge entdeckt, was der praktische Arzt gar nicht erkennen kann, weil ihm dazu die speziellen Kenntnisse fehlen. Deshalb fand der Leutnant die abwehrende Reaktion des behandelnden Arztes reichlich unangemessen.

»Aber, Herr Kollege, wenn dort irgendwelche Spuren irgendeiner Gewalteinwirkung gewesen wären, hätten wir es doch auch entdeckt und die Kripo informiert. Zeigen Sie mal, ich sehe nichts.«

Auch Marmulla sah jetzt kleine, ganz blasse, halbmondförmige Hautvertrocknungen im Halsbereich des schlafenden Kindes.

»Ich sehe nichts«, wiederholte der Bucher Arzt. »Na ja, wenn man genau hinguckt, da könnte mal was gewesen sein. Aber dafür gäbe es dann ja noch andere Erklärungen. So könnte doch das Mädchen gestolpert und unglücklich auf einen Ast gefallen sein!«

»Das Kind ist gewürgt worden, der Täter stand vor ihr. Es gibt dafür keine anderen Erklärungen«, wiederholte Dr. A.

»Herr Doktor«, wandte sich Marmulla an den forensischen Mediziner, »könnten Sie mir dazu eine gutachterliche Stellungnahme schicken? Ich werde veranlassen, daß die Würgemale fotografiert werden, ehe sie ganz verblassen. Und seien Sie mir nicht böse, ich muß jetzt ganz schnell auf meine Dienststelle. Die Kosten für die Rückfahrt mit der S-Bahn erstatten wir Ihnen natürlich.«

»Aber, Sie wollten mir doch noch was vom Großvater Krafft-Ebings erzählen«, protestierte Dr. A. schwach.

»Ein andermal. Ich versprech's.«

Marmulla verabschiedete sich höflich und ließ Evamaria mit zwei Ärzten, die immer noch über den Befund stritten, allein.

Kaum war Marmulla wieder in seinem Kriminalbüro, läutete das Telefon. Dr. A. war dran. Er rief von der Telefonzelle am S-Bahnhof Buch an und wollte nur noch einmal sagen: »Das Kind ist gewürgt worden, das ist so sicher wie das Amen in der Kirche. Gehen Sie in allen folgenden Versionen davon aus. Es liegt ein Verbrechen vor. Meinen Bericht diktiere ich heute noch. Machen Sie's gut.«

Berndt Marmulla hämmerte in seine Schreibmaschine: Gesucht: Der Würger vom Schloßpark. Begehungsweise: Opfer wird auf dem schwer einsehbaren Parkweg spontan bis zur Bewußtlosigkeit gewürgt und dann in das Gebüsch, in dem es aufgefunden wurde, geschleift (Schleifspuren). Version 1: Ein unbekannter Täter, der während der kurzen Abwesenheit des Cousins (etwa eine Viertelstunde) das Mädchen überwältigte. Version 2: Peter Kroening, der Anzeigende, hat die Straftat selbst begangen. Die Aussage bezüglich des Zigarettenholens ist dann unwahr. Sexuelles Motiv in beiden Fällen zu vermuten. Maßnahmen: Überprüfung der Personenbewegung am Tatort um die Tatzeit herum und Feststellung von potentiellen Zeugen; Persönlichkeitsaufklärung, dann nochmalige Befragung von Peter Kroening.

Die Bucher Kripo ermittelte auf beiden Strecken gleichrangig. Für die Version, daß Peter Kroening in einer Person Anzeigender und Täter war, sprach nicht sehr viel. Das hatte es zwar alles schon gegeben, aber seine Unsicherheiten am Fundort, die Marmulla natürlich nicht entgangen waren, konnten auch damit zusammenhängen, daß er als sensible Persönlichkeit diese schrecklichen Minuten einfach noch einmal durchlebte.

Für die erste Hypothese dagegen sprach sehr viel mehr. Eine psychiatrische Klinik war ganz in der Nähe, mit dem berühmten Haus 213, in dem die Beschuldigten und Angeklagten begutachtet und therapiert wurden. Manch einer hatte sich in der Vergangenheit auch in den geschlossenen Abteilungen einen Freigang verschafft, aber, wie jetzt die Feststellungen ergaben, sollte dies seit einiger Zeit nicht mehr vorgekommen sein. Und abgängig war auch keiner der Insassen.

Eine andere Untersuchungsrichtung war die Überprüfung von einschlägigen Sexualtätern im Bereich, die aber ebenfalls keine Erfolge zeitigte. Das Blatt wendete sich nur scheinbar, als sich ein Zeuge meldete, der um die Tatzeit herum einen »Halbblöden«, wie er sich ausdrückte, im Schloßpark gesehen haben will. Die Beschreibung fiel vage aus, so daß sich aus diesem Hinweis auch keine konkreten Folgerungen ergaben.

Marmulla war noch nicht dazu gekommen, sich die Familie von Peter Kroening näher anzusehen. Da der große Unbekannte immer noch nicht in Sichtweite war, spürte er, daß es nun Zeit wurde, das Psychogramm der Familie Kroening zu erhellen.

In der darauffolgenden Woche hörte Marmulla fast alle Angehörigen. Eine angesehene Familie, geordnete Verhältnisse, so oder ähnlich hatte es der Leutnant in manchem Leumundsbericht gelesen. Aber hier traf es nun wirklich einmal richtig zu. Mutter und Vater, beide Lehrer, gaben bereitwillig Auskunft. Nett plaudernd beschrieben sie ihren Sohn, aber Marmulla konnte sich des Eindrucks nicht erwehren, daß bestimmte heikle Themen geschickt umgangen wurden. Ja, Probleme gäbe es natürlich auch, sagten die Eltern. Peter hätte mal in einem Musikgeschäft eine Schallplatte geklaut, aber das mache ja fast jedes Kind. In sexueller Hinsicht sei er aufgeklärt worden wie die anderen beiden älteren Söhne auch, und es seien auch keine Auffälligkeiten bekannt geworden, außer, daß er einmal beim Onanieren überrascht worden wäre. Ganz normal. Eine feste Freundin habe er noch nicht, naja, es sei ja auch noch Zeit ...

Der mittlere Bruder war zu diesem Zeitpunkt nicht anwesend. Marmulla kündigte für den darauffolgenden Tag einen nächsten Besuch in Bernau an und bat Frau und Herrn Kroening, diesem Sohn sein Kommen zu avisieren; er möchte sich zu einer Befragung bereithalten. Er wußte, daß es funktionieren würde, denn er hatte das Vertrauen seiner Gesprächspartner gewonnen.

Am nächsten Tag konnte Marmulla Ralf Kroening, der mit einer Sporttasche vom Training kam, kurz vor seinem Wohnhaus abpassen und zu einem Spaziergang überreden. Marmulla hatte ihn sofort erkannt: Im Aussehen sein Bruder Peter noch einmal, nur größer und zwei Jahre älter.

Im Charakter, dachte Marmulla, sind sie aber sehr unterschiedlich. Der eine schweigsam, verschlossen, introvertiert, der andere sympathisch offen, selbstbewußt, extravertiert. Und so kam es, wie es bei diesem Gang durch die frühlingsfarbene Siedlung kommen mußte. Zur offiziellen Version vom Familienleben und von den einzelnen Charakteren erhielt der Kriminalist auch Kenntnis von verdrängten Konflikten. Und was für ihn am wichtigsten war: Das Bild des 16jährigen Peter Kroening schien sich zu differenzieren.

»Wissen Sie«, sagte Ralf, »ich habe einfach Angst um meinen Bruder. Er ist so anders, so grüblerisch. Er spricht nicht über seine Probleme, er igelt sich ein. Ich glaube, es kommt niemand an ihn ran.«

»Und was ist mit Mädchen?« fragte Marmulla.

»Ich denke, mit Mädchen war noch überhaupt nichts. Irgendwie fliegen die auf ihn, aber er läßt sich auf keine Beziehung ein, so, als wenn er Angst hätte, zu versagen oder so. Und da hat er vielleicht was anderes für sich entdeckt. Vielleicht war das eine Entwicklungsphase oder so. Vielleicht hat er die aber schon überwunden ...«

»Und, was meinen Sie zu der Sache im Park? Hat Ihr Bruder vielleicht etwas damit zu tun? Ich meine, er hat natürlich was damit zu tun, schließlich hat er das Mädchen gefunden und Hilfe herbeigeholt. Aber, vielleicht war da noch etwas anderes ...«

»Etwas müssen Sie noch wissen«, sagte Ralf Kroening und blieb stehen. Er nahm die Sporttasche auf die andere Schulter und schaute dem Kriminalisten in die Augen. Ungewöhnlich für einen 18jährigen, dachte Marmulla, der Junge hat was drauf. Er kann mit Leuten umgehen.

»Aber, das sage ich Ihnen nur, wenn Sie mir versprechen, Peter zu helfen und nicht, wenn es sich so ergeben sollte, ihn einfach ins Loch stecken. Es wäre keine wirkliche Hilfe für ihn, er würde dort zerbrechen.«

»Ich versprech's«, sagte Marmulla.

»Vor paar Wochen, da habe ich ihn im Schuppen überrascht. Er hatte sich eine Wäscheleine um den Hals gelegt und versucht, sich zu drosseln oder so. So aus Spaß. Er wollte sich nicht umbringen, nein. Niemand weiter weiß davon, auch nicht unsere Eltern. Bitte behalten Sie es für sich, aber ich denke, Sie müssen es wissen.«

Sofort liefen bei Marmulla die Ereignisse vor dem geistigen Auge wie in einer Panoramaschau ab. Natürlich mußte er sich fragen, warum Peter Kroening sich selbst strangulierte. »Welche weiteren Feststellungen haben Sie gemacht?« hatte er einmal als Folgefrage in einem schlechten Vernehmungsprotokoll gelesen. Aber genau danach mußte er jetzt auch fragen.

»Ist Ihnen noch etwas an Ihrem Bruder aufgefallen?«

»Er war natürlich erschrocken, als ich in den Schuppen kam, und hat die Sache in der ihm eigenen Art heruntergespielt. Er wollte was ausprobieren oder so ähnlich. Warum er dies wirklich getan hatte? Er hat nie darüber gesprochen. Er hat ganz normal weitergelebt und mir Erklärungen verweigert.«

»Ich meinte eigentlich, hatten Sie den Eindruck, daß Ihr Bruder sexuell erregt war?«

»Ich denke schon.«

Sie waren stehengeblieben.

»Und wie kommen Sie zu diesem Schluß?«

Ralf Kroening mit der Gestalt eines Basketballers hatte plötzlich seine Offenheit verloren. »Finden Sie's heraus. Aber, helfen Sie meinem Bruder.«

Marmulla nickte, aber das hatte der mittlere Bruder schon gar nicht mehr gesehen. Er war grußlos weitergegangen. Er wollte allein sein; Tränen rannen über die Wangen des jungen Mannes. Der Leutnant blickte ihm nachdenklich hinterher, bis er hinter einer Straßenecke verschwand.

Auf Vorladung erschien die Mutter mit Peter Kroening in der Volkspolizei-Inspektion Pankow. Bei Kindern und Jugendlichen war die Anwesenheit eines Elternteils vorgeschrieben.

Marmulla begrüßte beide im Besucherraum und erklärte, daß er Peter allein befragen möchte. Die Mutter war damit einverstanden, sie bat nur, vorher noch einmal mit dem Kriminalisten unter vier Augen sprechen zu dürfen. Marmulla willigte ein.

Sichtlich nervös erzählte sie von einem Vorkommnis, über das sie angeblich vergessen hatte zu berichten. Sie bat, die Sache aber nicht zu verwenden. Nur sie und ihr Sohn Peter wüßten davon. Sie habe Peter einmal überrascht, wie er in ihrer Unterwäsche vor dem Spiegel im Schlafzimmer posierte, so einem dreiteiligen, in dem man sich von allen Seiten betrachten kann.

Marmulla brachte Frau Kroening in den Besucherraum zurück und bat den Sohn um noch etwas Geduld. In sein Zimmer zurückgekehrt, erkundigte er sich im Krankenhaus nach dem Befinden der kleinen Evamaria. Sie konnte immer noch keine Auskünfte geben, aber die Ärzte waren weiterhin zuversichtlich, daß sie alles ohne größere Folgen überstehen würde.

Der Junge mit den großen blauen Augen saß nun in heller Aufregung auf dem Besucherstuhl in Marmullas Büro, und der Leutnant wußte, daß der Kampf um die Wahrheit nicht leicht werden würde. Objektive Beweismittel lagen nicht vor, und Zeugen, die über irgend etwas Verdächtiges berichten konnten, hatten sich trotz aller Nachforschungen seiner Mitarbeiter nicht gemeldet. Das Mädchen war gewürgt worden, sagte der Gerichtsarzt, aber die Fotografien der Würgemale glichen mehr einer Landschaft im totalen Nebel. Keine Meisterleistung des Kriminaltechnikers.

Marmulla wußte zu gut, daß diese eine Vernehmung, die nicht wiederholbar sein würde, die Aufklärung des Falles bringen mußte. Er hatte drei Stunden dafür eingeplant, aber es kam alles ganz anders. Kaum hatte der Kriminalist dem Verdächtigen ein paar gezielte Fragen gestellt und seine Tatversion knallhart übermittelt, trat die jähe Wendung ein.

»Ja, ich habe sie gewürgt«, sagte Peter Kroening mit weinerlicher Stimme; die Last, die er sich aufgebürdet hatte, konnte er nicht mehr länger tragen. Ein flüchtiger Schatten huschte über sein Gesicht. Dann heulte er wie ein kleines Kind, so daß Marmulla seine Not hatte, Zellstofftaschentücher heranzuschaffen. Der Würger im Schloßpark hatte ein Geständnis abgelegt.

Und nach einer langen, langen Pause fragte er: »Was werden Sie jetzt mit mir tun? Ich bin doch nur ein Junge!«

»Das ist eine gute Frage«, sagte Marmulla väterlich und sah ihn unverwandt an. »Erst einmal wirst du alles genau erzählen, Punkt für Punkt, was und warum du es gemacht hast. Und dann schreiben wir es auf. Es ist, wie die Umstände auch im einzelnen waren, ein Versuch gewesen, einen Menschen zu töten. Und dafür mußt du dich verantworten. Mit 16 ist man als Jugendlicher strafrechtlich verantwortlich. Doch wir werden dir helfen. Das setzt aber voraus, daß du dir jetzt alles von der Seele redest.«

Peter Kroening versuchte mehrfach, dem Blick des Leutnants auszuweichen, und überlegte. Nach zwei, drei Minuten der Einkehr begann er zu berichten.

Aus einer ihm nicht mehr erklärbaren Gefühlsregung heraus, sagte der Junge, war plötzlich eine seltsame Unruhe über ihn gekommen. Irgendwie wollte er mit seiner Cousine allein sein, ja, er hatte diese Ecke im Park förmlich gesucht. Und er hatte sich auch orientiert, ob Menschen in der Nähe waren und sie beobachten konnten. Plötzlich war er dazu bestimmt worden, das Mädchen zu würgen, das sofort in seinen Armen das Bewußtsein verlor. Er nahm nun an, daß sie tot sei und schleppte sie deshalb ca. 15 Meter vom Weg in das Gebüsch, in dem er seine Cousine dann angeblich wiederfand. Wie in Panik raste er daraufhin mit dem Fahrrad ziellos durch den Park, wurde aber zunehmend ruhiger und baute sich in Gedanken seine Version auf, die ihn retten sollte. Er verständigte den Vater, erzählte die Geschichte, daß er nur mal schnell zum Bahnhof gefahren sei, um Zigaretten zu kaufen ...

Als Motiv für die Tat gab er an, daß er wie durch Eingebung plötzlich unbedingt sehen wollte, »wie ein Mensch durch Würgen stirbt«. Schon längere Zeit habe er sich mit diesem Gedanken beschäftigt, und es hätte durchaus auch ein anderes Mädchen sein können. Aber er war jetzt mit Evamaria im Schloßpark, und er war unbeobachtet. Und es überkam ihn mit naturgewaltiger Macht.

»Warum wolltest du sehen, wie ein Mensch durch Würgen stirbt?« wollte Marmulla genauer wissen.

Peter Kroening schwieg sich im folgenden aus, sexuelle Motive räumte er nicht ein. Doch der erfahrene Kriminalist wußte, daß allein sie zutrafen ...

Das Telefon läutete. Die wichtige Meldung aus dem Krankenhaus kam spät, aber sie kam. Eigentlich brauchte sie Marmulla nicht mehr, aber es war dennoch interessant zu hören, daß Evamaria Müller über die Ereignisse im Schloßpark kaum etwas zu berichten wußte. Retrograde Amnesie. In ihr Gedächtnis waren jedoch ihre letzten Worte, bevor sie zusammenbrach, eingebrannt: »Peter, was ist denn los mit dir?«

Evamaria Müller konnte alsbald aus dem Krankenhaus entlassen werden. Sie hatte, was an ein Wunder grenzte, die ganze Sache gut überstanden, ohne körperliche Folgeschäden. Aber die Wunden an ihrer Seele heilte niemand mehr.

Peter Kroening wurde der Morduntersuchungskommission übergeben, die die weiteren Ermittlungen führte. Er saß kurzzeitig in Untersuchungshaft und erhielt wegen versuchten Totschlags eine Freiheitsstrafe in Höhe von einem Jahr, wobei ihm gem. § 113 Abs. 1 Ziff. 3 StGB der DDR besondere Tatumstände eingeräumt wurden, die seine strafrechtliche Verantwortlichkeit minderten. Nach § 27 StGB wurde eine fachärztliche Heilbehandlung zur Verhütung weiterer Rechtsverletzungen angeordnet. Das Gericht sah es als erwiesen an, daß fixierte sexuelle Fehlpraktiken und die jugendliche Persönlichkeit beherrschende Triebanomalien im Sinne von Perversionen Erwachsener vorlagen, die behandlungsbedürftig waren. Die strafrechtliche Schuld war zudem gemäß § 16 StGB – Verminderte Zurechnungsfähigkeit – abgemildert worden.

Der psychiatrisch-psychologische Gutachter hatte einen guten Draht zu ihm gefunden, und ihm hatte sich Peter Kroening anvertraut. Vor Gericht, in solcher für eine Persönlichkeit wie ihn schlimmen Situation, war er völlig versperrt.

Peter Kroening ist nicht wieder in Erscheinung getreten. Vielleicht war er doch nicht so fixiert, und die scheinbar alarmierenden fetischistischen, pädophilen und mit dem Würgen verbundenen sadistischen Züge waren nur eine Art

Durchgangsstadium, ein Probier- und Ersatzverhalten. Vielleicht, um Unsicherheiten im sexuellen Bereich zu kaschieren.

Dr. A. wollte noch eine abschließende Antwort auf die nebensächliche Frage, die im Disput zwischen dem Gerichtsmediziner und Marmulla über den Würger im Schloßpark offengeblieben war: Mit welchem berühmten Kriminalisten ist der Psychiater Krafft-Ebing verwandt? Der Zufall kam ihm zu Hilfe. Aufgrund eines Mordes trafen Dr. A. und Marmulla wenige Wochen später am Tatort im Stadtbezirk Pankow wieder aufeinander. Der Kriminalist lüftete bei diesem Anlaß sein vorerst letztes Geheimnis: Die Tochter des Mitbegründers der Kriminalistik Karl Joseph Anton Mittermaier (1787-1867), Luise von Krafft-Ebing, war die Mutter des Psychiaters, der mit seinem Buch »Psychopathia sexualis« erstmalig abweichende Formen des Sexualverhaltens klassifizierte und die Begriffe Sadismus und Masochismus in die Welt schickte.

Der Brennpunkt »Schlüsselsucher«

An einem Tag im April 1985 ging die siebenjährige Manuela Muttek von der Schule nach Hause. Das Schlüsselkind hatte seinen Wohnblock in der Paul-Junius-Straße erreicht und öffnete die Haustür zum Aufgang. Es war kurz nach eins.

Hinter der Tür stand ein fremder Mann, der freundlich grüßte. »Hallo, kannst du mir mal helfen? Ich hab meinen Schlüssel verloren. Vielleicht hat ihn jemand auf den Lichtkasten gelegt. Kannst du mal nachschauen, ich heb dich hoch?«

Manuela, ein freundliches und hilfsbereites Kind, willigte ein. Sie setzte den Ranzen ab, und der junge Mann hob sie hoch. Auf dem Lichtkasten lagen ein Schlüsselbund und Staub. Das Mädchen bemerkte, wie die Hand des Mannes unter ihren Rock glitt und sie zwischen den Oberschenkeln berührte. Irgendwo klappte eine Haustür. Manuela stand, als sie wieder heruntergelassen wurde, wie versteinert da. Ganz freundlich bedankte sich der Mann für die Hilfe, nahm das Schlüsselbund an sich und verließ eilig das Haus.

Manuela erzählte das ihrer Mutter, und ihre Mutter ging zur Polizei. Eine Anzeige wegen sexuellen Mißbrauchs eines Kindes wurde aufgenommen. Täter: unbekannt. Manuela konnte aber eine ziemlich gute Personenbeschreibung geben.

Mit der Zeit gab es bei der Kripo in Lichtenberg mehrere Anzeigen, die alle den gleichen Tatmodus zum Inhalt hatten. Der erste »Anfall« war am 23. November 1984 registriert worden. Immer suchte der relativ junge Täter in geschlossenen Räumen, wie in Hausfluren, in Kellern oder auf Hausböden, seinen abhanden gekommenen Schlüssel und auf diese Weise den Kontakt zu sechs- bis zehnjährigen Mädchen. Er überredete sie zur Mitsuche, bei der er seine Opfer – in der Regel beiläufig beim Hochheben – an den Genitalien berührte. Die Aufforderung zu einer kindlichen Hilfeleistung ist bei Sexualtätern dieses Schlages übrigens eine ganz probate Methode.

Als dann auch aus den Stadtbezirken Friedrichshain und Prenzlauer Berg Anzeigen zu gleichartigen Delikten vorlagen, konnte man davon ausgehen, daß ein Serientäter am Werke war, der seine Tatorte auf andere Stadtbezirke ausgedehnt hatte. Auch die Personenbeschreibungen stimmten auffällig überein. Ein Fall für die Zentrale, das Dezernat X der Kriminalpolizei im Präsidium der Volkspolizei Berlin. Dieses eröffnete per Befehl Nr. 18/85 des Präsidenten der Volkspolizei Berlin am 24. Mai 1985 den Brennpunkt und gab ihm entsprechend der Begehungsweise den Codenamen »Schlüsselsucher«.

Die Fahndung lief Anfang Juli 1985 auf Hochtouren. Der Einsatz war von der Polizeiführung bis zum 31. Juli genehmigt worden. Zentrale Kräfte der Schutzpolizei (ZKS) durchstreiften den am meisten gefährdeten Bereich: die Herbert-Tschäpe-Straße in Lichtenberg und die Leninallee hinauf bis zum Arendsweg in Hohenschönhausen. Entsprechend den Tatzeiten erfolgte der Einsatz täglich von 12 bis 17 Uhr. Im Stützpunkt des Abschnittsbevollmächtigten (ABV), Anton-Saefkow-Platz 4, ließ sich das Dezernat X häuslich nieder. Jeden Tag wiesen Offiziere des Dezernats jeweils um 11.30 Uhr die Fahndungskräfte ein und informierten sie über den Stand der Dinge.

Grundlage für die Fahndung waren ein hektographierter DIN-A5-Zettel mit der Personenbeschreibung von »Schlüsselsucher« und mittlerweile zwei Phantombildern, eines mit der Nummer 9/85 und das andere mit der Nummer 9/85 A versehen. Bilder, die von unterschiedlichen Geschädigten erarbeitet worden waren. Die Frisuren anders, aber die Ähnlichkeit ungeheuer groß.

Fast die gesamte Berliner Polizei arbeitete also mit folgendem Fahndungsblatt:

Personen- und Bekleidungsbeschreibung des unbekannten Täters
zum Brennpunkt »Schlüsselsucher«
Alter: 20-25 Jahre
Größe: ca. 175 cm groß

Haare: blond, kurz, vermutl. etwas lockig
Gestalt: schlank
Der Täter trat mit folgender Bekleidung in Erscheinung:
graue abgesteppte Windjacke mit lila Ärmeleinsätzen
graue Bundjacke, vermutl. Windjacke
hellblauer Anorak mit Druckknöpfen
Bei warmer Jahreszeit tritt er mit einem weißen Nicki, auf der
Brustseite ein Bild, oder einem anderen Nicki auf.
Hat bei sich eine weiße Plastetüte mit roter Aufschrift, vermut-
lich »Fahre mit Herz«.

Ein »Brennpunkt der Kriminalität«, definiert das »Wörterbuch der sozialistischen Kriminalistik« aus dem Jahre 1981, sind »vorsätzliche, gleiche oder unterschiedliche in Serie begangene Straftaten, die untereinander einen durch objektive Kriterien gekennzeichneten Zusammenhang aufweisen, von einem Täter oder einer Tätergruppe begangen wurden und in ihrer Gesamtheit gesellschaftsgefährlich bzw. in hohem Maße gesellschaftswidrig sind.«

Serienstraftaten sagt man heute dazu, auch in der Kriminalistik der anderen sozialistischen Länder hießen sie so. Nur in der DDR befand man schon seit Anfang der 60er Jahre, daß die etwas holprigen Begriffe wie Brennpunktbekämpfung, Brennpunkttäter und Brennpunktuntersuchung die Sache besser kennzeichneten. Schließlich ging es um Geschehnisse, die im öffentlichen Interesse standen, auf die alle Augen gerichtet waren. Brennpunkte eben.

Serienstraftaten waren zu allen Zeiten eine Herausforderung für Kriminalisten. Man konnte Tatorte vergleichen, Spurenlagen analysieren, einzelne Personenbeschreibungen zueinander in Beziehung setzen, verschiedene Phantombilder rekonstruieren, örtliche und zeitliche Zusammenhänge erkennen. Bestens dafür geeignet waren Stabskarten zu den jeweiligen Brennpunkten. Auf ihnen wurden dann die Tatorte mit Fähnchen abgesteckt, und auf diesen Fähnchen notierte man die Tatzeiten. Der Kick des Ganzen: Solange man den Täter nicht gefangen hatte, hoffte man, daß er beim nächsten unweigerlichen Zuschlagen einen entscheidenden Fehler machen würde …

Dies war die Welt von Major der K Berndt Marmulla, der zum Chef einer Truppe mit zeitweilig bis zu 30 Mitarbeitern aufstieg. 1980 war er in das Dezernat X der Berliner Kripo, das die Brennpunktkriminalität untersuchte, versetzt worden, gleich als stellvertretender Dezernatsleiter. Wrobel hieß der Chef, der dann später eine Mordkommission übernahm. Nach einem Intermezzo als Leiter Kriminalpolizei im Stadtbezirk Marzahn kehrte Marmulla 1984 als Dezernatsleiter X zurück. Er wollte wieder konkrete Fälle bearbeiten und nicht länger die Kriminalität eines Territoriums verwalten.

So kam der »Schlüsselsucher« auch auf seinen Tisch. Marmulla bildete eine Arbeitsgruppe gleichen Namens mit fähigen Brennpunktbekämpfern. Diese prüften, analysierten und verglichen die bisherigen Untersuchungsergebnisse aus den Stadtbezirken, die ja als Einzelstraftaten behandelt worden waren.

Und es gab die erste interessante Geschichte, die zwar nicht den Täter brachte, aber zumindest einige Hinweise. Bei einem Tatort in Weißensee kurz vor Eröffnung des Brennpunktes, bei dem das Dezernat X noch nicht die Sofortmaßnahmen im Rahmen des sogenannten Ersten Angriffs geführt hatte, wurden keine Spuren festgestellt. Die Kripo aus Weißensee hatte also den Tatort untersucht und quasi ohne Ergebnisse wieder freigegeben. 14 Tage oder drei Wochen später rückte der Kriminaltechniker des Dezernats X Biesold noch einmal zum Tatort aus, nicht nur, um eine Inaugenscheinnahme vorzunehmen und einen allgemeinen Eindruck von der konkreten Örtlichkeit zu gewinnen. Der Auftrag war vielmehr, noch Spuren zu sichern! Es war ein Versuch, mehr nicht. Marmulla wußte natürlich, daß in diesem ordentlichen Haus der Keller schon mehrfach gesäubert worden war. Aber, man konnte ja nie wissen.

Auf einer Türklinke zu einem Abstellraum des Tatkellers wurde Biesold fündig: ein Fingerabdruck an der Unterseite! Ob der mit der zu untersuchenden Straftat zusammenhängt? Diese Frage konnte jetzt noch nicht beantwortet werden, aber wenn man einen Verdächtigen haben würde, könnte dies ein zusätzlicher Beweis seiner Anwesenheit am Tatort sein.

Die Kriminalisten aus Weißensee lächelten, als sie das Ansinnen des Dezernatsleiters, den Tatort noch einmal aufzusuchen, vernahmen, und auch in den eigenen Reihen war zu hören: Was sollen wir denn noch nach 14 Tagen am Tatort? Da findet man doch nichts mehr! Als dann die Kunde von Biesolds Fund an die Ohren der ewigen Zweifler drang, wiegelten sie auch gleich wieder ab: irgendein Fingerabdruck von irgendeiner Person, kein Zusammenhang mit der Straftat.

Das Ergebnis der umfangreichen Analysetätigkeit war jedenfalls ein allgemeines Fahndungsblatt, welches alle Kriminalisten und operativen polizeilichen Kräfte in Berlin erhielten. Marmulla war sich sicher, daß ein und derselbe Täter am Werke war. Und daß sie ihn bald kriegen würden, denn die geschädigten Kinder hatten aus allen Phantombildern, die einfühlsame Spezialisten des Präsidiums mit ihnen erarbeitet hatten, das beste ausgewählt, nämlich jenes, das sie im Vergleich mit ihren Erinnerungen für gelungen hielten. Es schien also alles nur eine Frage der Zeit zu sein. Aber sehr viel Zeit war schon nicht mehr, denn der Leiter Kriminalpolizei von Berlin wollte fast in jedem Rapport wissen, ob »Schlüsselsucher« endlich gefaßt sei. Der Grund für dieses große Interesse war simpel: Die Abteilung Sicherheit der SED-Bezirksleitung hatte Unruhe in der Bevölkerung ausgemacht und den Druck auf die Fahnder verstärkt.

Denn weitere Straftaten, die man eindeutig »Schlüsselsucher« zuordnen konnte, wurden angezeigt. Waren es bei der Brennpunkteröffnung drei Delikte in Weißensee, je zwei in Friedrichshain und Lichtenberg sowie ein sexueller Mißbrauch in Marzahn, hinterließ »Schlüsselsucher« danach auch weiterhin seine Spuren: am 4. Juni 1985 in Lichtenberg und am 21. und 22. Juni in Hohenschönhausen. Der Tatmodus – immer dieselbe Masche. Er bat die Mädchen, behilflich zu sein, auf Rohrleitungen, Lampen, Lichtkästen oder sonstigen höhergelegenen Ablagemöglichkeiten nach einem verlorengegangenen Schlüssel zu suchen. Eine gewisse Steigerung seiner Tatintensität war dabei nicht zu verkennen.

Im Fernschreiben des Operativen Diensthabenden des VPI Weißensee vom 22. Juni 1985 an den ODH im PdVP Berlin heißt es zur Begehungsweise: »unbekannter taeter nahm geschaedigte am aufzug des hauses auf, sprach sie an, ob sie ihm hilft schluessel zu suchen. ging mit ihr zur nottreppe, zog schluepfer herunter und beging sexuelle handlungen. geschaedigte befreite sich und rannte weg.«

Bisher nahm man an, daß die Schwere seiner Straftaten weniger in den konkreten Delikten lag, in denen seine sexuellen Kontakte und Berührungen eher beiläufig wirkten, ohne brutale Züge. Vielmehr waren die Häufigkeit seines Auftretens und die sicher nicht unerhebliche Anzahl von latenten Straftaten weitere Beweggründe, Druck auf die Ermittler des Dezernats X auszuüben. Und es war auch davon auszugehen, daß manche Kinder seine sexuellen Annäherungsversuche nicht wahrgenommen oder gar fehlinterpretiert hatten, so daß diese Straftaten gar nicht zur Anzeige gelangen konnten. Aber nun war er einen Schritt weitergegangen, hatte den Schlüpfer des Kindes heruntergezogen, um an dessen Geschlechtsteil zu manipulieren.

Jedenfalls war allen klar, daß »Schlüsselsucher« ein relativ junger Mann sein mußte, was ja das Signalement ohnehin ergeben hatte, und daß es sich um einen Anfänger handelte, der den Umständen nach wahrscheinlich noch nicht kriminalpolizeilich registriert war. Er stand also am Anfang einer kriminellen Karriere, von der zu diesem Zeitpunkt niemand wußte, wohin sie einmal führen würde.

»Schlüsselsucher« machte keine Sommerpause. Am 7. August 1985, in der Zeit vom 13.30 bis 13.45 Uhr, fand er in der Gensler Straße 53 in Hohenschönhausen ein Opfer, das er im Keller des Hauses sexuell mißbrauchte. In der Sofortmeldung des ODH der VPI Weißensee vom 8. August 1985 heißt es zur Begehungsweise im üblichen Polizeideutsch: »forderte vor dem wohnhaus spielendes maedchen auf, mit ihm im haus nach einem schluessel zu suchen. ging mit ihm in den keller und hob das maedchen an den hueften nach oben, damit es auf den stromkasten gucken kann. liess das maedchen wieder runter und fasste sie an das mit der hose bedeckte bein, um den schluessel zu finden. dieser sollte in die hose gerutscht sein. das maedchen erschrak und rief um hilfe, taeter liess los und fluechtete.«

Aber auch nach dieser Tat fehlte von »Schlüsselsucher« jede Spur.

Mißgelaunt kam Marmulla irgendwann im Dezember 1985 vom morgendlichen Rapport zurück, auf dem der K-Leiter seine Kritik an das Dezernat X, das immer noch nicht in der Lage war, den Serientäter »Schlüsselsucher« zu fassen, diesmal heftiger als sonst formulierte. Hauptmann Wegner war von nächtlichen Ermittlungen in einer anderen Sache zurückgekehrt und wartete schon weisungsgemäß in seinem Zimmer; er stierte auf den aufgeräumten Schreibtisch seines Vorgesetzten.

»Und«, fragte Marmulla schließlich rhetorisch, »gibt's was Neues? Der K-Leiter hat mir vielleicht die Leviten gelesen. Also los. Wir gehen alles noch mal durch.«

Wegner steckte sich eine Zigarette an und fragte danach, ob er dürfe. Marmulla schob ihm unwillig einen metallenen, ziselierten Aschenbecher hin. Er schätzte Wegner. Der war ein Arbeitstier wie er, war wie ein Jäger, der Tag und Nacht unterwegs sein konnte, wenn er die Beute in seiner unmittelbaren Umgebung oder in einem Versteck, das es ausfindig zu machen galt, erahnte. Heute sah er sogar ein bißchen zum Fürchten aus: Er war aschfahl im Gesicht, und seine etwas schrägstehenden Augen waren dunkel umrändert. Nervös zog er an seiner Zigarette.

»So 'ne richtige Idee habe ich auch nicht mehr«, gab Wegner zu. »Wir können alles noch mal durchgehen, aber ob es was bringt?«

»Ob es was bringt?« wiederholte der Major, ging zur Karte und zeigte auf ein rotes Fähnchen. »Diesen Tatort Frankfurter Allee 192, auffällig fernab der anderen Tatorte, den müssen wir uns noch einmal ansehen!«

Nach einer kurzen Pause rekapitulierte Marmulla: »Um 14.30 Uhr in der 10. Etage des Hauses. ›Schlüsselsucher‹ wollte seinen Schlüssel im Schlüpfer des Mädchens suchen. Zog den Schlüpfer herunter und manipulierte am Geschlechtsteil des Opfers. Wie kam er in diese Gegend? Ich habe das unbestimmte Gefühl, als wenn dort und nur dort die Lösung liegen könnte.«

Der Major setzte sich mit an den Tisch. Seine Sekretärin, mit der er seit vielen Jahren hervorragend zusammenarbeitete und die sich für die Belange des Dezernats X immer sehr engagiert hatte, brachte für die beiden den Kaffee herein.

»Also noch einmal: Was wollte er am 25. März 1985 dort in dem Neubaugebiet Frankfurter Allee Süd?« fragte der Dezernatsleiter.

»Keine Ahnung. Was kaufen, jemanden besuchen. Irgend so was in der Preislage.«

Wegner hob die Schultern. Das hatten sie alles schon so oft durchgespielt!

»Was kaufen. Könnte sein. Da ist es trist, Plattenbauten, dahinter Altbausubstanz. Aber auf der Frankfurter Allee, da könnte er schon zum Einkauf gewesen sein. Jugendmode oder so.«

Der Hauptmann faßte zum soundsovielten Male die Versionen und kriminalpolizeilichen Ausgangspunkte zusammen. »Ich denke, er wohnt in Lichtenberg. Da ist er zuerst in Erscheinung getreten, da konzentriert sich auch einiges. Dieses Gebiet zwischen den beiden Schwimmhallen am Anton-Saefkow-Platz und in der Rudolf-Seiffert-Straße, das scheint mir interessant zu sein. Natürlich gibt es auch andere Konzentrationspunkte. So 18 bis 25 Jahre alt wird er sein, da wird er schon arbeiten, vielleicht in Schicht, weil er immer so um 14 Uhr zuschlägt. Möglicherweise an verschiedenen Orten in der Stadt, so daß die Straftaten auf den Hin- und Rückwegen begangen werden. Oder er ist noch in der Ausbildung, womöglich auch an verschiedenen Standorten.«

Marmulla kam aber von der Frankfurter Allee Süd in der Nähe des Bahnhofs Lichtenberg nicht los. »Was wollte er dort? Das könnte doch wirklich interessant sein.«

»Wo?« fragte Wegner nach, da er die Gedankensprünge seines Chefs nicht nachvollziehen konnte.

Die Fahndung lief schon eine ganze Weile auf Hochtouren.

Schutzpolizei, Funkwagen und Fußstreifen waren nach exakten Observationsplänen in den Risikobereichen ab mittags unterwegs. Trotzdem führten diese ganzen Maßnahmen, die sich vor allen Dingen auf die Festnahme des Täters auf frischer Tat in der Personenbewegung des gefährdeten Bereiches konzentrierte, zu keinem Erfolg. Marmulla wußte das nur zu gut, und ihm und Wegner war mehr denn je bewußt geworden, daß sie eine andere Strategie einschlagen mußten, um »Schlüsselsucher« dingfest zu machen.

Eine neue Strategie, das war es also, was den Major beschäftigte. Und so wiederholte er seinen Gedanken mit einer gewissen Beharrlichkeit: »Dieser Tatort ist schon interessant. Möglich, daß er nur zufällig dahingelangt ist, und wenn dies so wäre, hätten wir keinen Nutzen davon. Wir hätten keine Anhaltspunkte.«

Marmulla schlürfte am Kaffee. »Also noch einmal. Was können junge Leute dort in der Nähe wollen? Was Schickes kaufen. Das wäre eine Möglichkeit. Oder seine Berufsschule ist dort, oder eine Weiterbildungsstätte oder eine Behörde. Oder er hat dort einmal gewohnt. Ich will damit sagen, guckt euch den Tatort und vor allen Dingen die Umgebung einmal gründlich an.«

»Aber nicht gleich«, meinte Wegner dazu. »Ich geh erst mal kurz nach Hause und leg mich für paar Stunden aufs Ohr. Und dann geht die Hatz weiter.«

In der Tat war wenig Zeit zum Verschnaufen, denn »Schlüsselsucher« trat am 9. Dezember in Friedrichshain und am 10. Dezember in Lichtenberg erneut in Erscheinung.

Die neunjährige Diana Weber kam mit ihrer sechsjährigen Freundin am 3. Januar 1986 vom Spielen nach Hause. Es war Freitag. Sie hatten den Neubauwohnblock in der Höchsten Straße 19 am Volkspark Friedrichshain erreicht. Diana schloß die Haustür auf und schaute auf die neue Uhr, die sie zum Geburtstag bekommen hatte. Es war 15 Minuten nach drei.

Sie hatten den Fahrstuhl betreten und die neunte Etage gedrückt, die Tür schloß sich schon, da schlüpfte noch ein netter junger Mann hinein. »Hallo, könnt ihr mir mal helfen?« sagte er freundlich. »Ich habe meinen Schlüssel verloren, sucht doch bitte mit! In der sechsten Etage!« Dann drückte er noch rechtzeitig den Fahrstuhlknopf.

Warum nicht? fragten sich die Mädchen im stillen, als sich die Fahrstuhltür schon wieder öffnete. Dianas Freundin schickkte der Fremde zur gegenüberliegenden Seite des Flures, mit Diana ging er in den Müllschluckerraum. Die gemeinsame Suche nach dem Schlüsselbund begann.

»Weißt du«, sagte der Mann, »manchmal finden Leute ja auch die Schlüssel, und dann legen sie, weil sie ganz groß sind, die Schlüssel ganz oben irgendwo ab. Das ist ja ganz freundlich, aber so riesengroß bin ich ja nun auch nicht ... Da brauche ich dann schon deine Hilfe. Schau doch mal da oben auf dem Absatz nach!« Er hob das Mädchen an den Hüften hoch, damit es nachsehen konnte.

Irgendwo ganz in der Nähe klappte eine Haustür. Aber die Gefahr lauerte schon in seinem Rücken: »He, was geht denn hier vor?«

Der junge Mann erschrak, drehte sich um und setzte sein verängstigtes Opfer hastig ab. In der Tür stand ein kräftiger Mann, der sich, die Hände demonstrativ an die Hüfte gestemmt, regelrecht aufgebaut hatte.

»Was machst du denn hier?« fragte der Mann im schroffen Ton nach.

»Wir haben nur was geguckt.«

»Hier gibt's nischt zu gucken.«

Diana wagte nicht sich zu bewegen.

Der junge Mann verabschiedete sich dankend von dem Mädchen und tat so, als wäre gar nichts passiert. Er wollte einfach gehen, aber kam an dem Mann in der Tür nicht mehr vorbei.

»Nischt hier«, sagte der Mieter, »abhauen is nich. Ich nehme Sie vorläufig fest. Wir suchen nämlich so einen wie dich. Und du«, nun zum Mädchen gewandt, »du gehst jetzt nach oben.« Dann rief er nach seinem Sohn.

Es war das eingetreten, wovor sich der junge Mann am meisten fürchtete. Die Öffentlichkeit war in einigen Bereichen umfassend informiert worden, das war ihm nicht verborgen geblieben. Und nun hatte ein aufmerksamer Bürger die Situation richtig gedeutet und ihn am Schlafittchen gepackt.

Der Sohn kam und wunderte sich, daß Vater einen Jungen festhielt. »Nanu, was ist denn hier los?«

»Ich glaube, ich habe einen Verdächtigen geschnappt, du weißt, der mit den kleinen Mädchen. Und hol noch Verstärkung, damit er uns nicht entwischt.«

Der junge Mann sollte seinen Namen und seinen Geburtstag nennen. Nach einigem Zögern kam aus ihm heraus: Er heiße Thomas Peschke und habe am 13. Februar 1966 Geburtstag. Einen Ausweis habe er angeblich nicht bei sich. Dafür protestierte er lautstark: »Wie kommen Sie dazu, mich hier einfach festzuhalten?! Wer sind Sie denn?!« Er wollte sich aus dem festen Griff entwinden, aber es gelang nicht.

Weitere Hausbewohner trafen am Festnahmeort ein. Die verdächtige Person wurde umstellt, so daß sie nicht entfliehen konnte. Nun konnte die Durchsuchung fachgerecht durchgeführt werden: keine Ausweispapiere, aber eine braune Schlüsseltasche mit drei Schlüsseln, ein weißes Gasfeuerzeug und zwei Packungen Papier-Taschentücher. Alles wurde konfisziert.

Der junge Mann stand etwas verdattert in der Mitte des Kreises, aber nicht mehr im festen Griff des aufmerksamen Mieters. Ab und zu erhob der Verdächtige zaghaft Einspruch gegen sein Gewahrsam. Er war umringt von Menschen, die er nicht kannte und denen eine gewisse Freude anzusehen war, die Ordnung am Friedrichshain wieder hergestellt und einen gefährlichen Rechtsbrecher gefaßt zu haben.

Dieses Hochgefühl, vielleicht in die Kriminalgeschichte einzugehen, war es denn wohl auch, das zu einer gewissen Leichtfertigkeit verführte. Der vorläufig Festgenommene wurde per Fahrstuhl nach unten transportiert und aus dem Haus eskortiert – man wollte ihn der Polizei übergeben. Blitzartig stieß der junge Mann zwei Mieter zur Seite und nutzte die so entstehende Gasse zur Flucht. Das Zuführungskommando hatte ein, zwei Schrecksekunden zu überstehen, und das war genau der Vorsprung, den der junge Mann brauchte. Er lief wie ein Wie-

sel die Höchste Straße hinunter bis zur Weinstraße und drehte dann nach rechts in Richtung Alexanderplatz.

Die Jagd fand symbolisch statt, die körperlichen Kräfte der
Verfolger ließen nach, als sie nicht einmal mehr die Hacken des
Flüchtigen sahen. Er entschwand auf Nimmerwiedersehn.

Das Dezernat X hatte zu diesem Zeitpunkt zehn Serienstraftaten gleichzeitig zu bearbeiten. Bei dem am 10. Juli 1985 eröff-
neten Brennpunkt »Geldsucher« operierte Marmullas Truppe
mit dem Glück des Tüchtigen. Aufgrund eines guten Phantom-
bildes konnte der Täter am 5. November 1985 festgenommen
werden. Seine »Handschrift« wies viele Parallelen zu der des
»Schlüsselsuchers« auf. »Geldsucher« hatte sich an mehreren
Mädchen sexuell vergangen, indem er sich von ahnungslosen
Kindern Unterstützung bei einer fiktiven Münzensuche erbat.

Aber wie lange würde es noch dauern, bis »Schlüsselsucher«
endlich gefaßt wäre?

Marmulla ärgerte sich, daß trotz des glücklichen »Fundes«
am Tatort Höchste Straße kein Licht am Ende des Tunnels zu
sehen war. Am Bund befanden sich ein Hausbriefkasten-
schlüssel, ein Haustürschlüssel und ein Wohnungsschlüssel.

Die Experten stellten dazu fest: Der vermutliche Wohnungsschlüssel aus Messing paßt in ein Doppelzylinderschloß der
Firma BAB; da aber keine Nummer angegeben war, konnten
keine weiteren Zuordnungen getroffen werden. Der Briefkastenschlüssel der Firma Doblina Nr. 2/506 war mit Sicherheit
vom Schlüsseldienst Schiltzer angefertigt worden. Dieses
Schlüsselsystem wurde von 1963 bis 1976 für die Notverriege-
lung von Fahrstühlen verwendet und erst ab 1977 für Briefkä-
sten freigegeben. Und der Buntbartschlüssel mit Mittelbruch,
Bartform Nr. 20, ohne Nummer, angefertigt vom Schlüsseldienst Lierse, fand offenbar als Haustürschlüssel Verwendung.

Die drei Schlüssel wurden in großen Mengen vervielfältigt;
zu Verantwortlichen der Wohnungsbaugesellschaften und zu
den Schlüsseldiensten nahm man Kontakt auf. Zahlreiche Polizisten und freiwillige Helfer der Volkspolizei suchten in den
Bereichen, in denen »Schlüsselsuchers« Wohnung vermutet

wurde, die passenden Schlösser. Die Schloßsucherbrigaden probierten und probierten ... Eine Sisyphusarbeit, die vielleicht im Jahre 2003 die Aufklärung des Brennpunktes gebracht hätte!

Man kann sich vorstellen, daß die aufsehenerregende Beschlagnahme des Schlüsselbundes, das mit hoher Sicherheit dem Täter gehörte, alle anderen Ermittlungsrichtungen doch negativ beeinflußte. Die Spur schien so heiß zu sein, daß die Motivation, anderen Hinweisen weiter mit Vehemenz nachzugehen, langsam versiegte.

Am 31. März 1986 jedenfalls beantragte Berndt Marmulla, wohl als letzten Versuch, beim Ministerium des Innern, Hauptabteilung Kriminalpolizei, zur schnellen Aufklärung des Brennpunktes »Schlüsselsucher« den Druck von 5.000 Handzetteln. Neben Phantombild des Gesuchten und seiner Personenbeschreibung wären auf dem Blatt auch die Schlüssel zu sehen, die man dem Täter in der Höchsten Straße abgenommen hatte. Die Frage an die Öffentlichkeit war: »Wer kann Angaben, insbesondere zu den abgebildeten Schlüsseln, machen?« Die Antwort aus dem MdI ließ aber lange Zeit auf sich warten.

So war die Schlüsselbundeuphorie genauso schnell verflogen wie sie aufgekommen war.

Natürlich wurde auch den Angaben nachgegangen, die »Schlüsselsucher« am Tatort Höchste Straße gemacht hatte. Daß er in dieser brenzligen Situation seinen wirklichen Namen und sein richtiges Geburtsdatum nannte, war unwahrscheinlich. Aber schon mit einem richtigen Namen und einem falschen Geburtsdatum oder umgekehrt käme man ja ein großes Stück weiter. Für den Fall, daß nur das Geburtsjahr stimmte, plante das Dezernat X die Durchsicht aller »männlichen« PM 1a des Jahrganges 1966 (Anträge für Ausstellung des Personalausweises) mit den Kronzeugen aus der Höchsten Straße. Indes: Die Truppe um Marmulla kam kein einziges Stück weiter. »Thomas Peschke« brachte sie nicht näher an »Schlüsselsucher« heran!

»Die Verhaftung des Brennpunkttäters ›Geldsucher‹ hat die Vorgesetzten erst mal ein bißchen beruhigt«, sagte Marmulla zu Hauptmann Wegner, der wieder einmal zum Bericht antreten mußte. »Aber mit dem ›Schlüsselsucher‹ kommen wir so nicht weiter. Ich schlage vor, daß wir diese ganze Schlüsselprobiererei und Thomas-Peschke-Suche als planmäßige Maßnahmen unverzüglich einstellen. Wir müssen von diesen eingefahrenen Gedanken wegkommen. Zum Beispiel müssen wir uns noch einmal den ›Außentatort‹ Frankfurter Allee 192 ansehen. Noch mal überprüfen, warum er in dieser Gegend gewesen sein könnte.«

»Nein, nicht schon wieder«, entgegnete Wegner, »ich war doch schon da. Da gibt es nichts zu holen. Es gibt nichts, was uns weiterhelfen könnte.«

»Wann warst du das letzte Mal dort?« bohrte Marmulla und sah seinen Mitarbeiter unverwandt an.

»Ist schon paar Wochen her ...«

»Und, was sagt die Psychologie zu solchen Fällen?«

»Welche Psychologie? Zu welchen Fällen?«

»Mann, bist du heute begriffsstutzig! Du siehst nach zwei Monaten, sagen wir mal, eine Straße, einen Platz wieder. Was passiert?«

Hauptmann Wegner hob entschuldigend die Schultern. »Na nichts, ich guck mir das noch einmal an.«

»Falsch. Du siehst den Gegenstand, das Objekt mit anderen Augen. Du bist älter geworden, hast andere Erfahrungen gesammelt. Du hast neue Erkenntnisse über den Fall, den du gerade untersuchst. Du bist in anderer Verfassung, vielleicht fröhlicher, entspannter, körperlich fit. Und plötzlich siehst du etwas, das dir bei deinen letzten Beobachtungen entgangen ist.«

»Und deshalb mache ich mich noch einmal auf die Socken«, knurrte Wegner, den Gedanken seines Chefs zusammenfassend.

»Genau.« Marmulla grinste. »Du kannst mir erzählen, was du willst. Die Lösung, die liegt dort. Und nur dort.«

Wegner erhob sich, neigte seinen Oberkörper leicht nach vorne wie zum Gruß und verließ das Zimmer, ohne ein weiteres Wort zu sagen. Er wußte, das war ein Befehl, und Marmulla würde nicht mit sich reden lassen.

Kurz darauf trieb sich Hauptmann Wegner wieder in dem

Gebiet Frankfurter Allee Süd herum. Etwas mürrisch zwar, aber durchaus mit wachen Sinnen und in Entdeckerlaune, die ihn in seinem Kriminalistenleben nur selten verlassen hatte. Im Hinterland des Tatorts Frankfurter Allee 192, vielleicht in einer Entfernung von 200 Metern, tauchten in seinem Gesichtsfeld plötzlich mehrere Baracken auf, die schon immer dagestanden haben mußten: »Musterungsstützpunkte I, II und III des Wehr-kreiskommandos Berlin-Lichtenberg« las Wegener auf dem Schild. Jetzt kam ihm der von Marmulla prognostizierte spontane Einfall: Das Wehrkreiskommando, das hatte im Fall »Schlüsselsucher« doch bisher keine Rolle gespielt!

Wegner wollte schnurstracks in die Flachbauten, aber die Türen waren verschlossen. Ach ja, heute keine Musterung! Die Spur war heiß, das fühlte er. Also fuhr er zum Wehrkreiskommando in die Lückstraße. Forsch verlangte er dort, den diensthabenden Offizier zu sprechen. Dieser war außerordentlich kooperativ, als er das Anliegen des Kriminalisten vernahm: »Ja, an diesem Tag war hier eine Musterung.«

Der diensthabende Offizier ließ die Besucher vom 25. März 1985 auflisten, und Wegner sah sich auf den Karteikarten die Konterfeis der Gemusterten an. Es kamen ja von der allgemeinen Personenbeschreibung her viele in Frage. Plötzlich, als der Stapel so zur Hälfte abgearbeitet war, lächelte ihn ein freundlicher junger Mann an, gut aussehend, blondes, hinten etwas gewelltes Haar, 175 Zentimeter groß, schlank. Mensch, den kenne ich! Wegner zerrte in Windeseile das Phantombild aus seiner Erinnerung.

»Das könnte er zum Beispiel sein«, sagte der Hauptmann mit betonter Ruhe. Er schrieb sich die Daten von der Kartei-karte ab: Nico Fischbach, geboren am 25. Februar 1967, wohn-haft: Alfred-Jung-Straße.

Wegner verabschiedete sich vom Diensthabenden des Wehr-kreiskommandos. »Vielleicht haben wir ihn jetzt, vielleicht auch nicht«, relativierte er seine Aussage noch ein bißchen mehr.

»Sie sind ja ein Mann der schnellen Entschlüsse«, sagte der NVA-Offizier. »Ich denke mal, Sie haben ihn. Sonst hätten Sie sich doch bestimmt noch paar andere angesehen.«

»Drei Punkte, Herr Y«, entgegnete Wegner in Anspielung auf eine damals sehr beliebte Fernsehsendung, »wenn Sie hier mal nicht mehr gebraucht werden, dann kommen Sie zur Kripo. Gute Leute nehmen wir immer.«

Na klar: Wegner fuhr geradewegs in die Alfred-Jung-Straße. Duplikate der Schlüssel, die am Tatort Höchste Straße in Gewahrsam genommen waren, hatte er bei sich.

Der Haustürschlüssel paßte, und der Briefkastenschlüssel auch. An der Wohnungstür nahm Wegner das Schloß in Augenschein und konnte feststellen, daß der dem Täter in der Höchsten Straße abgeknöpfte Schlüssel auch hier seine Entsprechung finden würde.

Marmulla nahm den Bericht seines Mitarbeiters, der im Wohnhaus des Verdächtigen sonst nichts weiter unternommen hatte, mit einer gewissen Erleichterung entgegen. Endlich, endlich war es mit hoher Wahrscheinlichkeit geglückt, »Schlüsselsucher« zu stellen.

Jetzt mußte der Verdächtige als Täter überführt werden. Marmulla konnte sich ziemlich sicher sein, daß dies gelingen würde. Denn die abgenommene braune Schlüsseltasche, die vielen Geschädigten, die Nico Fischbach wiedererkennen würden, das waren handfeste Beweise, die kaum entkräftet werden konnten. Auch »Thomas Peschke« wurde zur Vorbereitung der Verhaftung noch einmal unter die Lupe genommen, und es stellte sich heraus, daß Nico Fischbach und ein wirklicher Thomas Peschke gemeinsam in Lichtenberg die Schulbank gedrückt hatten!

Bei der vorläufigen Festnahme am 17. April 1986 wiesen seine Mutter und der Verdächtige natürlich sämtlichen Verdacht zurück.

Die geschädigten Kinder erkannten Nico Fischbach in verdeckten Gegenüberstellungen wieder, und auch die Garde aus der Höchsten Straße, die einst kurz vor dem Festnahmeerfolg gestanden hatte, zweifelte nicht eine Sekunde, daß dies der Mann war, der ihr damals entwischte.

Verblüffend war am Ende die große Übereinstimmung zwischen den Phantombildern und dem wirklichen Aussehen von »Schlüsselsucher«. Der Typ war hervorragend getroffen worden, der Mund in natura zwar etwas kleiner, was aber den Gesamteindruck nicht negativ beeinflußte. Nico Fischbach hatte kurzes blondes Haar, das im Nacken länger gewachsen war und sich dort etwas wellte. Er trug eine Brille, offenbar nicht bei seinen Taten. Vielleicht, um sie nicht zu verlieren.

Der unauffällige und nicht vorbestrafte Nico Fischbach, 18 Jahre (er war nicht 1966, sondern 1967 geboren!), ledig, organisiert im Freien Deutschen Gewerkschaftsbund, in der Freien Deutschen Jugend und in der Gesellschaft für Deutsch-Sowjetische Freundschaft, hatte gerade eine Elektroniklehre beendet. Eine Freundin gab es nicht, und er war wohl auch etwas verklemmt.

Anfangs sagte er in den Vernehmungen nicht sehr viel. Er stritt aber nur kurze Zeit ab, die ihm zur Last gelegten Taten begangen zu haben. Die entscheidende Wende brachte ein daktyloskopisches Gutachten, welches ihm vorgehalten wurde. Biesold hatte in Weißensee ganze Arbeit geleistet, denn die dort gesicherte Fingerspur konnte Nico Fischbach zugeordnet werden. Hundertprozentig!

So räumte er Schritt für Schritt die objektiven Umstände und Beweise ein. Am Ende des Ermittlungsverfahrens hatte Nico Fischbach alle 13 Straftaten, die dem Brennpunkt zugeordnet waren, zugegeben, zu weiteren 17 Tathandlungen legte er ein Geständnis ab. Er bestätigte auch, in einigen Fällen den Unterkörper der Kinder zur Steigerung seiner sexuellen Erregung entkleidet zu haben.

Zu seinen persönlichen Beweggründen und über seine Probleme machte er so gut wie keine Ausführungen. Er war nicht verstockt, er war vielmehr wie gelähmt über seine eigenen Handlungen. Er konnte einfach nicht darüber reden.

In Absprache mit dem Generalstaatsanwalt der Hauptstadt der DDR, Berlin, erfolgte gleich nach der Festnahme die befristete Einweisung in eine psychiatrische Einrichtung.

Am 12. August 1986 wurde vor dem Stadtbezirksgericht Berlin-Höhenschönhausen zu elf Straftaten der schlüssige

Beweis des sexuellen Mißbrauchs von Kindern gemäß § 148 Strafgesetzbuch der DDR geführt. (Die anderen »Handlungen« – es waren ja insgesamt 30 – konnten ihm nicht zweifelsfrei nachgewiesen werden.) Die Strafe fiel dann unter Berücksichtigung aller Umstände nicht allzu hoch aus. Nico Fischbach wurde zu einer Freiheitsstrafe von einem Jahr verurteilt. Zur Verhütung weiterer Rechtsverletzungen wurde er gem. § 27 StGB verpflichtet, sich einer fachärztlichen Behandlung zu unterziehen. Die verminderte Zurechnungsfähigkeit (§ 16 Abs. 1 StGB) wurde bejaht. Der psychiatrisch-psychologische Gutachter Prof. Dr. sc. med. Dr. rer. nat. Hans Szewczyk von der Nervenklinik der Charité stellte bei Nico Fischbach eine schwerwiegende abnorme Entwicklung der Persönlichkeit von Krankheitswert auf der Grundlage einer neurotisch-sexuellen Fehlentwicklung fest, eine partielle Reifungshemmung also, die zu intrapsychischen Spannungen geführt hatte. Eigentlich waren es Handlungen, die für Jungen vor der Pubertät typisch sind. An irgendeinem Punkt in der Sexualentwicklung war er, trotz günstigster familiärer Verhältnisse, stehengeblieben.

Das Gericht formulierte schon in seiner Urteilsbegründung, daß eine Strafaussetzung zur Bewährung im Bereich des Möglichen läge. Im Dezember 1986 wurde Nico Fischbach aus dem Strafvollzug auf Bewährung in die Freiheit entlassen.

»Geldsucher« und »Schlüsselsucher« waren dingfest gemacht worden, aber es gab immer wieder neue Täter. Wenig später wurde im Dezernat X der Brennpunkt »Kistenträger« eröffnet. Der Täter verwendete einen anderen Trick, um sich an Mädchen, die etwa so alt waren wie die Opfer von »Schlüsselsucher«, sexuell zu vergehen: »Ich habe hier eine Kiste, kannst du mir nicht mal tragen helfen. Die Kiste muß zu dem Schuppen da!« Dem äußeren Anschein nach genauso simpel gestrickt wie beim »Schlüsselsucher«, aber der Schein trog. »Kistenträger« war wesentlich gefährlicher. Er war ein Lehrling, wie sich dann herausstellte, der mit Eltern und Mädchen nicht klarkam. Aus einem guten Elternhaus heraus suchte er total heruntergekommene Tatorte, zum Beispiel Abbruchhäuser im Bezirk Friedrichshain und in Lichtenberg, abgelegene Schuppen der Reichs-bahn. Die Spezialisten vom Dezernat X hatten trotzdem in dem ganzen Staub und Dreck Fingerspuren gefunden und gesichert, in einem Fall auch eine Spermaspur. Das Opfer erklärte dann: Ja, der hat dagestanden und »gepullert«.

Die Taten von »Kistenträger« waren wesentlich intensiver als die von »Schlüsselsucher« oder »Geldsucher«, weil er seine Opfer in ein Versteck lockte. Die Mädchen mußten bei ihm teilweise Mundverkehr bis zum Samenerguß durchführen; die nackten Körper der Mädchen, gegen die er massiv vorging, waren das Ziel seiner sexuellen Befriedigung. Zum Geschlechts-verkehr war es aber nicht gekommen.

»Kistenträger« geriet durch eine gedeckte Personenkontrol-le im gefährdeten Bereich in das Netz der Fahnder. Nach einer Überprüfung der Person und einer Gegenüberstellung wurde der Täter identifiziert; ein Geständnis folgte bald.

Die Kriminalisten wußten, daß auch bei »Kistenträger« der Endpunkt seiner kriminellen Karriere noch nicht erreicht war. Irgendwann wäre es zur Vergewaltigung gekommen, wenn man ihn nicht aus dem Verkehr gezogen hätte. Und in einem Fall hatte er ein Mädchen auf der Treppe eines Abrißhauses miß-braucht. Das Geländer im 4. Stock fehlte, so daß es ein leich-tes gewesen wäre, das Opfer nach der Tat zu beseitigen ...

Der Fall »Heftpflaster«

Es war Sonnabend, der 24. August 1985, und ein großer Sommertag. Als die DHG in der Nacht die Tatortarbeit beendete, herrschte laut Protokoll »trockenes Wetter bei einer Temperatur von 19 Grad«.

Für die Besitzerin des Wohnwagens am linken Rand des Wuhlebeckens war es zudem ein unvergeßlicher Tag. Margarete Lohmeier, Ende vierzig, hatte vor Jahren den Holzwagen auf einem kleinen Grundstück aufstellen und aufbocken lassen, an einem unbefestigten Weg zwischen der Gerald- und der Hadubrandstraße. Seither verbrachte sie, wenn es das Wetter zuließ, in der Saison oft ihre Wochenenden oder gar den ganzen Urlaub hier. Es war nicht nur ein sehr schönes Fleckchen Erde, bisher war auch noch nichts passiert. Als alleinstehende Frau konnte sie sich sicher fühlen.

Um die folgenden Geschehnisse zu verstehen, ist wichtig zu wissen, daß man zu den beiden kleinen Räumen des Wohnwagens (mit separaten Eingängen) über einen ein Meter breiten, überdachten Anbau gelangte, der sich parallel an die Längsseite des Wagens schmiegte und der den Durchblick zu Fenster und Türen gestattete, weil er zur Außenseite hin nur mit einer Brüstung aus Spanplatten abschloß. An den oberen Rahmen der Eingangstüren waren Perlenvorhänge angebracht, die fast bis zum Boden reichten.

Margarete Lohmeier hatte wohl vergessen, die Gardine am Fenster des kleinen linken Raumes zuzuziehen. Sie wollte ins Bett gehen und stand mit freiem Oberkörper am Waschbecken. Vom Weg aus, der ungefähr in 15 Metern Entfernung parallel zum Wohnwagen verlief, war der hellerleuchtete Raum einsehbar, denn nur ein paar relativ junge Obstbäume befanden sich zwischen Wagen und Weg.

Gegen 22.10 Uhr hörte Frau Lohmeier ein unheimliches Knacken; jemand mußte den Anbau betreten haben. Sie hielt sich das Handtuch vor die Brust und steckte ihren Kopf vorsichtig nach links durch den Perlenvorhang, aber es war niemand zu sehen. Wer sollte sich denn auch schon hierher verirren? dachte sie. Bestimmt hat das Holz wieder gearbeitet. Sogleich sinnierte sie über einen richtigen Bungalow, den man aufstellen könnte, denn der ausgediente Zirkuswagen war auf Dauer keine Lösung. In derlei Gedanken vertieft, hatte sie dieses merkwürdige Geräusch schon verdrängt.

Doch etwa zwei Minuten später sprang ein maskierter Mann in das kleine Wohnwagenstübchen, in dem Margarete Lohmeier am Waschbecken stand. Der Perlenvorhang klapperte rhythmisch nach, als schlage jemand mit Begeisterung Kastagnetten an. Ein dämonisches Geräusch. Sie hatte ihren Rücken an die Wand gepreßt und schrie um ihr Leben: Die Hände des Monsters steckten in OP-Handschuhen, und in der rechten Hand hielt es ein Messer. Sie schlug mit dem Handtuch auf den Eindringling ein. Kraft schöpfte sie aus dem Gefühl, nicht hilflos ausgeliefert zu sein, denn die Nachbarn waren auch noch auf an diesem schönen Samstagabend.

Entnervt gab der Mann nach kurzer Zeit auf und huschte hinaus, so daß das Kastagnettenorchester wieder klapperte. Margarete Lohmeier hörte schnelle, sich entfernende Schritte auf dem Holzboden des Vorbaus. Dann verließ sie das tödliche Grauen.

Sie zog sich an. Bei den Grundstücksnachbarn bekam sie einen Schnaps; die Polizei wurde gerufen.

Eine gute halbe Stunde später war ihr Grundstück von Polizisten in Uniform und Zivil besetzt.

Die Diensthabende Gruppe der Kriminalpolizei traf mit ihrer D-Schicht um 23.16 Uhr ein und begann mit der Tatortuntersuchung. Keine Spuren, nichts Verdächtiges in der Umgebung, aber eine Personenbeschreibung: ca. 30 Jahre alt, ungefähr 170 bis 175 Zentimeter groß, schlank, dunkle, kurze Haare, kein Vollbart, Tuchmaske, weiße Gummi- oder OP-Handschuhe. Das Messer hatte nach Angaben der Geschädigten eine Länge von 20 Zentimeter und 1,5 Zentimeter Breite. Ob sie diesen Mann wiedererkennen würde? Ja, das wisse sie nicht. Es ging doch alles so blitzschnell.

Die »Kriminalistischen Informationen«, herausgegeben von der

Hauptabteilung Kriminalpolizei im MdI, vermeldeten in der Nummer 13/85 etwa zur gleichen Zeit folgendes:

Brennpunkt von Vergewaltigungen
Im Bereich von Berlin, Hauptstadt der DDR, entwickelte sich ein Brennpunkt von Vergewaltigungen im schweren Fall.

Beschreibung des unbekannten Täters:
Scheinbares Alter: 30-35 Jahre; 170-175 cm groß; schlanke Gestalt, kräftiges Aussehen; aufrechter Gang; dunkelblondes, leichtgewelltes Haar, bis über die Ohren reichend; dunkle Augenbrauen; dunkler Oberlippenbart.
Der Täter wechselt ständig die Bekleidung.
Er trug bei allen Straftaten eine Maske (Tuch bzw. Strumpf) und in zwei Fällen Operationshandschuhe.

Tatzeiten/Tatorte:
1. Mittwoch, 17. 04. 1985, gegen 0.30 Uhr
1115 Berlin-Buch, Karower Straße 11
Städtisches Klinikum Buch, Haus 230, Wochenkindergarten

2. Montag, 24. 06. 1985, gegen 1.00 Uhr
1170 Berlin-Köpenick, Karlstraße
Einfamilienhaus, Wohnung

3. Sonntag, 28. 07. 1985, 23.30 Uhr
1156 Berlin-Lichtenberg, Karl-Vesper-Straße 11
Kinderdauerheim, Aufenthaltsraum

4. Sonntag, 11. 08. 1985, gegen 23.45 Uhr
1144 Berlin-Marzahn, Alt Kaulsdorf 71-78
Schwesternwohnheim d. Krankenhauses Kaulsdorf, Wohnung 109

5. Donnerstag, 15. 08. 1985, 23.45 bis 24.00 Uhr
1144 Berlin-Marzahn, Münsterberger Weg
Zweifamilienhaus, Erdgeschoß, Wohnung

Begehungsweise:
Der Täter
- dringt gewaltsam durch Fenster in Objekte ein;
- bedroht die Geschädigte (in einigen Fällen) mit dem Messer,
  fesselt sie mit einer Plastewäscheleine und verklebt die Augen
  mit Heftpflaster ohne Gase. Messer, Wäscheleine und Heftpfla-
  ster wurden vom Täter mitgebracht;
- führt gegen den Willen der Geschädigten den Geschlechtsver-
  kehr aus.

Geschädigt wurden bisher überwiegend Frauen im Alter von 45
bis 78 Jahren.
Überprüfungen möglicher Zusammenhänge zu Vergewaltigun-
gen an einer 50- und einer 70jährigen Geschädigten im Februar
1979 in Berlin sind noch nicht abgeschlossen (veröffentlicht mit
Kriminalistischer Information 2/79 -02.7 – wegen Fristablauf
gelöscht).

Gesicherte Spuren:
Die am Tatort (siehe unter 4.) gesicherte Schuheindruckspur
wurde durch Tennisschuhe, mit kaschiertem Schaft aus Baum-
wollgewebe und anvulkanisierter Gummisohle, Sohlenlänge
etwa 280 mm, Sohlenbreite etwa 105 mm, verursacht (bisher
nicht im Katalog für Schuhbesohlungsmaterial erfaßt).

Wo liegen Hinweise zu Sexualtätern vor, auf die die Informatio-
nen zur Personenbeschreibung und zu Begehungsweisen zutref-
fen?
Hinweise sind über das zuständige Dezernat VI an das PdVP
Berlin, Kriminalpolizei, Dezernat VI, zu übermitteln.
PdVP Berlin, Kriminalpolizei, Dezernat VI

Die Ost-Berliner Kripo jagte einen Mann. Ein abgefeimter
Sexualverbrecher, ein brutaler Vergewaltiger, hatte Angst und
Schrecken verbreitet. Es war nicht einer dieser Lifestyle-Krimis,
die das Fernsehen samt gepflegtem Grauen ausstrahlte. Nein,
es war die nackte Realität. Wenn die Stadt endlich zur Ruhe

gekommen war, suchte sich jemand seine Wege durch die Nacht. Angesichts menschenleerer Gegenden überkam ihn eine Stimmung: Er spähte einsame Frauen aus. Das Alter seiner Opfer oder ein bestimmter Frauentyp waren ihm völlig gleichgültig, Hauptsache, er kam an ein weibliches Wesen heran.

Was muß das für ein Täter sein? fragte sich Berndt Marmulla immer wieder. Sicher einer, der die persönliche Integrität seiner Opfer durchbrach, um Selbstwertzuwachs zu suchen und zu finden. Vielleicht war es ein unglücklicher Mann, deprimiert, ungeliebt, genervt, mit zerstörtem oder angegriffenem Selbstbewußtsein? Abgelehnt von der Familie, ohne Freunde. Vielleicht auch nicht. Was war es also für ein Mann?

Mitte August 1985 hatte »Heftpflaster« seine nächste Untat im Kreis Königs Wusterhausen verübt. Er war von der Rückseite auf ein großes Grundstück geschlichen, hatte lange beobachtet und in einem Nebengebäude, welches sich im hinteren Teil des Hofes befand, ein 19jähriges Mädchen im Schlaf überrascht und gefesselt. Er nahm verschiedene sexuelle Handlungen an seinem Opfer vor bis zur Vergewaltigung und verließ das Grundstück wieder so, wie er gekommen war. Im Vorderhaus, in dem die Schwiegereltern wohnten, merkte man nichts. Ein böses Erwachen vor allen Dingen für den Schwiegervater, der auch Polizist war. Abschnittsbevollmächtigter der Deutschen Volkspolizei.

19 bis 78 Jahre, vom blutjungen Mädchen bis zur Urgroßmutter. Also, was war das für ein Täter?

Natürlich hatte Marmulla die Sache auf seinem Tisch, auch jetzt noch am 25. August 1985 um zwei Uhr morgens, als er über eine ungewöhnliche, atypische Lösung des Falles nachdachte, die die Wende bringen sollte. Aber welche Persönlichkeit genau er nun suchte, das war ihm immer noch ein Rätsel.

Er rekapitulierte zum hundertsten Mal von Anfang an: Die ersten drei Verbrechen liefen als schwere Einzelstraftaten auf, bis sich der Verdacht erhärtete, daß ein Brennpunkttäter am Werk war, der den Arbeitsnamen »Heftpflaster« erhielt.

Die verbindenden Elemente aller drei Straftaten konnten aus der Art und Weise der Straftatenbegehung, dem sogenannten

Modus operandi, abgeleitet werden: Bedrohung mit dem Messer, Heftpflaster über die Augen, teilweise auch über den Mund, fesseln, vergewaltigen. Außerdem war der Täter immer maskiert und wurde von allen Opfern ähnlich beschrieben. Aber diese Parameter gaben nur den Grundtyp des Vergewaltigers wieder: Die ersten drei Frauen hatten »Heftpflaster« nur ganz kurz in heftiger Aufregung und unter miserablen Lichtverhältnissen wahrgenommen. Marmulla wußte um die Imponderabilien der Wahrnehmung, die sowohl von den äußeren als auch von den internen Faktoren des Beobachters abhingen. Er wußte auch, daß jede Wahrnehmung gleichzeitig die Deutung eines Reizkomplexes war und daß man sich sehr wohl täuschen kann.

Einige Details sprachen zuerst auch gegen einen Brennpunkt. Beim Eindringen zerschlug der Täter einmal eine Fensterscheibe, das andere Mal öffnete er gewaltsam die Tür, aber er arbeitete auch mit Nachschlüsseln und Sperrhaken. Entweder war es ein und derselbe Mann, der je nach Situation und danach, wie sicher er sich wähnte, handelte. Oder waren es gar zwei oder drei Täter, die mit einer ähnlichen Begehungsweise vergewaltigten?

Darüber hinaus lagen die ersten drei Tatorte sehr weit auseinander, so daß kein räumlicher Zusammenhang auszumachen war. Auch der Charakter der Örtlichkeiten unterschied sich erheblich: Kinderkrankenstation in Berlin-Buch, Einfamilienhaus in Köpenick, Kinderheim mit Nachtpersonal; das Alter der Opfer ließ ebenfalls nur die allgemeine kriminelle Zielrichtung »Vergewaltigung von Frauen« erkennen (25 Jahre, 70 Jahre, 45 Jahre).

Bei den ersten drei Straftaten hatte der Täter auch einige Gegenstände mitgehen lassen: eine Uhr, nicht sehr wertvollen Schmuck, Tand. Davon nahm er bei den weiteren Verbrechen Abstand. Da die Wegnahme unter Gewaltanwendung geschah, wurden diese Tathandlungen nicht als Diebstahl, sondern als Raub klassifiziert.

Marmulla und seine engsten Mitarbeiter waren sich trotz einiger Zweifel von Anfang an ziemlich sicher, daß sie nach *einem* Täter fahndeten, und nach dem neuerlichen Anfall im Kreis Königs Wusterhausen erst recht.

Schon durch die vierte Straftat präzisierten sich die Vorstellungen von »Heftpflaster«, was das Aussehen betraf. Am 11. August 1985 gelang es dem Opfer im Schwesternwohnheim, sich von der Fesselung zu befreien und dem Täter die Maskerade vom Gesicht zu reißen. Eine Straßenlaterne spendete dem schrecklichen Drama ihr blau-bleiches Licht, und die junge Frau sah für einen Moment das wahre Gesicht ihres Peinigers. Der hielt mit seinen Friktionen kurz inne, um das Opfer danach noch brutaler zu verletzen. Er schlug wild auf sie ein. Vielleicht kam sie deshalb mit dem Leben davon, weil es ihr in dem Getümmel gelang, aus dem Zimmer zu flüchten. Und möglicherweise war »Heftpflasters« Messer doch nicht nur zur Abschreckung und Einschüchterung seiner Opfer mitgebracht worden!?

Dieses Gesicht jedenfalls hatte sich bei ihr unvergeßlich eingeprägt, so fest, daß man annehmen konnte, sie würde es immer wieder erkennen.

Diese Sekundenaufnahme war es dann auch, die eine passable Personenbeschreibung lieferte und ein Phantom-Bild, das zu Fahndungszwecken gut nutzbar erschien.

Und noch etwas ging Marmulla durch den Kopf: »Heftpflaster« hatte seine Frequenz erhöht und die Abstände seiner Missetaten verringert: zwei Monate, ein Monat, 14 Tage, vier Tage lagen zwischen den einzelnen Verbrechen. Und die letzten beiden Tatorte befanden sich in einer Entfernung von 300 Metern voneinander. Es gab jetzt eine zeitliche und örtliche Konzentration, und das ließ den Major auf Erfolg hoffen.

Dr. W., ein erfahrener Kriminalpsychologe von der Humboldt-Universität, wurde als Verbündeter in den Fall eingeschaltet. Er legte sich darauf fest, daß der gesuchte Täter durch innere und/oder äußere Faktoren (zum Beispiel Verlust der Partnerin) seine Normenbruchschwelle nach unten versetzt hatte, was verhinderte, seine persönlichen Entscheidungen weiter gesellschaftsgemäß zu treffen. Dafür sprach, daß der Täter in Berlin und im Umland mit diesen oder anderen Sexualstraftaten noch nicht bei der Kriminalpolizei erfaßt war. Das vermutete Alter von 30 bis 35 Jahren vorausgesetzt, ging der Psychologe davon aus, daß »Heftpflaster« viele Jahre ein normales Sexual- und sonstiges Leben geführt haben mußte. Die Analyse der festgestellten Tatabläufe, Personenbeschreibungen und wesentlichen Untersuchungsergebnisse ließ für ihn nur den Schluß zu, daß der Täter im mittleren Personal des Berliner Gesundheitswesens zu suchen sei: ein Fahrer eines Krankenwagens zum Beispiel. Von dieser These überzeugte er die Hauptabteilung Kriminalpolizei im Ministerium des Innern, so daß die nachgeordneten Dienststellen kaum eine Chance hatten, von dieser vorgegebenen Ermittlungsrichtung abzuweichen.

Der Druck auf das Dezernat X und auf die Berliner Polizei insgesamt war in den letzten Tagen erheblich angewachsen. Es verbreitete sich eine allgemeine Unruhe in der Bevölkerung; die Schwestern im Krankenhaus Buch hatten erklärt, daß sie keinen Nachtdienst mehr machen würden, wenn ihre Sicherheit nicht gewährleistet würde. Die SED-Bezirksleitung Berlin beschäftigte sich mit dem Fall und stellte ihre Weisungen an den Polizeipräsidenten von Berlin durch, der die Kritik an die Kripo nach unten weiterreichte – bis zum Dezernatsleiter X.

Das Telefon klingelte. Marmulla griff zum Telefonhörer und klemmte ihn am Ohr fest, indem er ihn mit der Schulter gegen seine Schläfe preßte. Er stand an der Stabskarte zum Fall »Heftpflaster«, berührte die Fähnchen, zog sie heraus, wobei er mit der anderen Hand die Karte fixierte. Dann steckte er die Markierungen wieder an die richtige Stelle und hoffte angesichts der faßbaren räumlichen Koordinaten auf einen guten Einfall.

»Bist du dran, Berndt?« fragte Hauptmann Wegner etwas irritiert, da sich niemand meldete.

»Ja, Marmulla ist hier, was gibt's denn?«

»›Heftpflaster‹ hat wieder zugeschlagen, ist aber nicht zum Zuge gekommen. Ich bin in einer halben Stunde bei dir, dann erzähl ich's dir.«

»Stop, stop, stop. Wo genau?«

»In Biesdorf-Süd, Köpenicker Wiesenparzelle.«

»Wer ist am Tatort?«

»Von uns die DHG und ich. Der stellvertretende Leiter Kriminalpolizei, der Kriminaldienst der Volkspolizei-Inspektion Marzahn, der Hundeführer, vier Schutzpolizisten vom Revier 259, darunter zwei Genossen mit Toni 09/251. Ich denke, es besteht kein Zweifel, ›Heftpflaster‹ war's.«

»Fahndungsmaßnahmen?«

»Der Hund hat nicht viel gebracht.«

»Spuren?«

»Keine.«

Marmulla knurrte. »S-Bahnhof Wuhlheide ist in der Nähe. Information an Transportpolizei?«

»Ja, ist informiert. Aber bisher nichts. Wir waren einfach wieder zu spät da. Eine Stunde danach ist eben zu spät.«

»Scheiße!« rief Marmulla in das Telefon. »Ich erwarte dich in einer halben Stunde. Oder? Warte mal. Wenn du sowieso nichts anderes zu berichten hast, kannst du auch nach Hause fahren. Den Rest bereden wir morgen.«

Am 22. September 1985 fand eine Fachschulung der DHG statt, die die strafprozessualen und kriminalistischen Voraussetzungen für die Ermittlung und Überprüfung von Alibis zum Gegenstand hatte. Als dieses etwas spröde Thema abgearbeitet war, erschien Hauptmann der K Hergesell vom Dezernat X und informierte über den neuesten Ermittlungsstand im Fall »Heftpflaster«. Seine Ausführungen waren, in den wesentlichsten Punkten zusammengefaßt, folgende:

Das eine Opfer, eine 70jährige Frau, hatte den Täter in ein Gespräch verwickelt. Sie bat ihn zum Beispiel, doch von seinem Vorhaben Abstand zu nehmen, da sie schon lange »davon ab sei«. »Heftpflaster« hatte ebenso freundlich geantwortet, daß man »dies« doch nicht verlerne. Und er bat die alte Frau sogar, noch das Gebiß herauszunehmen, damit sie sich nicht verschlucke. Bei dieser Tatausführung ging »Heftpflaster« ausnahmsweise relativ freundlich mit seinem Opfer um; natürlich verschonte er es nicht. Von der Stimme und vom Dialekt her, hatte die couragierte Geschädigte und Zeugin ausgesagt, komme der Mann aus Berlin oder der Umgebung.

»Heftpflaster« bevorzuge zwar Parterrewohnungen, aber wenn er eine Leiter vorfinde, dann zöge es ihn auch in den ersten Stock. Das Dezernat X erwartete Hinweise von der Kripo der Stadtbezirke und von der DHG über Personen, die Leitern suchen bzw. Leitern bewegt haben; diese Personen seien dann in bezug auf den anliegenden Brennpunkt zu überprüfen.

Es gab auch die Version, daß der Täter mit dem Motorrad oder Moped unterwegs sei. (Sie wurde aber später verworfen.)

An einigen Tatorten wurden Kotspuren gefunden, wahrscheinlich von »Heftpflaster«. Entweder mußte er einfach mal, weil er in der Regel immer sehr lange Häuser, Personen, ganze Gegenden beobachtete, oder es waren unbewußte Demonstrativakte zum Abstecken des Reviers, sagte der Psychologe.

Auch Spanner und Personen mit fetischistischen Neigungen sollten hinsichtlich des anliegenden Brennpunktes »abgeklopft« werden.

Möglicherweise führt »Heftpflaster« ein Tagebuch. Besonders Sexualverbrecher fühlen sich in eine Art Graphomanie gedrängt, ihre kriminellen Erlebnisse bis ins Detail in sogenannte »Kopfkissenbücher« zu schreiben. Auf ihren Seiten werden Dinge zur Sprache gebracht, die der gewöhnliche Mensch nur in besonders musischen Augenblicken höchstens seinem Kopfkissen anzuvertrauen pflegt, so der bekannte Schweizer Kriminologe Rüdiger Herren.

Der sadistische Massenmörder Denke hatte über seine Morde ein regelrechtes »Geschäftsbuch« geführt, schweifte Hergesell ab. Wie ein Buchhalter notierte er fein säuberlich in seiner Mordbilanz die Namen der Opfer sowie die Gewichtsangaben in Pfund. Der Giftmörder Karl Hopf aus Frankfurt am Main, der 1914 hingerichtet wurde, vergiftete seine Frauen mit Cholera- und Typhusbazillen, um die Versicherungssumme zu kassieren. Hopfs Graphomanie bestand darin, die Fieberkurven der sterbenden, vergifteten Frauen in Tabellen aufzuzeichnen. Sadisten, Masochisten, Pädophile, Voyeure, Fetischisten und Friktionisten zeichnen mit einer erstaunlichen Häufigkeit ihre für sie sehr wichtigen Erlebnisse bis ins kleinste Detail auf. Für sie alle scheint solch ein Diarium durch die Gewalt der Eintragungen eine große suggestive Wirkung zu entfalten: Bilanz und die krankhafte Gier, weitere Blätter zu füllen. Falls diese Tagebücher gefunden werden, unterstütze dies die Beweisführung der Staatsanwaltschaft und des Untersuchungsorgans. So beendete Herrgesell seinen Ausflug in die Kriminalgeschichte mit der Aufforderung, bei Wohnungsdurchsuchungen auf derlei Aufzeichnungen zu achten.

Die Mitarbeiter der DHG wurden orientiert, insbesondere das Personal von Gesundheitseinrichtungen in die Ermittlungen einzubeziehen, da zu vermuten sei, daß »Heftpflaster« aus diesem Milieu stamme. Dafür sprachen nicht nur die OP-Handschuhe, sondern auch die Tatorte in Gesundheitseinrichtungen.

Der Hauptmann warnte aber vor einer einseitigen Auslegung dieser These; es sei nicht bewiesen, daß der Täter aus diesem Bereich komme. Man muß weiter allen Hinweisen nachgehen.

Die Version, daß »Heftplaster« vielleicht der Fahrer eines Krankentransporters sei, war auf Anraten des Kriminalpsychologen schon vor einiger Zeit an die nachgeordneten Dienststellen übermittelt worden. Die Fahndung lief heiß, und es war der Befehl an alle Funkstreifenwagen und Schutzpolizisten ergangen, insbesondere auf derartige Fahrzeuge zu achten, in denen sich nur eine Person befand. Eine einzelne Person in einem Rettungswagen – dieses Bild entfaltete für alle Ost-Berliner Polizisten eine Art Signalwirkung.

Zwei Tage vor der Fachschulung glaubten zwei Hauptwachtmeister auf einem Funkstreifenwagen, sie hätten den nun schon lange gesuchten Vergewaltiger ausgemacht. Am Krankenhaus Kaulsdorf (!) wurde gegen 21.30 Uhr ein verdächtiges, in das Stadtzentrum rasendes Fahrzeug gesichtet und die Verfolgung durch die Volkspolizei aufgenommen. Der Fahrer des Barkas »B 1000« des Berliner Gesundheitswesens mit dem polizeilichen Kennzeichen IH 73-93 gefährdete durch überhöhte Geschwindigkeit und Mißachtung der Ampelschaltungen erheblich den Verkehr. Im Führerhaus war nur der Fahrer zu erkennen – die Assoziation »Heftpflaster« tauchte bei allen Beteiligten auf. Über Funk wurde Hilfe herbeigeholt. Zeitweise fuhren drei Tonis dem Barkas hinterher, aber immer wieder konnte dieser durch geschickte Kurven- und Wendemanöver entwischen. Der Geisterfahrer erreichte sogar die Autobahn Richtung Prenzlau, bis seine Fahrt zwischen dem Autobahndreieck Schwanebeck und Bernau um 23 Uhr durch mehrere Pistolenschüsse in die Hinterreifen des Fahrzeuges gestoppt wurde. Der nun überwältigte, unverletzt gebliebene und vorläufig festgenommene Fahrer kam zum Volkspolizeikreisamt nach Bernau, wohin man ebenfalls das Fahrzeug überstellte.

Und da alles in Kaulsdorf seinen Anfang genommen hatte, leitete die Volkspolizei-Inspektion Marzahn das Ermittlungsverfahren gegen ihn ein.

Erwischt wurde aber nicht »Heftpflaster«, sondern ein sogenannter Laborfahrer des Krankenhauses Kaulsdorf, der gewöhnlich zwischen den medizinischen Einrichtungen unterwegs war und auch in die Randgebiete Blut, Serum usw. brachte. Er hatte nur Tagdienst von 7 bis 16 Uhr. Das war aber so ziemlich das einzige, was für eine Täterschaft im Falle »Heftpflaster« sprach; vielleicht noch die Tatsache, daß er über den Dienstbarkas relativ frei verfügen konnte und er im Krankenhaus Kaulsdorf, wo sich ja auch ein Tatort befand, angestellt war. Aber schon die Blutgruppe stimmte nicht überein. »Heftpflaster« gehörte zu den 80 Prozent der Menschen, bei denen Blutgruppeneigenschaften auch in Körpersekreten nachgewiesen werden können. Zum Glück für die Ermittler war er ein solcher sogenannter »Ausscheider« oder »Sekretor«, so daß seine Blutgruppe in den reichlich vorhandenen Spermaspuren eindeutig bestimmt wurde.

Aber ganz unschuldig war der Laborfahrer nun auch wieder nicht. Er hatte ausgiebig Alkohol konsumiert und wegen ähnlicher Delikte ein längeres Fahrverbot ausgesprochen bekommen, so daß es genügend Gründe gab, sich der Kontrolle durch die Polizei zu entziehen. Er erhielt ein Strafverfahren gemäß §§ 200, 201 und 212 StGB der DDR: »Verkehrsgefährdung durch Trunkenheit«, »Unbefugte Benutzung von Fahrzeugen« und »Widerstand gegen staatliche Maßnahmen«.

Statt einer Belobigung vor der Front und einer Silbervase

aus der Hand des Berliner Polizeipräsidenten wird der 23jährige Hauptwachtmeister und Reifenschütze, so ist zu vermuten, erheblichen Ärger bekommen haben.

»Was habt ihr da gemacht, wie seit ihr dahingekommen und mit wem?« wollte der Kriminalist Herbert Meixner wissen, der am 3. November 1985 am Krankenbett saß und das Tonband zuvor angeschaltet hatte. Der 15jährige Jugendliche, der befragt wurde, lag auf der Intensivstation des Chirurgisch Orientierten Zentrums der Charité in Berlin-Mitte.

Manfred Kretschmann hatte mit dem Tod gerungen und gesiegt. Bei einem Raufhandel an der Kaufhalle Frankfurter Allee-Süd im Stadtbezirk Lichtenberg bekam er ein Messer in den Bauch; die genauen Umstände dieser Auseinandersetzung waren nun zu klären.

Der Patient, an den verschiedenen Geräten durch Kabel und Schläuche angeschlossen, war in der Lage, die ihm gestellten Fragen zu beantworten – so wird es später in einem Befragungsprotokoll heißen: »Er machte einen geschwächten Eindruck. Es fiel ihm schwer, zusammenhängende Sätze zu formulieren.«

Herbert Meixner konnte sich nicht erinnern, jemals eine solche Befragung durchgeführt zu haben. Er mußte sterile OP-Kleidung anlegen und eine merkwürdige Kopfbedeckung tragen, und er fühlte sich wie ein Mensch von einem anderen Stern. Eine Situation, mit der er fertig werden mußte.

»Wir waren mit paar Kumpels dort«, stöhnte Manfred.

»Wer genau, kannst du dich daran erinnern?«

»Mit, mit Mirko Wiese, und, und ... Kersten war auch dabei, und ... sein Bruder Frank, so ein lockiger Typ.«

»Kersten und Frank, wie heißen die mit Nachnamen?«

»Ich weiß es nicht ...«

»Und wer war noch dabei?«

»Ich weiß es nicht ...«

»Was wolltet ihr da, was habt ihr da gemacht?«

»Weiß ich nicht. Ich bin in die Kaufhalle gegangen und wollte was kaufen.«

»Und wie ging es dann weiter?«

Herbert Meixner schaute besorgt auf das Tonbandgerät. Es machte eigenwillige Geräusche, vielleicht, weil es selten benutzt worden war und sich sommers wie winters im Transporter befand. Nur nicht kaputtgehen, dachte er, denn schließlich ermittelte er im Auftrag der Morduntersuchungskommission. (Später wird im Protokoll stehen: »Die Bandaufzeichnung ist in der ersten Hälfte der Befragung durch einen plötzlich auftretenden Fehler am Bandgerät qualitätsmäßig gemindert.«)

»Ich weiß es nicht«, antwortete Manfred Kretschmann, und langsam erzählte er: »Ich kam aus der Halle raus, und da waren plötzlich die anderen da. Wie es genau angefangen hat mit der Belästigung, das weiß ich nicht. Ich bin da zu einem Großen der anderen Gruppe hin und hab ihm gesagt, daß er sich verpissen soll. Da hat er eine Kette rausgezogen. Es ging alles so schnell. Er hat mit seiner Kette um sich geworfen. Links, rechts. Einmal hat er mich am Mittelfinger getroffen. Als dann eine kleine Ablenkung war, als der Große mit einem Kumpel gesprochen hat, hab ich die Kette schnell gegriffen und hab sie nicht mehr losgelassen. Nach einer Weile hab ich aber mitgekriegt, daß er sein Messer gezogen hat. Es war mehr ein Unfall. Er und ich, wir sind zusammengegangen durch die Kette, und er hat sein Messer hier oben gehabt. Da ist es dann reingegangen. Und, und dann, dann hab ich mich auf die Bank gelegt. Mir wurde schlech und dann war ich weggewesen. Mehr weiß ich nicht mehr.«

Meixner interessierten nun weitere Details, zum Beispiel, in welcher Hand und wie derjenige das Messer gehalten hatte. Das war sehr wichtig. Um Manfred zu einer Aussage zu motivieren, redete der Kriminalist beruhigend auf den Verletzten ein.

»Mit der linken das Messer und mit der rechten die Kette«, war das Ergebnis einer angespannten Überlegung.

Danach mußte eine Pause eingelegt werden. Die diensthabende Schwester sagte, daß nur noch fünf Minuten zur Verfügung stünden; einer längergehenden Befragung könne aus ärztlicher Sicht nicht zugestimmt werden.

Mit dem erneuten Anschalten des Bandgerätes hatte es sich auch regeneriert, was hieß, es quietschte nicht mehr so grell.

»Als das dann alles passiert ist, hast du gesehen, wo der Große hingelaufen ist?«

»Ich weiß es nicht. Ich hab erst mal nach meinem Blut gegriffen. Ich hab die Wunde zugehalten mit meinem Pullover. Dann hab ich auf meine Hand geguckt, die war voller Blut. Ich glaub, ich hab gerufen: Holt 'nen Arzt, holt 'nen Notarzt! Ich hab mich auf die Bank gelegt. Ich hab gedacht: Ich darf nicht sterben. – Und dann war ich weg.«

»Hast also nicht gesehen, wo der hingelaufen ist, der Große?«

»Ich hab dann noch mal geguckt, er stand noch eine Zeit so 30 bis 35 Meter von mir entfernt – mit seine janzen Kumpels. Und dann war ich weg.«

»Also, noch mal zurück«, sagte der Hauptmann, »du kamst also aus der Kaufhalle heraus, und da gab es schon den ersten Streit deiner Leute mit der anderen Truppe. Richtig?«

Manfred Kretschmann nickte.

»Du hast gesagt, du hast dir den Großen rausgegriffen. Warum?«

Es entstand eine lange Pause. Auf der Tonaufnahme wird nichts weiter als schweres Atmen zu hören sein. Herbert Meixner wußte, daß er jetzt einen neuralgischen Punkt getroffen hatte.

»Er hat meinen Kumpel irgendwie belästigt.«

»Welchen Kumpel?«

»Mirko.«

»Und wie belästigt?«

»Weiß ich nicht.«

Die eigentliche Fangfrage sollte aber erst noch kommen. Meixner fand jetzt, daß es Zeit war, diese alles entscheidende Frage zu stellen, bevor die Schwester kam und die ganze Aktion beendete.

»Und, hattest du auch ein Messer irgendwie?« Meixners Stimme hatte an Schärfe gewonnen.

Nach etwa sieben Sekunden antwortete Manfred Kretschmann: »Ja.«

»Und hast du es auch gezogen gehabt?«

»Glaub ich nicht, weiß ich nicht.«

»Was für ein Messer ist das, das du hattest?«

»Ein einfaches Taschenmesser.«

»Wo trägst du es immer bei dir?«

»In der Hosentasche.«

»Und, wer hat das gesehen, daß der andere das Messer gezogen hat. Sag doch noch mal was dazu.«

»Das war Frank Riechert, der hat das gesehen. Und er sagte noch zu mir: Hol doch auch dein Messer raus, zieh dein Messer! Ich bin dein Zeuge, er hat zuerst gezogen.«

»Und hast du denn auch dein Messer gezogen?«

»Ich weiß es nicht. Ich kann mich nicht mehr daran erinnern.«

...

»Wo wohnt denn der Frank Riechert?«

»Es ging so schnell«, entschuldigte sich Manfred Kretschmann im Nachtrab für seine ungenauen Angaben zur vorhergehenden Frage. »Der wohnt in der Schulze-Boysen-Straße. Die Nummer weiß ich nicht, aber in der Mitte des Treppenhauses im ersten Stock ist blaue Tapete mit silbernen Streifen. Ist sonst bei keinem anderen Treppenhaus.«

Die Befragung endete nach einer halben Stunde um 10.30 Uhr.

Die Ermittlungen in der Sache »Heftpflaster« liefen weiter auf Hochtouren, ohne daß Erfolge greifbar gewesen wären.

Der Leiter Kriminalpolizei von Ost-Berlin, der 15 Jahre zuvor mit Marmulla einen Grundlehrgang für den Kriminaldienst in Potsdam absolviert hatte, wies nach der letzten »Heftpflaster«-Tat an, sich alle Berliner Taxifahrer, die in der Tatnacht unterwegs waren, näher anzusehen. Seine etwas kühne Version bestand darin, daß der dringend gesuchte Brennpunkttäter mit dem Taxi zum und/oder vom Tatort gefahren sein mußte. Der Vergewaltiger als Fahrgast – Berndt Marmulla hielt das für keine gute Idee seines Vorgesetzten. Nach einer Diskussion mit seinen Arbeitsgruppenleitern verwarf er die Hypothese und trat mit seinen Leuten in dieser Hinsicht nicht in Aktion; es wurde aber Vollzug gemeldet. Wichtig war doch nur, daß der Oberst der Kriminalpolizei weitere Aktivitäten nach oben melden konnte, damit es nicht so aussähe, die Kripo in Berlin verschlafe den Fall »Heftpflaster«.

Es war wie so oft im Leben. Berndt Marmulla wußte sicher, was nicht zum Erfolg führen würde. Aber was brachte ihn nun endlich auf die Spur des Täters?

Agnes Kretschmann hört am 18. Dezember 1985 im Halbschlaf, wie ihr Mann gegen drei Uhr die Wohnung in Berlin-Lichtenberg, Frankfurter Allee Süd, verläßt. Wie jeden Wochentag, denn Ernst ist Heizer.

Sie dreht sich auf die andere Seite, froh, noch ein paar Stunden schlafen zu können. Ihr Wecker wird erst um sechs Uhr klingeln. Zufrieden fällt sie wieder in tiefen Schlaf. Sie träumt von ihrer Kindheit in Thüringen. Am Morgen, wenn sie sich an diesen Traum erinnern sollte, wird sie wieder wissen, daß sie in Berlin noch immer nicht heimisch geworden ist. Obwohl sie, ihr Mann und ihr Sohn schon einige Jahre hier leben.

Gegen halb vier wird sie unsanft geweckt. Jemand hält ihr den Mund zu. Agnes Kretschmann will sich in würgender Todesangst aufrichten, schafft es aber nicht. Ein fremder Mann ist ihr zuvorgekommen und auf sie gesprungen. Schemenhaft sieht sie seine Umrisse, aber ehe sie ihn etwas genauer erfassen kann, klebt er ihr Pflaster vor Augen und Mund und fesselt sie. Es geht alles schnell und fast geräuschlos.

»Wenn du schreist«, flüstert er ihr drohend ins Ohr, »dann bring ich dich um.«

Lähmende Wehrlosigkeit hat Agnes Kretschmann erfaßt, dieses schlimme Gefühl, einer fremden Macht ausgeliefert zu sein. Sie kann sich kaum noch bewegen. Er schiebt ihr das Nachthemd nach oben und spreizt ihre Schenkel, und schon spürt sie sein feuchtes, steifes Glied in der Scheide. Es tut sehr weh, aber sie kann nicht schreien. Nur ein paar Bewegungen, und schon ergießt sich der Samen dieses fremden Mannes in ihren Unterleib.

Er läßt ab, er zieht sich zurück, er steht auf, nicht ohne dabei eine weitere Drohung auszuflüstern: »Wenn mich jemand verfolgt, bring ich dich um!«

Und dann verbreiten sich Dunkelheit und Stille in diesem sonst ganz normalen Schlafzimmer.

Lange liegt Agnes Kretschmann wie paralysiert.

Dann entschließt sie sich, Hilfe zu holen. Mit allen Mitteln. Ihre Hände sind gefesselt, sie kann nicht schreien, sie kann das Pflaster nicht von den Augen reißen. Aber aufstehn kann sie. Agnes Kretschmann bewegt sich langsam zum Schrank, der an der Wand zum Jugendzimmer steht, und schlägt mehrfach mit den Füßen gegen eine Tür. Sie bemerkt, daß sich die Leine durch die Bewegung etwas gelockert hat. Sie bewegt sich heftig und schlägt gegen die Schranktür. Und da steht plötzlich schlaftrunken ihr 15jähriger Sohn Manfred in der Tür zum Schlafzimmer und fragt, was denn los sei. Es dauert einen Moment, bis er die Situation richtig erfaßt. Er macht das Licht an und sieht seine Mutter entstellt am Schrank stehen. Mein Gott, was soll er tun, wie kann er helfen? »Mama!« weiß er nur zu rufen.

Agnes Kretschmann schämt sich so und legt sich mit Unterstützung des Sohnes wieder auf das Bett. Manfred zieht das Heftpflaster ab. »Mama, was ist passiert?« Er rennt davon und holt eine Schere. Nun ist auch die grüne Wäscheleine zerschnitten.

Die Mutter springt wieder auf, schmeißt vor Ekel die zerfetzte Wäscheleine und die Stücken Heftpflaster in den Flur. Sie weint und berichtet, und Manfred ist konfus. Die in seinem Bauch verheilende Wunde schmerzt wieder. Was soll er tun? Er ruft den Vater im Betrieb an und danach die Polizei: 110.

Die DHG ist um 5.10 Uhr am Tatort, um 6.04 Uhr trifft, kurz nachdem der Wecker pünktlich geklingelt hatte, Hauptmann der K Rasch vom Dezernat X ein, um 7.25 Uhr Hauptmann der K Wegner. Berndt Marmulla ist mit seinen Arbeitsgruppenleitern kurz nach acht am Tatort. Nach der Befragung der Geschädigten und der abgeschlossenen Tatortuntersuchung wird folgender Tatablauf für wahrscheinlich gehalten:

Der Täter muß die im Parterre liegende Tatwohnung zuvor nachts observiert haben. Schlaf- und Jugendzimmer der Wohnung liegen an der Vorderfront des Hauses, das Wohnzimmer an der Rückfront. Die Rückfront des Hauses ist über eine Rasenfläche mit vereinzelt stehenden jungen Bäumen (ca. sechs Meter hoch) gut einsehbar. Diese freie Fläche wird aber durch Laternen schwach ausgeleuchtet, so daß das Beobachten aus einer Deckung erfolgt sein müßte. Jedenfalls sprechen ältere, sich mit frischen Spuren überkreuzende Schuheindrücke gleichen Profils dafür, daß »Heftpflaster« einige Male vor dem Einstiegsfenster, das zum Wohnzimmer führt, gestanden hatte.

Die Tatwohnung im Erdgeschoß hat im Gegensatz zu den darüberliegenden Wohnungen keinen Balkon, so daß das Erdreich unter dem Einstiegsfenster auch noch trocken ist, als am Ende der Tatortuntersuchung Schneefall einsetzt. So kann der Kriminaltechniker Ottmann in aller Ruhe drei zur Identifizierung geeignete Schuheindruckspuren mittel Gips-Naßverfahren sichern und fotografisch fixieren.

Über dem lockeren Erdreich beginnt in 1,93 cm Höhe das Einstiegsfenster. Rechts darunter befindet sich ein 64 x 44 cm großes Kellerfenster. Die Unterkante des Kellerfensters liegt 25 cm über dem Erdboden. 98 cm über dem Erdreich endet das Häuserfundament bzw. beginnen die auf das Fundament aufgesetzten Häuserwandplatten, so daß dieser vorhandene kleine Absatz und auch das Kellerfenster durch den Täter als Einstiegshilfe genutzt wurden.

»Heftpflaster« gelingt es, einen Fensterflügel aufzudrücken, der nicht richtig geschlossen worden war. Er steigt ein, zieht die Gardine zurück. Gleich hinter dem Fenster steht eine 150 cm lange, 34 cm breite und 84 cm hohe Blumenbank, auf der 14 mehr oder weniger große Zimmerpflanzen stehen. Diese rückt er ein Stück vom Fenster weg, weil er sonst nicht durchkommt. (Hauptmann Ehrlich wiegt später diese Blumenbank: 35 kg!)

Er schleicht sich über den Flur in das Schlafzimmer, fesselt das Opfer und beklebt es im Augen- und Mundbereich mit Heftpflaster. Das Opfer wehrt sich. Er vergewaltigt es brutal. Danach verschwindet er rasch durch die Wohnungseingangstür. Offensichtlich hatte er zuvor ausgekundschaftet, daß die Haustür offensteht.

Neben den drei Schuheindruckspuren vor dem Einstiegsfenster wird auf dem textilen Fußbodenbelag des Flures durch
Mitnahme gesichert: eine 3 mm starke, 210 cm lange grüne
PVC-Wäscheleine, die am Ende einen Knoten aufweist, von
dem fünf weitere Leinenstücke mit den Maßen 17 cm, 19 cm,
19 cm, 35 cm und 77 cm abgehen, und zwei Pflasterenden von
jeweils 5 mm Breite und einer Länge von 45 und 60 cm.

Im eigentlichen Tatzimmer wird auf einem Nachtschränk-
chen ein 5 mm breites und ca. 15 cm langes zusammenge-
drücktes Pflasterstück gefunden, vor dem Bett auf dem Läufer
eine blaue Pflasterrolle, die zu Ende »verbraucht« wurde.

Bei der Trennwand zum Jugendzimmer handelt es sich um
eine sieben cm nichttragende Wand, wie sie in Neubauten üblicherweise verwendet werden. Direkt hinter der Wand schläft
während der Tat Manfred Kretschmann, der sich von seiner
schweren Bauchverletzung zu Hause weiter auskuriert. Er hat
nichts gehört.

»Heftpflaster« konnte auch diesmal nicht gestellt werden.

Marmulla hatte die Täterhypothese des Psychologen insofern teilweise verworfen, als er nunmehr davon ausging, daß
die relativ perfekt ausgeführten Vortathandlungen, insbesondere das Einschleichen und Eindringen in die Wohnungen,
auch für eine frühere kriminelle Karriere als Einbrecher sprechen könnten. Sollte »Heftpflaster« einschlägig vorbestraft sein,
würde man ihn bekommen. In der kriminalistischen Literatur
waren solche seltenen Fälle nach seiner Ansicht noch nicht
beschrieben worden, aber Marmulla wußte nur zu gut, daß alles
irgendwann das erste Mal eintritt. Bei einem Wandel der Motivstruktur wäre es doch möglich, daß der ehemalige Einbrecher
seine »Berufserfahrungen« einfach nutzt, um seine neuen kriminellen Ziele zu erreichen.

Also suchte das Dezernat X auch in diesem Umfeld und
überprüfte diverse Einbrecher – ohne Resultat. Dabei war die
Ausgangssituation doch gar nicht so schlecht: Fingerspuren
waren an einzelnen Tatorten gesichert worden.

Als ein Silberstreif am Horizont zeichnete sich ab, daß sich

»Heftpflasters« Taten auf ein bestimmtes Gebiet konzentrierten, das beidseitig der S-Bahn-Strecke Berlin-Lichtenberg bis Strausberg, Bezirk Frankfurt/Oder, lag. Die Prognose war, daß sich »Heftpflaster« immer weiter in die Randgebiete verziehen würde, denn die öffentlichen Fahndungsmaßnahmen konnten ihm nicht verborgen geblieben sein.

So wurde folgerichtig die Kripo der Bezirke Frankfurt/Oder und Potsdam in die Ermittlungen einbezogen. Berndt Marmulla war sich auch ziemlich sicher, daß er, um auszuspähen oder seine Taten zu begehen, diese S-Bahn-Linie benutzte und an dieser Strecke wohnte. In den betreffenden Bereichen kamen daher teilweise 50 bis 100 Schutzpolizisten in Zivil zu Observationen und Personenkontrollen zum Einsatz.

»Heftpflaster« vergewaltigte in zwei Fällen ungehindert weiter, jeweils in Einfamilienhäusern im Bezirk Frankfurt/Oder an der S-Bahn-Linie bis Strausberg – so wie vorhergesehen.

Wenigstens die Prognose stimmte in diesen winterlichen Tagen.

In der Nähe des Bahnhofs Hoppegarten überwältigte der Täter am frühen Morgen eine junge Frau, die mit ihrem Säugling allein zu Hause war. Er fesselte sie, beklebte ihre Augen mit Heftpflaster und schändete sie. Die Frau konnte sich später selbst befreien und Hilfe herbeirufen. Zur Personenbeschreibung befragt, konnte sie nur sagen, daß er weiche Hände hatte. Die Trittspuren im lockeren Erdreich, die die Kriminalisten sicherten, signalisierten: Das Haus war vorher ausbaldowert worden. Eine Nahbereichsermittlung am nächsten Morgen, etwa zu der Zeit, da sich »Heftpflaster« tags zuvor auf dem Weg zum Tathaus bewegt haben mußte, ergab: Ja, sie kannten sich fast alle, die morgens zur Arbeit gingen, aber eine unbekannte Person habe dagestanden. Ein hagerer Mann mit Schnauzer, Anorak und Kapuze.

Wenige Tage später meldete die Frau des ABV Schiefelbein aus Fredersdorf, daß im »Schwarzen Weg« eine verdächtige männliche Person gesichtet wurde: mit Kapuze, Kutte und Schnauzer! Eine Dogge habe ihn verbellt.

Nun liefen umfangreiche Observationsmaßnahmen. Kriminalisten postierten sich in Fredersdorf in einem Bauwagen, der wenigstens beheizbar war, und beobachteten das Gelände. Die Kollegen im »Trabant« hatten es bei minus 20 Grad Außen- und Innentemperatur wesentlich schlechter! In dem Rohbau eines Einfamilienhauses entdeckte man eine Trittstelle – Schuh- spuren mit Blickrichtung eines mutmaßlichen Spähers auf ein bewohntes Einfamilienhaus!

Die Aktivitäten der Kripo blieben den Fredersdorfern nicht verborgen. Viele »Heinzelmännchen« waren plötzlich am Werke. Im Eingangsbereich des Bahnhofs Fredersdorf wurden zum Beispiel die Seitenscheiben aus Glas geputzt, damit die Kri- minalisten besser sehen konnten!

Und an einem ebenso kalten Tag wurden die Observationen dann abgebrochen, die verdächtige Trittstelle verschwand aus dem Gedächtnis der Kriminalisten.

Das schien »Heftpflaster« geahnt zu haben. Genau in dieses Einfamilienhaus stieg er über den Keller ein, überwältigte ein 16jähriges Mädchen und seine Mutter und fesselte beide, völ- lig wehrlos gemacht, an das Bett. »Heftpflaster« nahm an ihnen wechselseitig sexuelle Handlungen vor. Irgendwann hatten sie sich doch verständlich machen können, und die Mutter bat, nur sie zu vergewaltigen. Der Brennpunkttäter zeigte sich auch hier von seiner »besten« Seite: Geschlechtsverkehr nur mit der Mutter, den die Tochter live miterleben mußte. Da er auch ihnen die Augen verklebt hatte, erinnerten sich die beiden Frauen, nach der Personenbeschreibung befragt, ebenfalls nur an die weichen Hände des Gangsters.

Nachdem der verdächtige Mann mit Schnauzer in Freders- dorf gesichtet worden war, hatte Marmulla dringend empfoh- len, in den Nächten die S-Bahnhöfe Richtung Strausberg zu besetzen, aber die zuständigen Polizeiführer reagierten nicht. Wie die weitere Geschichte des Falles zeigt, war dies eine fol- genschwere Fehlentscheidung: »Heftpflaster« wäre mit Sicher- heit ins Netz gegangen.

Im übrigen war die Zusammenarbeit der Berliner und der Strausberger Kripo nicht immer von großer Partnerschaft geprägt. Die Vorbehalte gegen die Ost-Berliner allgemein, denen vor allen Dingen eine bessere Versorgungslage geneidet und eine gewisse hauptstädtische Überheblichkeit nachgesagt wurde, verhinderte auch in diesem Fall eine konzertierte Aktion. »Ihr denkt, ihr kommt jetzt in den Kreis Strausberg, und wie im ›Polizeiruf 110‹ schnappt ihr den im Nu! Nee, hier bestimmen wir, wie die Sache läuft!« mußte sich ein an der Fahndung beteiligter Berliner Polizist anhören.

Genau Anfang März 1986 gab es im Kreis Strausberg dann ein reichhaltiges Kriminalitätsgeschehen. Die schlimmste aller Meldungen: »Heftpflaster« hatte in Neuenhagen, einer großen Gemeinde vor den Toren Berlins, drei S-Bahn-Stationen vor Strausberg, nach einer längeren Winterpause wieder vergewaltigt – in einem Feierabendheim. Er mißhandelte das etwa 70jährige Opfer, was darauf hindeutete, daß sich seine sadistischen Persönlichkeitszüge weiter ausgeformt hatten. Weiterhin gab es im Kreisgebiet drei Einbrüche, eine Anzeige wegen Beleidigung, einen Penis-Exhibitionisten, einen Raubüberfall und eine unbefugte Kraftfahrzeugbenutzung. Kriminelle Hochkonjunktur in diesem sonst eher ruhigen Territorium.

Und dann war noch eine Frau mittleren Alters aus Neuenhagen erschienen, die nichts anzeigen, sondern nur etwas Merkwürdiges melden wollte. Frau Kunze schilderte dem Kriminalisten die folgende Begebenheit.

Sie lebe allein und sei gegen Mitternacht von einer Feier nach Hause gegangen. Ein Mann habe sie vom S-Bahnhof bis zu ihrem Haus verfolgt. Sie beschleunigte ihre Schritte, aber auch der ihr unbekannte Mann lief schneller. Zu Hause angekommen, schloß sie die Eingangstür ihres Einfamilienhauses ab und kontrollierte mehrfach, ob alles verschlossen sei und die Rollos heruntergelassen waren. Da sie sehr aufgeregt war, konnte sie nicht einschlafen. Sie telefonierte mit ihrem Sohn in Berlin, der sie aber beruhigen konnte. So trank sie noch einen Kräuterschnaps, nahm eine leichte Schlaftablette und legte sich ins Bett, das im Schlafzimmer des Dachausbaus stand. Zuvor hatte sie noch aus den beiden Fenstern der Dachgaupen gelugt, aber nichts Verdächtiges feststellen können. Sie schlief ruhig ein.

Am anderen Morgen machte sie jedoch eine absonderliche Feststellung: Mit der Tür der Veranda stimmte etwas nicht. Der Schließriegel war verbogen, das Schloß ging nur noch schwer zu ver- und entriegeln. Die Frau schenkte dem zunächst keine besondere Aufmerksamkeit; erst als sie erfuhr, daß ein Mann ganz in ihrer Nähe in das Feierabendheim eingedrungen war und eine alte Frau vergewaltigt hatte, schwante ihr Schlimmes. Sie vermutete ganz direkt, daß dieser Verbrecher versucht hatte, auch in ihr Haus einzudringen. Und daß es dieser Mann war, der sie kurz nach Mitternacht verfolgte.

Schon die Kripo am Ort konnte diese Annahme untermauern. Von den zeitlichen Abläufen schien alles zu stimmen: Dem ersten (potentiellen) Opfer wurde um Mitternacht herum ganz offen auf den schlecht beleuchteten Straßen nachgesetzt. Eine sogenannte Vortathandlung, über die vorher von keiner einzigen Geschädigten berichtet wurde. Der erste eklatante Fehler »Heftpflasters«. Als sie dann im Bett war, versuchte »Heftpflaster«, über die Verandatür in das Haus zu gelangen. Dieser Versuch schlug fehl, aber die Lust zum Vergewaltigen war deshalb nicht von ihm gewichen. Im Gegenteil. Er mußte zum Zuge kommen, und er hatte ja auch schon mehrere andere Opfer in dem Altenheim ausgespäht, das nur ein paar hundert Meter weiter weg lag.

Auch hier hatte er gut beobachtet und in die Fenster des Hochparterres geschaut. Es gab viele alte Damen, die im Zimmer allein schliefen. So war es doch ein bißchen Zufall, daß er sich gerade dieses Opfer auswählte, zumal auch andere Fenster offenstanden oder nicht richtig verschlossen waren. Zum Einstieg benutzte er eine vorgefundene Mülltonne.

»Heftpflaster« wird es dort wieder versuchen, sagte Marmulla. Seine These war kühn, aber er konnte seine Vorgesetzten überzeugen.

»Es ist anzunehmen«, fuhr er fort, »daß der Täter mehrere Zielobjekte in einer Nacht auskundschaftet und in der Vergangenheit ausgesucht hat. Nur so ist ja auch zu erklären, daß er in Neuenhagen, nachdem er beim ersten Angriff nicht gelandet ist, sofort ein neues Opfer heimsuchte. Man kann ihn sich vielleicht als einen streunenden Hund vorstellen, der die meisten Nächte damit verbringt, durch die Straßen zu laufen, Häuser, Wohnungen zu beobachten, vielleicht sogar mit einer gewissen voyeuristischen Note, aber mit der Hauptzielrichtung, Frauen zu suchen und zu finden, die er vergewaltigen kann. Es ist denkbar, daß sich ihm dabei auch mehrere Möglichkeiten in einer Nacht erschlossen haben könnten. Auf der anderen Seite wird er ein Opfer, dem er schon so nah war, nicht einfach aufgeben. Das Haus, die Lebensverhältnisse der Frau, das alles hat er schon fix und fertig abgespeichert; er weiß, daß sie allein lebt, er muß nur auf eine andere Weise in das Haus eindringen. Also wird er es noch einmal versuchen.«

»Was schlägst du vor?« fragte der Kripo-Chef von Berlin.

»Ich schlage vor, Genosse Oberst, daß erstens ab sofort alle relevanten S-Bahnhöfe nachts mit Polizeikräften besetzt werden. Und zweitens, daß die Kripo aus Strausberg zwei Leute im besagten Haus stationiert, solange, bis die Falle zuschnappt. Er wird kommen.«

»Und wenn nicht?«

»Dann müssen wir alles neu überdenken. Ich bin aber sicher, daß er kommen wird, daß wir ganz nah dran sind. Er wird leichtsinnig und übersieht die Gefahr. Er unterschätzt uns einfach. Warum auch immer.«

Der Oberst grübelte. Der Einsatz war mit großem Aufwand verbunden, man mußte sich mit der Kripo und der Schutzpolizei des Kreises Strausberg arrangieren. Aber es war eine Chance. Vielleicht die einzige reelle Chance in dieser Aufführung, in der »Heftpflaster« zwar nach wie vor die Hauptrolle spielte, aber vielleicht schon dabei war, die Regie abzugeben.

»Gut«, sagte der Leiter Kriminalpolizei von Berlin, »mach es so. Halte mich auf dem laufenden.«

Die beiden Kriminalisten einer Spezialtruppe aus der Bezirkshauptstadt Frankfurt/Oder saßen am 5. März 1986 die vierte Nacht im Haus der Frau Kunze, die vor etwa einer Stunde nach oben ins Bett gegangen war. »Machen Sie's gut«, hatte sie ihnen freundlich zugeflüstert, »seitdem Sie im Haus sind, brauch ich keine Schlaftabletten mehr. Ich schlafe einfach sicher.«

»Aber irgendwann geht unser Dienst auch einmal zu Ende«, erwiderte Oberleutnant Abel leise. »Ewig werden wir nicht bleiben können. Gute Nacht.«

Frau Kunze hatte sich also zur Ruhe begeben und 20 Minuten, nachdem sie sich ins Bett gelegt hatte, das Licht gelöscht, wie sie es seit Jahren tat. Nun war es im ganzen Haus dunkel.

Die Kriminalisten hatten sich im Wohnzimmer einquartiert, das sich der Veranda anschloß. Es war sonst ganz gemütlich hier, mit Sitzecke und Fernseher, aber ihre Mission war es, im Dunkeln auf Beute zu lauern. Von hier aus war nicht nur die Verandatür zu sehen, sondern auch die Hauseingangstür. Draußen war dichter, ziehender Nebel in das Gebiet eingefallen. Die Außenbeobachtung durch zivile Kräfte jedoch hätte auch bei guten Sichtverhältnissen unterbleiben müssen, um »Heftpflaster« nicht mißtrauisch zu machen. Abel und Lehmann, ebenfalls Oberleutnant der K, waren aber für den Fall der Fälle über Funk mit Einsatzkräften aus Strausberg verbunden.

Die Spannung, die während der ersten dunklen Nächte über dem Wohnzimmer von Frau Kunze lag, hatte sich inzwischen gelöst. Die ersten familiären Konflikte warfen bedrohliche Schatten, und die Ehepartner mußten neu überzeugt werden, daß diese Mission wirklich wichtig war.

»Er kommt heute oder gar nicht mehr«, hauchte Lehmann. »Vier Tage, das ist wohl sein Maß, wenn er so richtig heiß ist. In Kaulsdorf, im Schwesternwohnheim und bei der alten Dame am Münsterberger Weg, da lagen vier Tage dazwischen. Aber wir werden uns ab morgen dann die Nächte um die Ohren schlagen, und es wird sinnlos sein.«

»Keine demoralisierenden Ansprachen!« mahnte der andere. Er überprüfte seine Ausrüstung: Waffe, Schließacht, Schlagstock, Taschenlampe, Funkgerät. »Hau dich ein bißchen aufs Ohr. Ich wecke dich. Jetzt ist es 23 Uhr, sagen wir mal gegen eins.«

Lehmann kuschelte sich in einen hohen Ohrensessel aus Plüsch, der am Tage in einem wunderbaren Weinrot prangte und jetzt wie alle Katzen grau war, und versuchte, unter einer Decke einzuschlafen.

Abel war hellwach. Jedes noch so kleine Geräusch registrierte er und verdrängte es erst, wenn er sicher war, daß es nichts mit ihrem Auftrag zu tun hatte. Eine Standuhr tickte laut und schlug alle halbe Stunde.

So verging die Zeit sehr langsam.

Die Uhr schlug eins. Es war nichts geschehen. Abel ging zu seinem Kollegen und weckte ihn. Sie flüsterten einiges hin und her, aber diese Art der Unterhaltung machte ihnen so großen Spaß nicht. Und da Abel noch kein bißchen müde war, schwiegen sie sich eine gute halbe Stunde an. Die Uhr mahnte, daß es schon halb zwei war.

Ungefähr zehn Minuten später hörten sie verdächtige Geräusche: Jemand machte sich an der Verandatür zu schaffen. An der kleinen, rechteckigen, geriffelten Milchglasscheibe im Oberteil der Tür huschte mehrfach ein schwacher Schatten vorbei.

Sie hatten sich eine genaue Taktik zurechtgelegt, entsicherten ihre Dienstpistolen Makarow 9 mm. Lehmann ging zum Lichtschalter und schmiegte sich an die Außenseite eines massiven Wohnzimmerschranks aus Eiche natur, so daß der Eindringling ihn nicht ausmachen konnte. Abel preßte seinen Rücken gegen die Wand neben dem Durchgang zur Veranda (die Tür war gegen den Protest von Frau Kunze – die Heizkosten! – vorsorglich offengehalten worden). Die Kriminalisten waren, egal, wer nun hereinspazierte, in verschiedener Hinsicht im Vorteil; sie griffen nicht nur überraschend an, sie hatten auch viel bessere Wahrnehmungsbedingungen, denn ihre Augen adaptierten die Dunkelheit bereits hervorragend.

Die hebelnden und kratzenden Geräusche waren verstummt; an der frischen Brise merkte man, daß die Verandatür nun geöffnet stand. Sie hörten jemanden hereinkommen. Aber war das ein Mann? Abel hatte für kurze Zeit mehr den Eindruck, daß sich ein Kind mit schlechtem Gewissen hereinschlich.

Aber doch, es war ein Mann, der sich an Abel vorbei in das Innere des Hauses bewegte. Der Oberleutnant hatte sich inzwischen so an das Licht gewöhnt, daß er diese schattenhafte Figur, wie mit Kohle auf einen Hintergrund aus grauem Licht gezeichnet, recht deutlich ausmachen konnte. Er sah ein Messer in seiner rechten Hand und eine Maske im Gesicht. Auch Lehmann lugte hinter seiner Ecke hervor und wurde gewahr, daß der Unbekannte auf ihn zukam. Als sich dieser ungefähr in ihrer Mitte befand, schaltete Lehmann das Licht an, richtete die Pistole auf den maskierten Mann und rief: »Hände hoch, Kriminalpolizei!« Der Mann erstarrte einen winzigen Moment zu einer Statue, dann drehte er sich blitzartig um und rannte in Richtung Veranda. Aber da brach nun Abel hervor und stellte sich in den Weg. Es gab ein kurzes Gerangel, bei dem der Eindringling einen kräftigen Faustschlag aufs Auge abbekam und über einen Tisch marschierte. Der Rest war in vielen Kampfsportstunden eintrainiert. Lehmann steckte die Pistole ein, lief hinzu. Der Mann lag auf dem Bauch am Boden, die Hände auf dem Rücken; die Schließacht rastete ein. Aus und vorbei.

Sie rissen ihm die Maske vom Gesicht und sahen in große, entsetzte Augen. Nein, so normal hatten sie sich »Heftpflaster« nicht vorgestellt.

Die körperliche Durchsuchung brachte einige enorm wichtige Beweismittel hervor: eine Rolle Heftpflaster, Breite 5 mm, und eine grüne Plastewäscheleine aus PVC.

Zu den mitgeführten Gegenständen sagte »Heftpflaster« noch am Tatort aus, daß er zuvor einen Einbruch verübt habe, bei dem er Pflaster und Wäscheleine entwendete. Diesen Tatort wollte er aber nicht nennen. Und mit Vergewaltigungen habe er nichts zu tun.

Oberleutnant Abel rief über Funk die Toni-Besatzung heran, Frau Kunze kam im blauen Morgenmantel die Treppe herunter und sah voller Bestürzung auf das Vorgefallene.

Die Frostperiode ging zu Ende. Am 8. März 1986, am Internationalen Frauentag, hatte das Tauwetter eingesetzt. Frauen des Kreises Strausberg wurden als »Aktivist der sozialistischen Arbeit« ausgezeichnet, es gab Ehrungen und Blumensträuße. Da wollte die Volkspolizei nicht zurückstehen. Ein Lautsprecherwagen fuhr durch die Ortschaften, in denen »Heftpflaster« Angst und Schrekken verbreitet hatte, und schickte Siegesmeldungen in die Welt: Der Vergewaltiger ist gefaßt, »Heftpflaster« sitzt in Untersuchungshaft. Für die Frauen des Kreises vielleicht die schönste Meldung des Tages.

Am 11. März 1986 wurde dann eine Pressemitteilung herausgegeben, so daß einen Tag später die Berliner Zeitung berichten konnte:

Sexualtäter wurde ermittelt
Durch intensive Ermittlungen der Volkspolizei sind Sexualstraftaten aufgeklärt worden, die in mehreren Stadtbezirken Berlins sowie in den Kreisen Strausberg und Königs Wusterhausen verübt wurden. Als Täter ermittelte die VP den 42jährigen Paul B. Er ist geständig und befindet sich in Untersuchungshaft. B. war in Nacht- beziehungsweise Morgenstunden mehrfach in Einfamilienhäuser oder Wohnungen eingedrungen, hatte die Opfer gefesselt und vergewaltigt. Gegen den Täter wurde ein Ermittlungsverfahren eingeleitet. Die Deutsche Volkspolizei dankt für die zahlreichen Hinweise aus der Bevölkerung, die zur Aufklärung der Straftaten beitrugen.

Berndt Marmulla und alle an der Aufklärung dieses Falles beteiligten Kriminalisten aus Strausberg und des Dezernats X ernteten viel Lob und wurden vom Polizeipräsidenten von Berlin ausgezeichnet. Aber so richtig zufrieden konnte der Major nicht sein, denn es war unterwegs einiges schiefgelaufen.

Obwohl man zu einem späteren Zeitpunkt die Täterhypothese des Kriminalpsychologen Dr. W. modifizierte und »Heftpflaster« auch bei vorbestraften Einbrechern suchte – man fand ihn nicht. Und das, obwohl er in Karteisystemen eingelegen hatte, zum Beispiel in der Zehnfingerabdrucksammlung des Dezernats VI im Präsidium der Volkspolizei. Der Mangel dieser traditionellen Registrierung von daktyloskopischen Spuren bestand darin, daß Spuren von einzelnen Fingern prinzipiell nicht recherchierbar waren, selbst dann, wenn der verursachende Finger genau bestimmt werden konnte (etwa der linke

Zeigefinger). Auch bei drei daktyloskopischen Spuren von Fingern einer Hand war der Suchaufwand schon enorm hoch, so daß die Nachteile des Registriersystems »Heftpflaster« eindeutig zum Vorteil gereichten. Um diese Mängel abzustellen, wurde in der »Zentralstelle für Kriminalistische Registrierung« in Biesdorf, die dem MdI der DDR direkt unterstand, das Datenverarbeitungsprojekt DRAT/SPUT entwickelt, mit dessen Hilfe es möglich sein würde, eine einzelne Fingerspur aus der Vielzahl der gespeicherten Abdrücke zu selektieren. Aber die Umstellung lief in Berlin gerade erst an.

Paul B. war ein mehrfach vorbestrafter Einbrecher, der sich zur Wiedereingliederung in die Gesellschaft nach seiner letzten Haftentlassung staatlichen Kontrollmaßnahmen unterziehen mußte. Er hatte sich in bestimmten Abständen bei einer Dienststelle der Deutschen Volkspolizei in Berlin-Lichtenberg, wo er wohnte, zu melden, und der zur Kontrolle beauftragte Kriminalist hatte nicht den leisesten Verdacht geschöpft, daß »Heftpflaster« es war, der wöchentlich bei ihm vorstellig wurde. Wie Paul B. in seinen Vernehmungen angab, hatte er bei seinen Besuchen auf der Polizeidienststelle in einigen Fällen sogar Messer, Heftpflaster und Wäscheleine bei sich! Einmal glaubte er, auf dem Schreibtisch des Kriminalisten sogar »sein« Fahndungsblatt erkannt zu haben, und er fand, daß er darauf ganz gut getroffen war ...

Das alles galt es auszuwerten.

Paul B. zeigte sich insofern geständig, als er in allen Fällen, in denen ausreichend Beweismaterial vorhanden war, die Vergewaltigungen einräumte. Insbesondere sein Sperma war es, das eine lückenlose Beweisführung ermöglichte. Aber sehr gesprächig war er nicht. Details, die die Ermittler noch nicht kannten, gab er in keinem einzigen Fall preis.

Es blieben einige Verbrechen, für die Paul B. auch als Täter in Frage kam, offen. Marmulla war sich relativ sicher, daß sie einzig und allein auf »Heftpflasters« Konto gingen, aber bewiesen werden konnte es nicht. So wurden sie später aus dem Verfahren genommen.

Die versuchte Vergewaltigung in der Köpenicker Wiesenparzelle konnte Paul B. ebenfalls nicht nachgewiesen werden.

Schwierigkeiten ergaben sich auch aus der Tatsache, daß nicht mehr alle Geschädigten in Berlin wohnten. Agnes Kretschmann zum Beispiel wurde in Lichtenberg nicht mehr angetroffen. Nachdem zwei Familienmitglieder innerhalb eines Monats Opfer schwerster Straftaten wurden – die Mutter vergewaltigt, der Sohn lebensgefährlich verletzt –, hatten sie es vorgezogen, Berlin für immer ade zu sagen. Seit Anfang 1986 wohnten sie wieder in Thüringen.

Der Fall Manfred Kretschmann hatte sich, dies sei noch anzumerken, nicht ganz so zugetragen, wie bei der Befragung auf der Intensivstation der Charité geschildert wurde, aber das wäre eine neue Geschichte.

In der Reihe »Polizeiruf 110« des DDR-Fernsehens schrieb Manfred Mosblech eine Folge unter dem Titel »Der Mann im Baum«. Die Geschichte lehnte sich an den Brennpunktfall »Heftpflaster« an. Aber einiges war verfremdet worden, vieles neu erzählt, und im Baum hatte Paul B. wohl nie gesessen. Die Kriminalisten, die an der Aufklärung des Falles mitgearbeitet hatten, zeigten sich etwas enttäuscht über diese künstlerische Darstellung ihres Serientäters.

Paul B. führte in Wirklichkeit als Tischler ein ganz unauffälliges Leben. Er lebte mit einer Partnerin zusammen, die in ihrer späteren Vernehmung sein Sexualleben als ganz normal bezeichnete.

Im Fernsehfilm »Der Mann im Baum« wurde die Psychologie des Straftäters hingegen sehr vereinfacht. Seine Frau verweigerte ihm eines Tages den Geschlechtsverkehr, weil ihr sein häufiges Verlangen einfach zuviel wurde. Ergo: kein Koitus zu Hause, blieb nur die Vergewaltigung übrig. Wohl ein bißchen simpel und am Leben vorbei, aber der eine Dialogsatz der sich verweigernden Ehefrau war dennoch prägnant: »Ich bin doch nicht dein Samenklo!«

Nach über einem Jahr stand Paul B. vor Gericht und wurde für seine Taten verurteilt, worüber beispielsweise die Berliner Zeitung am 15. Mai 1987 berichtete:

Verbrecher in Marzahn verurteilt
Das Stadtbezirksgericht Berlin-Marzahn verurteilte den 43jäh-
rigen vorbestraften Paul B. zu einer Freiheitsstrafe von 15 Jah-
ren, zum Schadenersatz und zur Aufenthaltsbeschränkung für
Berlin für die Dauer von fünf Jahren nach Verbüßung der Stra-
fe. Er ist überführt, in mehreren Fällen Frauen vergewaltigt und
beraubt zu haben. Das Urteil ist rechtskräftig.

ADN

Wie ist Paul B. über die Wende gekommen? Wie wird er sich
verhalten, wenn er wieder auf freien Füßen steht? Wir wissen
es nicht. Wir wissen nur, daß Polizei und Justiz dem Verbrechen eine Form geben können, abschaffen können sie es nicht.

Mord im Maisfeld

Am 6. September 1986, an einem noch sehr warmen Sonnabend, kehrte der zehnjährige Jörg Schrader nicht zu seinen Eltern zurück.

Vater und Sohn hatten einen geschäftigen Tag auf dem Dach des Bungalows auf ihrem Wochenendgrundstück im Ortsteil Blankenburg verbracht. Instandsetzung und Reparatur waren, so kurz vor den kalten Monaten, angesagt. Als um halb zwei eine befreundete Familie vorbeischaute und den Jungen mit zum Weißenseer Blumenfest nehmen wollte, lehnte Jörg, der Sohn, entschieden ab. Nein, sie müßten die Dacharbeit noch zu Ende führen. Jörg war eifrig bei der Sache. Er hatte nicht einmal Zeit, den frischgebackenen Pflaumenkuchen der Mutter zu probieren.

Gegen fünf strahlte das fertig reparierte Dach im Sonnenlicht. Die Zukunft schien gesichert. Ein Fest sollte steigen, der Vater bereitete, wie an fast jedem Gartensamstag, den Grill vor. Jörg aber, nachdem er sich gewaschen hatte, wollte immer noch nicht vom Pflaumenkuchen naschen, sondern, nur mit Turnhose und T-Shirt bekleidet, ein wenig mit seinem roten Klappfahrrad ins weite Gelände. Die Mutter mahnte, nicht zu lange wegzubleiben, denn die Grillscheiben brutzelten schon über der Glut. Jörg versprach es: »Halbe Stunde!« – und brauste davon. Niemand ahnte, daß es ein Abschied für immer werden sollte.

Als der Junge um 19 Uhr noch nicht zurückgekehrt war, fühlte die Mutter: etwas war passiert. Die Sorge der Eltern wuchs von Minute zu Minute. Jörg war immer pünktlich nach Hause gekommen, er liebte ja auch diese Grillabende! Und so machten sie sich, als das Holzkohlenfeuer erloschen war, mit Freunden auf die Suche: Der Vater fuhr mit einem Bekannten zu den Maisfeldern nördlich der Bucher Straße und zu anderen Orten, von denen er wußte, daß Jörg dort gern spielte. Von ihren Drei-Grundstücke-weiter-Nachbarn Kannegießer borgte sich Frau Schrader ein Fahrrad. Sie radelte bangen

Herzens durch das Wohngebiet, konnte aber ihren Sohn nicht finden.

Nach Verständigung der Polizei in Pankow wurde ihnen Unzuständigkeit bedeutet. Na klar, seit dem 1. Januar 1986 gehörte man zum Stadtbezirk Weißensee. Gegen 22 Uhr erschienen zwei der dortigen Kriminalisten, deren alleinige Aufgabe es war, Frau und Herrn Schrader zu beruhigen. Ihr Wortführer erklärte, daß so etwas fast jeden Tag vorkäme: »Was denken Sie, was wir auf dieser Strecke schon alles erlebt haben! Und Sie werden sehen: Morgen ist Ihr Junge wieder da.«

Herr Schrader informierte eine befreundete Familie aus ihrem Wohnhaus im Friedrichshain. Aber auch dort war er bis zu diesem Zeitpunkt nicht aufgetaucht.

Als Jörg am Sonntag früh immer noch nicht zurückgekehrt war, leitete die zuständige Volkspolizei-Inspektion Weißensee die Fahndung ein. Gezielte Suchmaßnahmen betrafen zunächst nur relevante Teile des Stadtbezirkes selbst: natürlich das »Abgangsgebiet«, in dem Festbewohner und Laubenpieper siedelten, und seine Umgebung. Später wurde die Suche in Richtung Norden auf die Karower Karpfenteiche, die Bucher Straße, die Pankgrafenstraße, die nordwestlich an der Bucher Straße angrenzenden Maisfelder und schließlich auf das Territorium bis hin zum Bucher Forst ausgedehnt. Dieses relativ große Gebiet gehörte nach wie vor zum Stadtbezirk Pankow. Für das Territorium von Ost-Berlin wurde bereits vorsorglich eine Allgemeinfahndung ausgeschrieben. Daß ein Verbrechen vorlag, dafür gab es zunächst keine Beweise. Aber die Umstände des Verschwindens von Jörg Schrader, der in leichter Sommerbekleidung unterwegs war, ließen schon das Schlimmste befürchten.

Die Fahndungsmaßnahmen wurden mit einer großen Anzahl von Einsatzkräften bis in die späten Abend- und Nachtstunden hinein fortgesetzt, ohne nur irgendeine Spur von dem Jungen zu erhalten.

Jörg Schrader kehrte auch nicht am Sonntag zu seinen Eltern zurück, weder in das Siedlungsgebiet noch in die Stadtwohnung im Friedrichshain. Nun wurde eine Straftat immer wahrscheinlicher, auch wenn keine gesicherten Erkenntnisse über Verbleib oder Aufenthalt des Jungen vorlagen. Jörg war ohne Motiv spurlos verschwunden, und auch die Eltern hatten dafür nur eine Erklärung, die sie aber verständlicherweise verdrängten, so gut es eben ging. Wie alle Eltern dieser Welt in einer solchen Situation glaubten sie trotz alledem an die Rückkehr ihres geliebten Jungen.

Aufgrund der Umstände wurde die Zweite Morduntersuchungskommission (MUK) noch am Sonntag verständigt. Zwar kam sie in der Regel nach den internen Arbeitsrichtlinien erst nach vier Tagen zum Einsatz, wenn das vermißte Kind in diesem Zeitraum nicht wieder heimgekehrt war. In diesem Fall ging man aber jetzt schon von einem Verbrechen an Jörg Schrader aus.

Nachdem durch die Leitung der Kripo entschieden war, daß die Erste MUK (es gab seit geraumer Zeit zwei Kommissionen in Berlin) den Vermißtenfall weiter zu untersuchen hatte, bekam der gerade neuernannte Erste Offizier Hauptmann der K Bernd Bories, der die Kommission wegen Urlaub des Chefs Wrobel in Vertretung führte, die Sache auf seinen Tisch. Auf dem Volkspolizei-Revier in Berlin-Buchholz, Pasewalker Straße 64, errichtete die MUK ihren Stützpunkt; die Fahndung wurde intensiviert. Nordwestlich der Bucher Straße, auf den ehemaligen Rieselfeldern, stand der Mais wie ein hoher Wald. Schneisen und Straßen führten in einen Irrgarten.

Am Montag kam dann folgerichtig ein Hubschrauber der Deutschen Volkspolizei zum Einsatz, weil es nicht nur im Maisfeld, sondern auch in den Karower Kleingartenanlagen sehr unübersichtlich war. Die Polizeiführung schritt zu dieser außerordentlich kostenintensiven Art der Geländeabsuche, weil sie sich Erkenntnisse über den Verbleib des Jungen erhoffte.

Und richtig, die Geschlossenheit des Maisfeldes aus der Ebene heraus wurde vom Blick aus der Luft aufgelöst; man sah von oben in jeden Zipfel und selbst kleinere Gegenstände. Das Maisfeld wirkte wie eine Stadt, in der es richtige Straßenzüge und Kreuzungen gab. Aber ein menschliches Wesen wurde nicht gesichtet.

Erschwerend kam hinzu, daß in diesem Gebiet zahlreiche Hochspannungsmasten standen, die die Einflugschneise des Hubschraubers behinderten. Daher mußten bestimmte Bereiche des Maisfeldes mit Kräften der Schutzpolizei zu Fuß durchkämmt werden, und zwar nach einem exakten Plan. An den Einsatzleiter gab es regelmäßige Meldungen, welche Abschnitte abgesucht worden waren. So vergingen Stunden, ohne eine Spur von Jörg Schrader zu finden. Bernd Bories hat heute noch die zackigen Meldungen, die im Einsatzwagen aufliefen, im Ohr: »Planquadrat 61, keine Vorkommnisse!« So war er sich nach Abschluß dieser Aktion sicher, daß sich der Junge beim Vorliegen einer Tötungsstraftat nicht im unmittelbaren und mittelbaren Bereich befinden konnte.

Die Nachforschungen wurden dann ausgedehnt zum weiteren nördlichen Stadtrand von Berlin, vor allen Dingen auf die Rieselfelder und den Bucher Forst. Ebenfalls ohne Erfolg.

Jörgs Klasse aus der »Wilhelm-Koenen-Oberschule« in der Hausburgstraße fahndete in großer Sorge mit. Indes: Ihr Mitschüler blieb unauffindbar.

Am Dienstag, am 9. September 1986, meldete sich der aufmerksame Bürger Ralf Rößler, der mit seinem Sohn frevelhaft Mais vom Feld geklaut hatte, in den späten Nachmittagsstunden bei der Polizei. Er teilte mit, daß er im Maisfeld westlich der Bucher Straße ein rotes Klappfahrrad gefunden habe; es ähnele dem, das in der heutigen »Berliner Zeitung« im Zusammenhang mit dem vermißten Jungen erwähnt wurde. Das besagte Maisfeld, das angeblich schon gründlichst durchsucht worden war!

Die Kripo rückte mit dem Auffindezeugen unverzüglich zum Fundort aus. Eine erste Inaugenscheinnahme über eine exakt festgelegte und markierte Trasse, um Spurenvernichtungen vorzubeugen, brachte eine traurige Erkenntnis: Nur sieben Meter vom Fahrrad entfernt fanden die Kriminalisten, unter ihnen Marmulla als Leitungsdienst der Berliner Kripo und der MUK-Leiter Bernd Bories, in Bauchlage die Leiche eines etwa zehnjährigen Kindes. Der Personenbeschreibung nach konnte es sich um Jörg Schrader handeln, der etwa 85 Meter von der

Bucher Straße entfernt getötet im Maisfeld lag. Eine hundertprozentig sichere Identifizierung gelang zu diesem Zeitpunkt nicht. Der Schädel des Kindes war regelrecht zertrümmert worden. Eine Art Stanzmarke wie von einer hohlen Eisenstange konnte am Kopf des Kindes ausgemacht werden. Zu diesen Widrigkeiten, die der exakten Personenfeststellung entgegenstanden, kam, daß es vom 7. bis zum 9. September 1986 ununterbrochen geregnet hatte.

Die gesamte Morduntersuchungskommission war erst bei Einbruch der Dunkelheit vor Ort. Der sogenannte Erste Angriff gestaltete sich nicht nur wegen der mangelhaften Licht- und Sichtverhältnisse im Maisfeld als schwierig, sondern auch, weil Umstrukturierungen bei der Berliner Kriminalpolizei die kriminaltechnische Arbeit am Tatort nicht immer beförderten. Während zu früheren Zeiten jede Kommission ihre eigenen Kriminaltechniker hatte, existierte jetzt eine Einsatzgruppe KT für beide MUK, deren Mitarbeiter sich zwar besser spezialisieren konnten, sich aber durch die neue Organisationsstruktur von eigentlicher Teamarbeit entfernten. So verging zusätzlich Zeit, bis die Einsatzgruppe KT am Fundort war.

Erste konkretere Hinweise erhofften sie sich von den Aussagen des Gerichtsmediziners, der schnell eintraf. Er stellte den Tod des Kindes fest und bestätigte die Vermutung der Kriminalisten, daß die Tat wahrscheinlich schon am 6. September verübt wurde. Er hatte auch die Bekleidung des Jungen im Oberkörperbereich hochgeschoben und wegen der sichtbaren Verletzungen den Verdacht einer Rippenserienfraktur geäußert, wollte sich aber nicht genau festlegen; es müsse die Obduktion abgewartet werden. So entstand als eine mögliche Version, daß der Junge bei einem Verkehrsunfall ums Leben gekommen war und der Verursacher die Leiche des Kindes mit Verschleierungsabsicht in das Maisfeld verbracht hatte. Eine These, die sich aber im folgenden nicht bestätigte.

Die Kriminalisten standen in den späten Abendstunden vor einer schwierigen Entscheidung: Entweder die Tatortuntersuchung mit entsprechender künstlicher Beleuchtung – soweit dies möglich war – sofort zu beginnen oder damit bis zum kommenden Morgen zu warten. Im letzteren Falle war zwar wieder Zeit vegangen, die dem Täter als Vorsprung zu Buche schlug. Aber vieles sprach aus der Erfahrung dafür, daß der Fundort gleichzeitig der Tatort war, und letztlich konnte nur die exakte Tatortuntersuchung den Beweis dafür erbringen. Auf Vorschlag von Bernd Bories entschied man sich für die zweite Vorgehensvariante: Wenn es nur eine Chance gab, den Mörder von Jörg Schrader zu stellen, mußte der Tatort auseinandergenommen und wieder zusammengesetzt werden. Man benötigte die ganze Helligkeit des Septembertages, um in jeden Winkel des Tatortes schauen, alle Spuren sichern und somit Licht in diese finstere Sache bringen zu können.

Auch Vorbehalte einiger Kriminalisten änderten nichts an den Befehlen: Das Maisfeld wurde großräumig abgesperrt und die Spurensuche und -sicherung auf die frühen Morgenstunden vertagt.

Marmulla billigte diese Entscheidung und wußte natürlich auch, daß er als Leitungsdienst der Berliner Kripo dafür seinen Kopf hinhalten mußte. Und so kam es auch; Marmulla bekam großen Ärger. Die Berliner Polizeiführung sah darin eine Art Pietätslosigkeit. Sie bestand zum großen Teil aus politischen Führern, die der eigentlichen kriminalistischen Arbeit skeptisch gegenüberstanden, die die Gesetzmäßigkeiten der Entstehung, der Veränderung und der Vernichtung von Beweisen nicht kannten. Und so mußte Marmullas Entscheidung auf ihr Unverständnis stoßen.

Aber wichtig war, daß es so, wie es Marmulla anwies, gemacht wurde. In der Nacht passierte dann gar nichts mehr; die Bereitschaftspolizei sicherte das Territorium weiträumig ab, so daß der Tatort von niemanden betreten werden konnte. Auf der Bucher Straße patrouillierte die D-Schicht der DHG. Es war eine ungemütliche, kalte und neblige Nacht.

Die Spezialisten bereiteten sich auf ihren Einsatz vor, der, sobald der Tag graute, nach einem exakten Plan begann. Kriminaltechniker des Präsidiums und des Kriminalistischen Instituts der Deutschen Volkspolizei, Biologen, Trassologen, Chemiker, analysierten naturwissenschaftlich-technisch den Fundort, fotografierten ihn, suchten und sicherten eine Reihe von Spuren, zum Beispiel Faserspuren, die später in der Beweisführung genutzt werden konnten. Auch eine Spezialkommission des Ministeriums für Staatssicherheit war vor Ort. Einige Schuheindruckspuren schienen zudem vom Täter zu stammen. Da alle nur den schon am Abend davor abgesteckten Weg benutzten, auf dem offensichtlich keine tatrelevanten Spuren vorhanden waren, konnte der »Informationsgehalt des Tatorts«, wie es in der Fachsprache heißt, voll gesichert werden.

Die Untersuchung stützte auch die Vermutung der Kriminalisten, daß der Fundort gleichzeitig Tatort war, ohne aber dafür schon schlüssige Beweise geliefert zu haben. Das vermeintliche Tatwerkzeug, ein 200 Zentimeter langes verrottetes Stahldrainagerohr mit einem Durchmesser von 4,5 Zentimetern, stellte man in der Nähe der Leiche sicher. Der Täter mußte es, wenn er es denn verwendet hatte, hier vorgefunden haben. Es ist auch später nicht ermittelt worden, wie dieses Rohr in das Maisfeld kam, aber fest stand, daß ganz in der Nähe umfangreiche Meliorations- und Entwässerungsarbeiten liefen.

Am nächsten Tag identifizierten die Eltern das rote Klappfahrrad und später in der Gerichtsmedizin auch ihren Jungen. Bernd Bories und seine Mitarbeiter wußten jetzt, daß sie den Mörder von Jörg Schrader zu suchen und zu finden hatten.

An diesem Mittwoch in der Frühe war Bories erst einmal damit beschäftigt, die Vorgesetzten der Ost-Berliner Polizei über den Operativen Diensthabenden des Präsidiums mit den notwendigen Informationen zu versorgen. Es gab mehrere Nachfragen, bis die endgültigen Formulierungen feststanden. Noch am gleichen Tag schrieb er einen Bericht für den 1. Sekretär der SED-Bezirksleitung Berlin, Günter Schabowski, Mitglied des Politbüros. Lange wurde gefeilt, bis er in der rechten, genehmen Form vorlag.

In der Nacht vom Mittwoch zum Donnerstag konnte bewiesen werden, daß Jörg Schrader hier im Maisfeld getötet wurde. In einem relativ großen Umkreis um den Fundort der Leiche wurde Luminol gesprüht – eine Vorprobe auf Blut. Die Ergebnisse dieser Proben lassen bei vermeintlichen Blutspuren nur

Aussagen darüber zu, ob es sich um blutverdächtige Spuren handelt oder nicht. Man kann diese Probe aber auch einsetzen, um in einem größeren Geländeabschnitt blutverdächtige Substanzen überhaupt erst sichtbar zu machen.

Für Bernd Bories wurde das Maisfeld durch die Luminol-Probe zu einem Alptraum. Durch Anwesenheit von Blut zeigte sich in der Dunkelheit an den mit Luminol besprühten Pflanzen und Bodenabschnitten ein nur für Sekunden sichtbares schwaches blaues Leuchten – die Wirkung des Luminols. In unmittelbarer Nähe des Fundortes der Leiche! Das Blut des Kindes selbst noch in Augenhöhe – an den Blättern, Stengeln und Kolben. Es war hier brutal erschlagen worden, mit diesem Eisenrohr, an dem ebenfalls Blut von Jörg Schrader festgestellt wurde.

Berechtigterweise ist dann von Marmulla und anderen die Frage gestellt worden, ob die Herren im Hubschrauber oder die Herren am Boden nicht richtig gucken konnten oder ob allen dichte Wolken die Sicht versperrten. Den Kriminalisten im Hubschrauber traf insofern keine Schuld, als man die Leiche des Kindes in einem Gebiet fand, in dem der Einsatz des Hubschraubers wegen der Hochspannungsleitungstrasse nicht in der zur Absuche notwendigen Flugtiefe gegeben war. Diese Gebiete wurden aber, wie wir bereits wissen, gesondert abgesucht, Quadratmeter für Quadratmeter, angeblich auch akribisch. Eine schlampige Arbeit der vor Ort handelnden Polizisten, denn die schuldausschließende Variante, daß das Kind an einem anderen Ort getötet worden war und die Leiche dann später, nach der Suche des Trupps, in das Maisfeld verbracht wurde, konnte nach dem Stand der Ermittlungen beweiskräftig ausgeschlossen werden (Tatort = Fundort).

Durch die gerichtsmedizinische Sektion wurden massive Verletzungen am Hals festgestellt, zuerst durch Würgen, dann durch das am Tatort aufgefundene Eisenrohr, stumpfe Gewalteinwirkung auf den Kopf mit Brüchen des Schädeldachs und der Schädelbasis und auf den Körper. Man konnte davon ausgehen, daß der Täter das Kind gewürgt und, als es dann am Boden lag, mit dem vorgefundenen Drainagerohr den Kopf zertrümmert hatte, um sicher zu gehen, daß der Junge auch wirklich tot war. Anzeichen für einen vorangegangenen oder darauffolgenden sexuellen Mißbrauch des Kindes gab es nicht; nach Lage der Dinge mußte er aber in Erwägung gezogen werden.

Die Erste Morduntersuchungskommission unter Bernd Bories ging zunächst davon aus, daß der Täter aus dem unmittelbaren Umfeld des Opfers kommen mußte und vielleicht sogar aus dem Wohngebiet stammte, in dem sich Dauerbewohner und Wochenendnutzer bunt mischten. Darüber hinaus wurden auch angrenzende Gebiete in die kriminalistischen Ermittlungen einbezogen.

Die MUK war personell beträchtlich erweitert, eine sogenannte Erweiterte MUK gebildet worden, insbesondere durch Kriminalisten des Dezernats II (zuständig für Ermittlungsverfahren zu schweren Straftaten). Aber auch Polizisten aus den Revieren begaben sich im Auftrag der MUK auf Verbrecherjagd. Alle Dauerbewohner und Datschenbesitzer des Siedlungsgebiets, in dem das Wochenendhaus der Schraders stand, befragte man nach einem speziellen Plan. Niemand hatte aber den Jungen am Tatabend mit einer bekannten oder fremden Person gesehen, keiner irgend etwas Auffälliges wahrgenommen.

Parallel dazu wurden vorbestrafte Sexualtäter aus Pankow und Weißensee überprüft. Man ging von folgenden Versionen aus: Entweder war die Tötung des Kindes schon sexuell und damit sadistisch intendiert, oder der Täter hatte zwar sexuelle Absichten gehabt, die aber nicht zur Ausführung gelangt sind, weil sich das Kind entschlossen zur Wehr setzte. In diesem Fall hätte man es mit einem klassischen Verdeckungsmord zu tun.

Man kann sich vorstellen, daß nach dieser ersten Befragungsrunde ein großer Berg Ermittlungsakten aufgetürmt war. Da es keinen einzigen verwertbaren Hinweis auf das Verbrechen oder auf sogenannte Vortathandlungen gab, schienen den Auswertern natürlich alle Protokolle gleichwertig; es konnten keine Prioritäten gesetzt werden, was wichtig gewesen wäre, um erfolgversprechende Untersuchungsrichtungen intensiv verfolgen zu können.

Auch besaßen die Protokolle der bei- und zugeordneten Kräfte nicht immer große Aussagekraft. Diese Kriminalisten gehörten nicht zur MUK, waren sozusagen abkommandiert, und sie arbeiteten für andere, nicht für die eigenen Vorgänge. Da ist es dann auch schon vorgekommen, daß Ermittlungen und Befragungen nicht gründlich genug geführt wurden oder Hinweise für weitere Untersuchungen an die Adresse der Auswerter fehlten.

Nachdem Major Wrobel aus dem Urlaub zurückkehrt war, wurden die allgemeinen Untersuchungsrichtungen verändert. Die Version, daß der Täter aus dem sozialen Nahfeld oder dem Wohnumfeld des Opfers in Blankenburg stammen mußte, verwarf er. Die Argumente von Bernd Bories, daß dort unbedingt weiterzumachen ist, prallten an ihm ab. Aufgrund seiner Erfahrungen und der Tatsache, daß die Nachforschungen im Wohngebiet versandet waren, ging er nunmehr davon aus, daß der Täter den Jungen in der Nähe des Tatorts aufgenommen haben mußte, also aus dem Bereich Bucher Straße, Pankgrafenstraße kam. Vielleicht war es ein Angler, der seine Ruten an den Teichen östlich der Bucher Straße ausgeworfen hatte, dem der Junge zufällig begegnet war? Die MUK ging dazu über, die angrenzenden Wohngebiete zu durchforsten und Angler an den Teichen zu kontrollieren und zu befragen.

In der Nähe befand sich auch ein Übungsplatz des Hundezüchterverbandes, der aus kriminalistischer Sicht ebenfalls sehr interessant schien. Und nicht vergessen wurde das Haus 213, die psychiatrische Abteilung des Krankenhauses Berlin-Buch. Es wurden alle »Freigänger« unter die Lupe genommen, insbesondere die, die schon einmal wegen einer Sexualstraftat mit dem Gesetz in Berührung gekommen waren.

Bories und später Wrobel mußten fast täglich zum Dezernatsleiter II ins Präsidium der Volkspolizei zur Berichterstattung. Die beiden Morduntersuchungskommissionen gehörten zu diesem Dezernat. Aber sie konnten immer nur melden, daß der Täter noch nicht gefaßt war und daß es keine einzige Spur gab, die auf einen baldigen Fahndungserfolg hindeutete.

So vergingen die Wochen. Alle Anstrengungen führten nicht zur Ergreifung des Täters. Das Ermittlungsverfahren wegen Mordes gegen Unbekannt wurde am 13. August 1987 gemäß § 143 Abs. 1 StPO eingestellt, weil der Täter nicht ermittelt werden konnte. Der Stützpunkt der MUK in der Pasewalker Straße wurde geschlossen, die Erweiterte MUK aufgelöst. Die Jagd nach dem Mörder von Jörg Schrader ging weiter, aber nun von den Diensträumen im Polizeipräsidium am Alexanderplatz aus.

Jedoch – auch die Ortsveränderung brachte keinen neuen Schwung in die Arbeit der MUK. Sie operierte weiterhin glücklos; alle Spuren verloren sich im Nichts. Hoffnungen keimten nur noch selten. Ein Jahr nach dem Mord war der Täter immer noch nicht gefaßt. Bald war es wieder Weihnachten. Würde der Mörder von Jörg Schrader auch in diesem Jahr das Fest in Frieden begehen können? Es deutete wirklich alles darauf hin.

Am 29. November 1987 ist der 12jährige, schlanke und blonde Frank Mellenthin, der in der Nähe der Schraders wohnt, in seinem Revier mit dem Fahrrad unterwegs. Er mag es, wenn der Novemberwind um seine Ohren saust. Auf der Laake-Brücke in der Rudelsburgstraße macht er halt. Ein junger Mann kommt ebenfalls mit dem Fahrrad angefahren und neben Frank zum Stehen. »Hallo!« ruft der Unbekannte dem Jungen zu. »Was machst du denn hier? Kannst du mir sagen, wie spät es ist?«

Frank findet ihn auf Anhieb sympathisch, trotz seines kleinen Sprachfehlers. Groß, schlank, dunkelblond, mit Brille. Einfach vertrauenerweckend. »Halb zwei«, antwortet der 12jährige und fährt weiter, der Unbekannte hinterher.

»Ich suche die Karpfenteiche. Kannst du sie mir zeigen? Ich bin fremd hier.«

»Klar, kann ich.«

So fahren die beiden gegen den Novemberwind in nördliche Richtung, erreichen bald die Bucher Straße, die nach einiger Zeit den Berliner Ring überquert und danach zur Hobrechtsfelder Chaussee wird. Am Bahnübergang nach weiteren 200 Metern hält Frank an, denn der Zug nach Basdorf muß bald durchfahren. »Laß uns auf den Zug warten«, sagt Frank zu dem Fremden, »ich will sehn, wieviel Verspätung er heute wieder hat.«

Aber der Zug kommt nicht, und der junge Mann mahnt freundlich, doch weiterzufahren. »Ach übrigens, ich bin der Fabian, und wie heißt du?«

»Frank.«

Der Zug ist immer noch nicht zu sehen.

»Laß uns weiterfahren«, sagt Fabian zum zweiten Male. »Zeig mir doch jetzt die Karpfenteiche. Es wird bestimmt spannend.«

Frank Mellenthin, ein aufgeweckter, wissensdurstiger Junge, erliegt der Verlockung. Mutter hatte ihn zwar auch heute wieder ermahnt, nicht mit fremden Männern mitzugehen, aber das war ja kein Mann. Es war auch so ein Junge wie er, nur ein bißchen älter. Zudem: Mutter war weit, und warum sollte er nicht einfach ein wenig helfen?

Sie biegen gleich nach dem Bahnübergang links ein. »Wir wollen sehen, ob da hinten in dem kleinen Nadelwäldchen nicht auch so ein See ist!« ruft Fabian seinem Gefährten zu und übernimmt die Führung. Fabian fährt auf dem schmalen Weg, der parallel zur Eisenbahnlinie verläuft, voran und ist in ausgelassener Stimmung. Er fährt recht zügig, so daß Frank wieder der Novemberwind um die Ohren saust.

Die Fahrt ist kurz, es ist ja gar nicht weit bis zum Nadelwäldchen. Hier lehnen sie ihre Fahrräder an einen Baum. Fabian geht voran, Frank zögert. Irgend etwas stimmt hier nicht, denkt er. Er klappt sein Taschenmesser auf, steckt es in den Ärmel – und geht hinterher. Fabian aber treibt Frank ganz geschickt immer weiter ins Unterholz.

»Hier ist kein See, ich geh jetzt nach Hause«, sagt der schon kleinlaute Junge gerade in dem Moment, als Fabian seine Brille abnimmt und sie auf einen Baumstumpf legt, der mit Pilzen bewachsen ist. Frank dreht sich um und geht, aber er kommt nicht weit. Von hinten stürzt sich Fabian auf ihn, reißt ihn zu Boden. »So, jetzt habe ich dich!« schreit der Täter ihm ins Gesicht.

Frank setzt sich energisch zur Wehr, aber das Messer trifft nicht. So kratzt er und beißt Fabian in die Hände. Dieser hat sein Opfer unterschätzt: Es ist größer und kräftiger als Jörg Schrader – und bewaffnet. So muß der Täter stärker zupacken Würgen. Seinem Opfer zwischen die Beine und an die Schenkel treten. Kampfunfähig machen.

»Sag mal, spinnst du? Was soll denn das!« schreit Frank Mellenthin. Keine Antwort, nur neue Angriffe. Nur neues Würgen. Der Junge wehrt sich, so gut er kann. Seine Schreie hört niemand. Der Zug, auf den er gewartet hatte, fährt gerade vorbei.

Für einen Moment kann sich Frank losreißen, aber eine Chance zur Flucht hat er in diesem Gelände nicht. Nach 20 Metern ist er wieder in Fabians Gewalt. Er wird von seinem Peiniger zu Boden gestoßen und fällt auf den Rücken, Fabian setzt sich auf seinen Brustkorb und würgt von neuem. In dieser Lage bekommt Fabian auch Gewalt über das Messer und verletzt den Jungen am Hals.

Wie durch ein Wunder kann Frank sich erneut losreißen. Er läuft um sein Leben. »Nein«, keucht der Junge, »ich will nicht. Warum willst du mich umbringen???«

Doch nur wenige Meter weiter gibt er auf. Er kann nicht mehr, die Beine versagen ihren Dienst. Vor Angst kann er sich gar nicht mehr bewegen. Fabian kommt mit dem Messer in der Hand herangekeucht.

»Warum willst du mich umbringen? Tu's nicht«, winselt Frank. Nun endlich kann er in Todesangst heulen. »Aber warum willst du mich umbringen? Ich habe dir doch nichts getan! Warum ich? Warum ich?«

Fabian rührt sein Opfer nicht mehr an. Er dreht sich ein wenig zur Seite und beobachtet den Jungen aus den Augenwinkeln. Gleich neben ihm liegt ein armdicker Knüppel.

»Ich habe vor einem Jahr schon mal einen umgebracht, den Jörg Schrader, von dem hat dann doch alle Welt gesprochen. Ich mache mit dir kurzen Prozeß. Glaub es mir«, stottert Fabian.

Frank Mellenthin kann keinen Zweifel haben, daß Fabian

der schon lange gesuchte Mörder ist, dem er nun auch in die Falle getappt ist. Der Junge zittert und friert.

Jetzt steht Fabian vor ihm. Der andere Junge wurde mit einem Eisenrohr erschlagen, durchzuckt es Frank, und ich? Er weint bitterlich. »Warum? Warum?« schreit er mit letzter Kraftanstrengung heraus.

Fabian steht vor ihm und denkt nach. Ja, warum eigentlich? Er läßt das Messer mit einer großen Geste auf den Waldboden fallen.

»Ich bin homosexuell veranlagt. Bei blonden Jungs raste ich immer aus«, sagt er nach einer Weile ganz ruhig. Dann erzählt er Frank seine Lebensgeschichte, vom Umzug nach Blankenburg und von seinen sexuellen Nöten. Sein Bericht endet mit den Worten: »Bring mich zur Polizei. Das muß aufhören.«

Sie laufen, beide blutbeschmiert, wieder zurück – zur Brille und zu den Fahrrädern.

»Weißt du, wo man hinfahren kann?« fragt Fabian.

Frank überlegt. »In Buchholz ist ein Revier. Ein anderes kenn ich nicht. Ich bring dich hin. Aber wir schieben!«

Fahrradschiebenderweise gehen die beiden zur Hobrechtsfelder Chaussee vor, überqueren Bahnübergang und die Autobahn des Berliner Rings, und schon sind sie auf der Bucher Straße. Das Feld auf der rechten Seite ist abgeerntet. Sie sprechen kaum miteinander. Ein paar hundert Meter vor dem Ende des Feldes bleibt Fabian stehen. Er denkt nach. Frank kennt diese Stelle. Alle in dieser Gegend wissen es: Ein Stück in das Feld hinein, da wurde Jörg Schrader bestialisch erschlagen. Und Frank Mellenthin bringt den Mörder jetzt zur Polizei.

»Komm jetzt«, sagt der Junge. »Das muß endlich aufhören.«

Sie trotten weiter. Frank geht und geht und weiß vielleicht gar nicht, in welcher Gefahr er sich befindet und was er macht. Aber objektiv ist er quasi wie ein Katalysator, der eingreift und befördert, aber nicht entscheidet, der gar nicht entscheiden kann. Das kann nur Fabian, der dabei ist, kathartische Prozesse ins Laufen zu bringen. Im wahrsten Sinne des Wortes.

Sie erreichen den Findling, überqueren auf einer Brücke den Autobahnzubringer zum Dreieck Pankow und sind schon in

Buchholz. An der Einmündung gehen sie links die Hauptstraße herunter, die in die Berliner Straße übergeht. Rechts kommt das Postamt, und irgendwann, nach einem sehr langen Fußmarsch von knapp sechs Kilometern, gehen Fabian und Frank gegen 16 Uhr in das Volkspolizei-Revier, nachdem sie die Räder an der Hauswand abgestellt haben.

Der diensthabende Polizist kümmert sich, so gut er kann, um die Wunden des Jungen und hört sich die Berichte der beiden an. Und verständigt die Kripo.

Der Mörder vom Maisfeld hat sich gestellt. Dank des couragierten Verhaltens von Frank Mellenthin, dem aber auch das Glück zur Seite stand. Auf diesem langen Weg hätte es sich Fabian zu jeder Zeit noch anders überlegen können ...

Klar, daß Frank dann sofort einem Arzt vorgestellt wird. Das ärztliche Gutachten stellt multiple Kratz- und Schürfwunden an den Händen und Schultern fest, Würgemale am Hals, Verletzungen am Hodensack sowie eine oberflächliche Stichwunde an der linken Halsseite. Wunden, die schnell heilen werden, unendlich schneller als jene in der Seele.

Die erste Vernehmung des nicht vorbestraften Fabian Kannegießer wird durch Oberleutnant der K Taubitz geführt.

Der Beschuldigte ist zum Mord an Jörg Schrader und zum versuchten Mord an Frank Mellenthin voll geständig. Er nennt Details, die nur der Täter wissen kann, er ist kooperativ. Seinen Vorsatz, daß dieses Morden aufhören muß, hat er, trotz seiner inneren Zerrissenheit, ernst gemeint. Er hatte dem Jungen dann vertraut, daß er den richtigen Weg finden wird, und ist mit ihm zur Polizei gelaufen. Er habe auf diesem weiten Weg, so sagt er aus, nicht einmal daran gedacht, den Jungen in das Gebüsch zu zerren und umzubringen oder wenigstens die Flucht zu ergreifen, um sich der »Zuführung« zu entziehen. Nein, er will damit endgültig Schluß machen.

Der 19jährige, gehemmt wirkende Fabian Kannegießer benennt auch die Motive seines Handelns. Mit Mädchen und Frauen lief nichts. Irgendwann war er auf einen bestimmten Knabentyp fixiert – ungefähr zehn Jahre alt, schlank und blond. Und genau mit solchen Jungen wollte er so gerne schmusen.

Fabian Kannegießer, der mit seinen Eltern in einem Haus wohnt, das nur drei (!!!) Grundstücke entfernt vom Bungalow der Familie Schrader steht, gibt zu, schon immer ein Auge auf diesen hübschen blonden Jungen geworfen zu haben. Sie kannten sich auch recht gut. Am 6. September 1986 hatte der spätere Mörder den Jungen in ihrem Wohngebiet getroffen und ihn gefragt, ob sie nicht gemeinsam Fahrrad fahren wollen.

Das weitere ist im wesentlichen bekannt; die ursprünglichen Versionen der Kriminalisten bestätigen sich. Fabian Kannegießer hatte im Maisfeld die körperliche Nähe des Jungen gesucht, wollte ihm das T-Shirt ausziehen, ihn umarmen. Aber die sexuelle Annäherung mißlang, der Knabe setzte sich energisch zur Wehr. Da mußte Fabian ihn würgen, bis zur Bewußtlosigkeit. Als der Junge dann auf dem Boden lag, nahm er das Eisenrohr, welches sich zufällig ganz in der Nähe befand, setzte es dem Kind quer vor den Hals und drückte kräftig zu. Dann schlug er hemmungslos mit dem Eisenrohr auf den leblosen Körper des Jungen ein.

Fabian Kannegießer gibt zunächst an, den Jungen aus Angst vor Entdeckung getötet zu haben. Das Abnorme, das Anderssein, die sadistische Triebrichtung, die Lust am Töten – all das will er nicht zugeben, will er verdrängen. Später, vor allen Dingen bei der forensisch-psychiatrischen Exploration, erzählt er dann mehr von seinen Antrieben, seinen sadistischen Erlebensweisen, berichtet, wie die Gegenwehr des Opfers, seine ängstlichen Augen, seine Todesqual und das letzte Zucken des Körpers ihn sexuell stimulierten.

Wie sich in der späteren Analyse herausstellte, befand sich der Täter von Anfang an im Kreis der Verdächtigen, wurde dann aber einfach übersehen. Zwei Kriminalisten hatten gleich zu Beginn nachweislich im Rahmen der Zeugenermittlung das Wohnhaus der Familie Kannegießer aufgesucht. Fabian öffnete und erklärte, daß seine Eltern nicht zu Hause seien. Und mit dieser Aussage ließen es die Kriminalbeamten bewenden. Die Eltern wurden nicht gehört, und auch die im Wohngebiet allbekannte Tatsache, daß Fabian schon ein verklemmter, komischer Kauz war, gab für die beiden Kriminalisten keinen Anlaß, sich Fabian Kannegießer etwas kritischer anzuschauen oder wenigstens den Auswertern der MUK einen dringlichen Hinweis zu geben. Wie wir nun wissen, hätte dieser eklatante Ermittlungsfehler beinahe einen weiteren Mord begünstigt.

Fabian Kannegießer ist mit der Sache nicht so richtig fertig geworden – wie konnte er denn auch. Sein Gewissen hatte ihn nach dem Mord ständig bedrängt, und nur so ist es wohl zu erklären, daß er sich von einem 12jährigen hat vorläufig festnehmen lassen. Anderenfalls hätte sich ein gefährlicher Serientäter entwickeln können.

In der Untersuchungshaft malte er ständig irgendwelche Bilder. Jörg Schrader, Kreuze über ihm, und Fabian darüber stehend. Bei der Tatortrekonstruktion, die mit Video aufgezeichnet wurde, geriet der Beschuldigte derart in Rage, daß er mit einem Eisenrohr, dem Tatwerkzeug ähnlich, die für die Rekonstruktion benutzte Puppe total zerschlug. Er war völlig im Rausch. Das war für alle Anwesenden, auch für die zuständige Staatsanwältin Schwäblein von der Generalstaatsanwaltschaft Berlin, sehr beeindruckend.

Fabian Kannegießer wurde wegen vollendeten und versuchten Mordes zu einer Freiheitsstrafe von 15 Jahren mit anschließender Einweisung in eine psychiatrische Einrichtung verurteilt.

Frau Engelbert, eine Nachbarin der Familie Schrader, war Zeugin der Verhandlung im Frühjahr 1988 am Stadtgericht Berlin, Littenstraße 14/15. Unerfahren in Gerichtssachen, dachte sie, der Mörder würde in zwei Stunden abgeurteilt werden, aber es zog sich hin. Von 9 bis 16 Uhr wurde prozessiert. Die Eltern von Fabian Kannegießer waren wie die von Jörg Schrader nicht zugegen. Als Zeuge sagte Frank Mellenthin aus. Es war frappierend: Frank Mellenthin und Jörg Schrader, das hätten fast Geschwister sein können. Der gleiche Typ, eine große Ähnlichkeit im Aussehen. Sicher, der Zeuge Mellenthin war älter und ein wenig kräftiger, aber immer noch sehr schlank. Ein Beweis dafür, mit welcher Stärke Fabian Kannegießer auf einen bestimmten Knabentyp fixiert war.

Der Täter selbst antwortete mit großer Gefühlskälte auf die Fragen des Richters. Das war Frau Engelberts Eindruck, der sie am meisten betroffen machte. Selbst über Einzelheiten des von ihm verübten brutalen Mordes an Jörg Schrader berichtete er distanziert und ohne Emotionen. Und offensichtlich auch ohne Reue. Oder schien es nur so?

Frank Mellenthin jedenfalls, der sich auf einem wirklich sehr alten Drahtesel den Wind in die Haare hatte wehen lassen, erhielt als Dank für seine großartige Tat auf dem Fahnenappell seiner Schule von der Kriminalpolizei ein nagelneues Fahrrad – mit allen Raffinessen.

Fahndung nach einem Vergewaltiger

Am 30. Juni 1986 gegen 1.30 Uhr fuhr die D-Schicht der Diensthabenden Gruppe der Kriminalpolizei mit ihrem Transporter Typ »Barkas« von der Dienststelle Rummelsburg in Richtung Schöneweide. Am Adlergestell, der südlichen radialen Hauptausfallstraße Ost-Berlins, sei kurz nach Mitternacht eine Frau vergewaltigt worden, die Geschädigte säße auf der Volkspolizei-Inspektion Treptow am Sterndamm.

»Wißt ihr überhaupt«, wollte der historisch interessierte Chef der Truppe, Hauptmann Ehrlich, etwas triumphierend wissen, »warum das Adlergestell Adlergestell heißt?« Der Ermittler Hauptmann Wieke, der den Transporter führte, sagte nur kurz »Keine Ahnung«, während Oberleutnant Ottmann auf einem der hinteren Sitze damit beschäftigt war, seine Tasche mit den Utensilien des Kriminaltechnikers einer Generalinventur zu unterziehen. Folglich schwieg er. Es war klar, daß Ehrlich den Tatort jetzt mal wieder geschichtlich erläutern würde.

»Brandenburgisch heißt stell oder gestell ein durch Aushauen des Holzes hergestellter Weg im Walde oder auch einfach nur Schneise. Unsere Altvordern haben also die Straße hier in den Wald gehauen, in dem es offenbar viele Adler gegeben hat. Und«, fügte er nach einer kleinen Pause etwas bedauernd hinzu, »heute haben wir hier kaum noch Wald, geschweige denn ein paar Adler. Nur noch eine Vergewaltigung.«

Wieke lenkte das Fahrzeug sicher zum Einsatzort. »Und mach nicht wieder so einen Mist wie beim letzten Mal«, sagte Ehrlich zu ihm, »du weißt, das kann uns den Täter kosten.«

»Ja, ja«, brummte Wieke, »ich paß' schon auf.« Er parkte den Transporter direkt vor der VPI, schloß das Auto gewissenhaft ab, als der Kriminaltechniker Ottmann mit seinen Koffern endlich ausgestiegen war. Beim letzten Einsatz waren dem Ermittler beim Zuschließen die Autoschlüssel heruntergefallen – durch die Öffnungen eines Gullydeckels in die städtische Kanalisation. Ohne Frage, die Kriminalisten hatten sich damit selbst mattgesetzt und konnten die heiße Spur nicht mehr verfolgen. Eine schwere Blamage.

Ehrlich ließ sich rasch vom diensthabenden Kriminalisten den Sachverhalt erläutern. Ein Einsatzfahrer des DDR-Fernsehens hatte mit seinem Pkw einen Gast zum Flughafen Berlin-Schönefeld gebracht und war stadteinwärts auf dem Heimweg, als auf dem menschenleeren Adlergestell in Höhe des S-Bahnhofs »Betriebsbahnhof Schöneweide« auf der rechten Seite plötzlich eine halbnackte Frau wild gestikulierend auftauchte. Er hielt an, und sie berichtete, daß sie soeben vergewaltigt worden sei. In eine Decke eingehüllt fuhr er die Frau zur nächsten Volkspolizei-Dienststelle.

Gegenüber dem Kriminaldienst der Volkspolizei-Inspektion Treptow brachte die Geschädigte dann folgende Darstellung: Sie hatte eine gute Freundin in der Vimystraße besucht, und entgegen ihrer sonstigen Gewohnheit war sie nicht zum S-Bahnhof Adlershof gegangen, sondern zum Betriebsbahnhof Rummelsburg, um von dort zum Alexanderplatz zu fahren. Es lief sich schlecht; links und rechts des Adlergestells zogen sich wegen Kabelverlegungsarbeiten tiefe Gräben. In dem Moment, als sie die Straße zum Bahnhof überqueren wollte, stand plötzlich ein unbekannter Mann vor ihr. Er hielt ihr den Mund zu, zerrte sie über den Graben und vergewaltigte sie. Über den konkreten Tatablauf wollte sie dem Kriminaldienst keine genaueren Angaben machen; es war ihr sichtlich peinlich, darüber zu sprechen. Nach dem Verbrechen verließ der Täter fluchtartig den Ort des Geschehens in Richtung der S- und Fernbahnstrecke, die parallel südöstlich zum Adlergestell verläuft.

Die 40jährige und ledige Birgit Grundolf, die im Besucherraum mit einem blauen Auge, VP-Kleidung und in eine Decke eingehüllt hockte, bestätigte noch einmal den allgemeinen Tathergang. Dem Hauptmann fiel sofort auf, daß ihre Jacke an der Vorderseite stark verschmutzt war.

»Hören Sie zu«, sagte Ehrlich zu ihr, »Ihnen ist heute großes Leid zugefügt worden, und ich bin dafür verantwortlich, daß wir den Täter kriegen und einsperren. Und deshalb muß ich alles bis ins Detail wissen, auch wenn es unangenehm ist, darüber zu sprechen. Das verstehe ich ja. Also, sagen Sie mir bitte, wie hat die Vergewaltigung konkret stattgefunden?«

Birgit Grundolf druckste herum. Dieser Hauptmann war ihr nicht sympathisch, viel zu direkt und wenig einfühlend. »Normal« – mehr fiel ihr zu dieser Frage nicht ein.

»Eine Vergewaltigung kann doch nicht normal sein. Sie wissen, was ich meine. Ich frage Sie also noch einmal: Wie hat die Vergewaltigung konkret stattgefunden?«

Die Frau war geschändet worden, und die Sache mußte nach ihrer Auffassung aufgeklärt werden. Punkt. Was sollten jetzt noch diese ganzen Details?

Aber der Hauptmann ließ nicht locker. Detailleere, das wußte er nur zu gut, kann auch ein Hinweis auf eine vorgetäuschte Vergewaltigung sein, und das war in seinem Kriminalistenleben ja auch schon vorgekommen. Er erinnerte sich an die »Vergewaltigung« in der Bänschstraße in Friedrichshain im Keller des Hauses, von der die mutmaßliche Geschädigte nur zu berichten wußte, daß sie viermal zum Orgasmus gekommen war.

Schließlich wurde von Birgit Grundolf, so unangenehm ihr dieser Bericht auch war, der Tatablauf auf Drängen Ehrlichs wie folgt konkretisiert: Nachdem er sie über den Graben gezerrt hatte, warf er sie rücklings zwischen einen Bauwagen und eine große Kabeltrommel. Er riß ihr die Hose und den Schlüpfer – beides mußte sich noch am Tatort befinden – vom Leibe und vergewaltigte sie. Jegliche Gegenwehr unterdrücke er mit brutalen Schlägen ins Gesicht. Und sie hatte in der Tat wenig Bewegungsfreiheit, um aus dieser Situation auszubrechen: Zwischen der Kabeltrommel und dem Rad des Bauwagens, wo sie zum Liegen kam, war nur ca. ein halber Meter Platz!

Oberleutnant Ottmann steckte seinen Kopf zur Tür des Besucherraumes herein. »Ich fahr jetzt mit Thomas zum Tatort«, sagte er zu Ehrlich, »aber vorher guck ich mir noch die Kleidung der Geschädigten an.«

»Sehen Sie«, sagte Hans Ehrlich zu Birgit Grundolf, »und

auch deshalb habe ich Sie so konkret befragt. Wenn der Täter mit Ihnen Körperkontakt hat, dann übertragen sich oft Substanzen, die an seiner Kleidung oder Haut sind, auf Ihre Kleidung oder Haut. Und genau deshalb muß der Kriminaltechniker Ihre Kleidung genau inspizieren. Und vielleicht gibt es auch Substanzen vom Tatort, die sich auf die Bekleidung des Täters und des Opfers übertragen haben. Und bevor das Kriminaltechnische losgeht, sagen Sie mir doch noch, wie der Kerl ausgesehen hat.«

Eine präzise Personenbeschreibung konnte sie nicht geben, denn nur der Mond hatte schwaches Licht gespendet. Aber Ehrlichs Gesicht verriet dennoch, daß er in seinem Kopf auch ohne genauere Daten zum Aussehen des Täters die Fahndungsansätze durchspielte. Männlich, ist klar, ca. 35 Jahre alt, so 175 Zentimeter groß, schlank, keine Brille, der Täter roch nach Schweiß, Knoblauch und Öl und hatte eine Art Felduniform an. »Und«, fügte Birgit Grundolf hinzu, »er könnte ein Eisenbahner gewesen sein.«

»Wie kommen Sie denn darauf?« zweifelte Ehrlich.

»Nun, hier wimmelt es doch nur so von Eisenbahnern.«

Das werden wir sehen, dachte Hans Ehrlich. Viele Reichsbahnbetriebe sind in der Nähe, Bahnhöfe auch, das stimmt, aber ob es denn gleich ein Eisenbahner gewesen sein muß?

»Was hat er gesagt, wie hat er gesprochen, mit Akzent oder wie?« wollte der Kriminalist weiter wissen.

»Nichts, gar nichts hat er gesagt.« Und nach einer kurzen Pause: »Seine Drohungen waren ja verständlich genug.«

»Ich muß telefonieren«, sagte der Hauptmann und verschwand. »Fangt mal schon an.«

Die Verbindung zum Kriminaldienst im Präsidium der Volkspolizei war schlecht. »Charly«, schlug Ehrlich vor, »ruf mal zurück. Ich versteh nix.«

Während der Schichtführer wartete, ging ihm einiges durch den Kopf. Daß Vergewaltiger reinweg gar nichts sagen, war ihm nicht sehr oft begegnet. Im Gegenteil. In seiner nun schon 20jährigen Kriminalistenlaufbahn hatte er welche gefaßt, die bei dem Verbrechen außerordentlich gesprächig waren. Die dabei förmlich das Herz auf der Zunge trugen. Aber einmal gab es den Schweigsamen schon. Er erinnerte sich, vor vielen Jahren war durch Kriminalisten einer Volkspolizei-Inpektion ein solcher erwischt worden, und siehe da, es war ein Angehöriger der Roten Armee gewesen. Der wußte, warum er schwieg. Auch andere Fälle fielen Ehrlich ein. Im Oktober 1982 hatte ein 20jähriger eine 39jährige Frau im Hochparterre ihrer Wohnung vergewaltigt und beraubt. Alles geschah, ohne daß der mit einem schwarzen Damenstrumpf maskierte deutsche Täter nur ein Wort sprach; er wollte nicht an der Stimme erkannt werden.

Da sich Charly immer noch nicht meldete, kritzelte Ehrlich etwas auf ein weißes Blatt Papier, das auf dem Schreibtisch lag, an dem er nun Platz genommen hatte. Ihm fiel ein, was ein sowjetischer Professor namens Ratinow in seinem Buch »Forensische Psychologie für Untersuchungsführer« über den falschen Gebrauch von Analogien geschrieben hatte: Die eigene Erfahrung ist trügerisch, wenn man nicht kritisch mit ihr umgehen kann. Dennoch war er sich sicher, daß ein Angehöriger der Sowjetarmee der Vergewaltiger war. Und so malte er einen fünfeckigen Stern auf das Blatt.

Die Sache mit dem Sowjetsoldaten ist doch gar nicht so schlecht, sinnierte er weiter. Bei früheren Einsätzen zählte es immer als aufgeklärte Straftat, wenn zum Beispiel der Fährtenhund zu einem Objekt der Roten Armee lief. Dann waren die Ermittlungen beendet. Gerüchteweise war zu vernehmen, daß MfS-Chef Mielke wohl Anfang 1984 beim Oberkommandierenden der Sowjetischen Streitkräfte in Deutschland, Armeegeneral Michail Saizew, interveniert hatte und Verzögerungen bei der Aufklärung von Straftaten durch seine Soldaten und Offiziere beklagte. Verbesserungen der Zusammenarbeit waren in Aussicht genommen worden, aber welche? Das wollte er ja gerade von Charly, der in Wirklichkeit Hauptmann der K Karl-Heinz Barth hieß, erfahren.

Endlich meldete sich die Zentrale. Charly informierte, daß er den Fährtenhundeführer nun endlich erreicht habe und dieser unterwegs zum Tatort sei. »Ich denke, den Hund brauchen wir nicht mehr«, sagte Ehrlich, »aber schick ihn trotzdem. Dann kann man uns nicht den Vorwurf machen, wir hätten nicht alles versucht. Aber, ich sag dir, der Zug ist schon abgefahren.«

Charly verstand nur Bahnhof und verlangte dienstlich streng nun endlich eine anständige Lagemeldung.

»Also, die sollst du haben. Wann? Gegen 0.25 Uhr. Wer? Unbekannt, wahrscheinlich ein Angehöriger der Roten Armee, sagt die Geschädigte. Wo? Am Adlergestell, ca. 15 m von der Fahrbahn entfernt, links stadtauswärts ...«

»Was, ein Russe? Wie kommst du denn darauf?«

»Frag nicht so viel, mach dich jetzt mal nützlich. Ein solcher unser Freund, das ist fast sicher. Wahrscheinlich einer, der vielleicht Panzer oder Lastkraftwagen oder Schützenpanzerwagen oder so etwas repariert. Die Geschädigte hat nicht viel wahrgenommen, aber Öl und Knoblauch gerochen – und eine Felduniform oder so etwas gesehen. Die Kleidung des Opfers weist irgendwelche fetthaltigen Schmierstoffe auf, die mit Sicherheit vom Täter stammen. Also einer, der den ganzen Tag gewerkelt hatte und nun noch ein bißchen Abwechslung suchte. Ich weiß von einem anderen Fall, daß fast gegenüber auf Nebengleisen Truppentransporte und andere Züge der Sowjets Zwischenstation machen. Du müßtest jetzt mal den Diensthabenden der Militärstaatsanwaltschaft anrufen, ich brauche ganz schnell eine Information darüber, ob und wenn ja, welcher Truppentransport hier von wann bis wann gestanden hat und wo sich dieser Zug jetzt befindet. Ich sage dir, ich stiefele hinterher und finde den Schurken, denn die Geschädigte erkennt ihn mit Sicherheit wieder.«

Charly war nicht begeistert vom Anliegen des Hauptmanns. »Es soll jetzt zwar eine bessere Zusammenarbeit geben, aber ... Versuchen wir's.«

Mit der Geschädigten fuhren sie zum Tatort. Unterdessen war es fast schon halb drei. An der Kleidung des Opfers hatte der Techniker Faserspuren und Schmierstoffe gesichert.

»Die Geschädigte muß jetzt unbedingt noch zum Arzt«, sagte Ottmann. Aber Ehrlich befand, daß dies noch Zeit hatte.

Diese dringenden Sofortmaßnahmen hätten immer Vorrang.

Der Tatort war durch Kollegen der Schutzpolizei ordnungsgemäß gesichert worden. Oberleutnant Ottmann machte sich auf Spurensuche, fand Schlüpfer und Hose von Birgit Grundolf und den eigentlichen Tatort, der so war, wie die Geschädigte ihn beschrieben hatte. Interessanterweise befand sich an der Achse der Kabeltrommelaußenseite reichlich Schmierfett, um das dicke und schwere Kabel, mit der Trommel auf eine entsprechende Winde gespannt, gut abrollen zu können. So ließen sich die fetthaltigen Stoffe auf der Bekleidung der Geschädigten erklären, und mit aller Wahrscheinlichkeit mußten sich derartige Spuren auch auf der Kleidung des Täters befinden. Eine gerichtschemische Expertise könnte dann für die Beweisführung zweifelsfrei feststellen, daß die gesicherten Stoffe identisch sind in dem Sinne, daß sie von der geschmierten Achse der Kabeltrommel stammen. Kriminalistisch war noch bedeutsam, daß Schmierstoffe veralten und sich verbrauchen, also funktional in unterschiedlichen Abständen »nachgefettet« werden muß, bestimmte Witterungseinflüsse kommen hinzu, so daß die Zusammensetzung des Fettes aller Wahrscheinlichkeit nach höchst individuell war. Eine Sternstunde der Kriminalistik stand bevor, denn wenn dies so wäre, dann hätte der Vergewaltiger kaum noch eine Chance, die Tat zu leugnen.

Der Ermittler Hauptmann Wieke ging auf Zeugensuche – um diese Uhrzeit eine recht undankbare, eigentlich aussichtslose Arbeit. Ehrlich erwartete zwar, daß in der Sommer- und Ferienzeit einige Kleingartenbesitzer in der Kolonie »Am Adlergestell«, an der Birgit Grundolf ja vorbei mußte, noch beim Feiern waren. Vielleicht gab es doch indirekte Zeugen?

Und Ehrlich befragte die Geschädigte weiter und ließ sich am Tatort noch einige Details erklären. Ab und zu ging er mit ihr zum »Barkas« zurück, der in einem Abstand von ca. 100 Metern abgestellt war, um zu überprüfen, ob sich Charly unterdessen gemeldet hatte.

Schon von weitem dröhnte das Funktelefon. Ehrlich stürzte an den Hörer. Ja, es war Charly. »Die Genossen der Kommandantur Karlshorst waren sehr kooperativ. Also, es haben zwei Züge der Russen, Entschuldigung, der Freunde, hier gehalten. Der eine ist gegen Mitternacht in Richtung Neustrelitz weiter, und der kommt ja auch von der Tatzeit kaum in Frage. Ein anderer Zug mit Geschützen drauf hat auf einem Gleis am Betriebsbahnhof Schöneweide von 18 Uhr bis zirka halb eins Zwischenhalt gemacht. Der ist schon interessanter. Der Zug bewegt sich jetzt in Richtung Süden. In Königs Wusterhausen gibt es erstmals wieder die Möglichkeit, den Zug zu stoppen. Fahre dorthin mit der Geschädigten. Die Potsdamer Polizei ist informiert, ihr könnt dort handeln. Der sowjetische Militärstaatsanwalt ist ebenfalls vor Ort. Er erwartet dich.«

»Siehst du«, sagte Ehrlich, »es geht doch. Ich fahre los. Ottmann lasse ich am Tatort, und Wieke auch, wenn er noch in der Gegend herumschwirrt.«

Der Ermittler schwirrte nicht mehr herum. In dem Moment, in dem Ehrlich den Hörer aufgelegt hatte, trat jener aus dem Dunkel hervor und fuchtelte mit seinem Aufzeichnungsbuch. »Hans, es gibt einen Zeugen. Hier sind seine Personalien.« Jetzt tippte er mit dem Zeigefinger auf seine Hieroglyphen, die er doch nur allein lesen konnte. »Der Zeuge hat eine verdächtige Person in der Kleingartenanlage zweimal gesehen, und zwar gegen 23 Uhr und dann noch mal so kurz vor Mitternacht. Ein ca. 40 Jahre alter Mann in einer unauffälligen Uniform, wie eine Tarnkleidung, streunte durch die Kleingartenanlage. Beim zweiten Mal schien es dem Zeugen, daß dieser den Bungalow einer alleinstehenden Frau beobachte. Er habe: ›Was machen Sie denn da?!‹ gerufen, der Unbekannte ist daraufhin sofort zwischen den Hecken verschwunden.«

»Gut«, sagte Ehrlich sichtlich trocken, »sag Ottmann Bescheid, daß wir jetzt mal schnell den Täter fangen werden, und komm gleich zurück.«

Wieke verstand nun gar nichts mehr. »Wenn ich dich so ansehe«, gab der Chef noch eins drauf, »dann verstehst du sicherlich Bahnhof. Und genau da fahren wir hin. Nach Königs Wusterhausen. Mit Blaulicht. Da hält nämlich unser Tatzug.«

Wieke fragte nicht nach, denn Birgit Grundolf war Opfer

und Zeugin zugleich, und sie sollte natürlich nicht über weitere Einzelheiten informiert werden. Und außerdem war es ihm unangenehm, die kühnen Gedankengänge und waghalsigen Unternehmungen seines Chefs wieder einmal nicht richtig verstanden zu haben. So trollte er sich mit saurer Miene davon.

Der Bahnhof in Königs Wusterhausen wirkte grau und schäbig. Es schien, daß er nur deswegen so spärlich beleuchtet war. Dünner Regen stäubte inzwischen und verwischte die Umrisse der Gebäude. Der Bahnhofsvorplatz war menschenleer, nur ein herrenloser und hungriger Hund machte sich an einem Papierkorb zu schaffen, um vielleicht einen Bockwurstrest zu finden. Nieselregen, dachte Ehrlich, ist gut für den Fährtenhund. Da läuft er bestimmt zum Punkt, an dem der Mann wieder auf den Wagen geklettert ist ...

Etwas abgelegen parkten ein schwarzer »Wolga« und ein Jeep der sowjetischen Militärpolizei. »Ihr wartet hier«, befahl Ehrlich seinen Mitfahrern. Er stieg aus und eilte mit Schwung in das Bahnhofsgebäude.

Das Funktelefon lärmte wieder. »Toni 700«, meldete sich Wieke vorschriftsmäßig. Es war Charly. Er wollte wissen, wie weit die Aktion gediehen sei.

Im »Forum der Kriminalistik« erschien 1986 ein Artikel von Major der K Dieter Rebentisch. Unter der Überschrift »Auf schnelle und richtige Entscheidung kommt es an« berichtete er als Leiter der DHG Berlin über Erfahrungen im sogenannten Ersten Angriff. Als ein gutes Beispiel der zügigen Aufklärung von schweren Straftaten führte er an: »Im Juni 1986 wurde eine bewußtlose, entkleidete weibliche Person von Bürgern aufgefunden. Es stellte sich heraus, daß sie von einem unbekannten Täter vergewaltigt worden war. Die sofort eingeleiteten Maßnahmen am Ereignisort, so die Erstbefragung der Geschädigten, die Spurensuche und -sicherung und die Ermittlungen im Wahrnehmbarkeitsbereich, erbrachten folgendes Ergebnis:
   – Hinweis von der Geschädigten, daß der Täter vermutlich eine Eisenbahneruniform trug.

– Dieser Hinweis wurde von einem ermittelten Zeugen bestätigt.

– An der Kleidung des Opfers wurden Faserspuren und fetthaltige Schmierstoffe gesichert.

Die Kriminalisten nahmen sofort Verbindung mit der zuständigen Dienststelle der Deutschen Reichsbahn auf. Das war zum einen durch die Hinweise der Geschädigten bzw. des Zeugen als auch deswegen naheliegend, weil sich der Tatort in unmittelbarer Nähe eines Objektes der DR befand. Die Ermittlungen ergaben, daß ein Bauzug der Deutschen Reichsbahn längeren Aufenthalt gehabt, inzwischen aber den Bereich verlassen hatte und sich bereits in Richtung K. bewegte. Gemeinsam mit der Geschädigten fuhren die Kriminalisten zum Bahnhof K. und ließen dort den Zug stoppen. Nach kurzer Absprache mit dem verantwortlichen Leiter erfolgte an Ort und Stelle eine Gegenüberstellung mit allen mitfahrenden Eisenbahnern und der Geschädigten. Die Geschädigte erkannte einen der Arbeiter als möglichen Täter wieder. An der Dienstbekleidung des Verdächtigen befanden sich Rückstände von Schmierstoffen. Ein erster operativer Vergleich ließ auch den Schluß zu, daß eine Faserübereinstimmung zu den an der Bekleidung der Geschädigten gesicherten Fasern bestehen könnte. Noch am Gegenüberstellungsort legte der Verdächtige ein Geständnis ab.«

Der Fährtenhund lief bis zu jenem Abstellgleis, auf dem der besagte Zug Halt gemacht hatte: Eine weitere wichtige Spur in der Indizienkette. Oberleutnant Ottmann fand noch hervorragende Fußspuren im lockeren Erdreich des Tatorts, die geradezu geeignet waren, das Geständnis des Täters abzusichern – sofern man eines hatte. Aber es war wie fast immer: Während der Kriminaltechniker noch nach verwertbaren Beweismitteln suchte, sollte sich der eigentliche Erfolg bei den Ermittlern einstellen, die dem Täter ganz dicht auf der Spur waren.

Die sowjetischen Kollegen jedenfalls warteten auf dem Bahnsteig, und kurz nach Ehrlichs Eintreffen sahen sie auch schon die Lichter der herannahenden Lokomotive. Der Zug hielt wie selbstverständlich an; ein planmäßiger Halt war ja vorgesehen.

Kurze Verständigung zwischen dem sowjetischen Militärstaatsanwalt und dem Chef des Zuges. Ehrlich fiel auf, daß auf der Hose des Kommandanten im vorderen Oberschenkelbereich Fettflecken waren und daß offenbar versucht wurde, sie zu entfernen. Die weißen Ränder verrieten dies zusätzlich. In Windeseile traten sämtliche Offiziere, auch der Kommandeur, und Soldaten auf dem Bahnsteig an, vielleicht zwanzig, den Rücken zum Zug. In dieser Stellung verharrten sie diszipliniert, bis Birgit Grundolf, etwas verschüchtert und übermüdet, mit Wieke erschien, der ihr im Gehen noch rasch die Aufgabe der Identifizierung erläuterte. »Nein«, hatte sie noch Zeit zu sagen, »es war bestimmt ein Eisenbahner. Kein Russe. Mit Sicherheit nicht.«

Nur das Schnaufen der Dampflokomotive war zu hören, als sie die Reihe langsam abging. Die Planen der abgedeckten Geschütze und Fahrzeuge, die auf Plattformwagen standen, glänzten im Nieselregen. Birgit Grundolf blickte fast stoisch in jedes Gesicht. Es waren hübsche Jungen drunter, die eingeschüchtert und verlegen ihrem Blick auswichen. Wie lange mag er keine Frau gehabt haben, dachte Birgit Grundolf bei einem ganz jungen Soldaten, der ihr irgendwie sympathisch erschien. Der nächste gefiel ihr gar nicht, aber er war nicht derjenige. Und obwohl Wieke sie gebeten hatte, auch im Falle einer Wiedererkennung keine spontane Reaktion zu zeigen, sondern das Ergebnis danach den Kriminalisten mitzuteilen, schrie Birgit Grundolf laut auf, als sie am Ende der Schlange den Täter erblickte. »Das ist der Mann!« rief sie. »Ich erkenne ihn ganz genau!«

Es war der Kommandeur des Zuges. Der sowjetische Militärstaatsanwalt fragte ihn scharf, ob er es wirklich gewesen sei. »Da, ja sdjelal«, war in einer ausweglosen Situation seine unmißverständliche Antwort – ein Geständnis.

Was aus diesem Offizier geworden ist, weiß Thomas Wieke nicht zu berichten. »Man hat ja schlimme Dinge gehört, wie die mit ihren Leuten umgesprungen sind. Vielleicht haben sie ihn in Moskau zum Tode verurteilt, das liegt doch im Bereich des Möglichen. Als Offizier im ›Bruderland‹ ein schweres Verbrechen begehen, das die Sowjetarmee in Mißkredit brachte, das war so ziemlich das Schlimmste, was passieren konnte.«

Und nach einer Pause sagt der damalige Ermittler: »Diese Wiedererkennung auf dem Bahnhof in Königs Wusterhausen, die werde ich mein ganzes Leben nicht vergessen. Und die schadenfrohen Gesichter der einfachen Soldaten.«

Der einstige Major der K Dieter Rebentisch lächelte milde, als er auf seinen Artikel angesprochen wurde. »Ein Eisenbahner mußte herhalten,« meint er dazu, »weil ein sowjetischer Offizier ja niemals kriminell werden durfte.« Er hatte eine andere Darstellung versucht, aber die ließ man ihm nicht durchgehen.

In einem streng geheimen Bericht des Ministeriums für Staatssicherheit aus dem Jahre 1984 über die Kriminalität von Angehörigen der Sowjetarmee wird ein zunehmend brutaleres Vorgehen von Soldaten, Unterführern und Offizieren konstatiert; deutsche Zivilisten würden zunehmend beschimpft, bedroht und körperlich mißhandelt. 1981 erfaßte das MfS 2.174 Straftaten von sowjetischen Armeeangehörigen, 1984 waren es schon 3.377. Die Delikte reichten von Diebstahl und Raub bis zu Vergewaltigung und Mord. Meist waren es junge Rekruten, die in der DDR ihren Ehrendienst ableisteten, aber viele Übergriffe liefen unter Beteiligung von Offizieren und Unterführern ab. Und manch ein Offizier trat auch als Alleintäter in Erscheinung. Tatsachen, die nicht offenkundig werden durften.

Die DDR-Justiz konnte ohnehin wenig ausrichten. Ein Regierungsabkommen zwischen der DDR und der Sowjetunion sah zwar vor, daß bei »strafbaren Handlungen« von Sowjetsoldaten »das deutsche Recht von den Organen der Deutschen Demokratischen Republik angewandt« wird. Indes, die Militärs verweigerten zumeist, die Täter herauszugeben …

1985 wurden 57 Fälle von Vergewaltigung und sexueller Nötigung registriert. Unter den Opfern waren minderjährige Mädchen und alte Frauen. Nach den MfS-Akten überfiel im August 1987 ein Soldat eine 65jährige auf einem Friedhof und vergewaltigte sie. In Halle zerrten vier Soldaten im Juli 1984 eine Passantin in einen Sanitätskraftwagen und fielen nacheinander über sie her. Wenige Tage später brachen zwei 18 und 19 Jahre alte Sowjetsoldaten nachts im Dorf Ponickau nahe Dresden in die Wohnung eines Ehepaares ein. Die Täter bedrohten den Mann mit einem Messer, und einer von ihnen vergewaltigte mehrmals dessen Frau.

Die Nachtstreife

Präsidium der Volkspolizei Berlin   Berlin, den 01. 03. 1985
Kriminalpolizei – DHG

Tatortbefundbericht:
zum Verdacht der Nötigung zu sexuellen Handlungen an der
Karla Kleingut, geb. am 01. 12. 1965 in Mirow, wohnhaft Ber-
lin-Mitte, Rosa-Luxemburg-Straße, am 1. 03. 1985 gegen 1.00
Uhr im Keller des Hauses 1020 Berlin, Mollstraße 14

Oben genannter Einsatzort wurde der D-Schicht der Dienst-
habenden Gruppe, bestehend aus dem Kriminaltechniker Ober-
leutnant Lothar Ottmann und dem Unterzeichner, über den
Kriminaldienst im Präsidium der Volkspolizei, Hauptmann der
K Barth, am 01. 03. 1985 gegen 3.00 Uhr bekannt. Mittels
Einsatzfahrzeug B 1000 wurden gemeinsam mit der Geschädig-
ten der Ereignisort aufgesucht und dieser in ungesichertem
Zustand vorgefunden. Während der Tatortuntersuchung traf der
Kriminalobermeister K. mit Fährtenhund am Ereignisort ein.
Beim Tatort handelt es sich um den Keller des Aufgangs Moll-
straße 14. Der Häuserblock Mollstraße 12 bis 14 verläuft paral-
lel der Verbindungsstraße zwischen der stadtauswärts führenden
Mollstraße und der Berolinastraße und wird hier ebenfalls als
Mollstraße bezeichnet. Die Hauseingangstür des Hauses Moll-
straße 14 ist unverschlossen und steht auf. Dieser 2,05 cm hohen
und 1,05 m breiten Hauseingangstür schließt sich ein 3,2 mal
3m großer Flur an. Vom genannten Flur geht eine ebenfalls
unverschlossene Haustür in den Treppenflur. Hier zweigt nach
ca. 1,5 m links eine Steintreppe in den Bereich des Fahrstuhles
und die oberen Etagen ab. Rechts daneben führen 11 Terrazzo-
Stufen in den Vorkellerbereich des Hauses Mollstraße 14. Hier
geht im Winkel von 90° ein 2,4 m langer Gang nach rechts ab.
Rechts und links des 1,25 m breiten Ganges weisen verschlossene
Blechtüren in weitere Kellerräume. Im Bereich zwischen diesen

beiden Türen hat sich nach Angaben der Geschädigten der Sach-
verhalt zugetragen. An der in den Vorkeller führenden gegen-
überliegenden Wand befindet sich in 2 m Höhe unmittelbar
links neben der Blechtür eine Lampe mit einem entsprechenden
Schalter. In der Lampenfassung befindet sich eine 40-Watt-
Glühbirne, die den Tatortbereich ausleuchtet. Der Kellerfußbo-
den besteht aus Beton, und es sind im Bereich des Ereignisortes
augenscheinlich keine Spuren zu erkennen, die mit der anliegen-
den Straftat in Verbindung stehen könnten. Von der Treppe (in
den Vorkellerbereich führend) führt links ein 3 m langer und
1,1 m breiter Gang zu einem verschlossenen Verschlag.
Der Hauseingangsbereich wird durch Straßenlaternen beleuch-
tet. Weiterhin befindet sich links der unverschlossenen Eingangs-
tür ein Zeit-Lichtschalter. Ein weiterer Zeit-Lichtschalter, mit
dem die Beleuchtung im Bereich des Treppenflures betätigt wird,
befindet sich an der rechten Wand hinter der zweiten Eingangs-
tür.
Die Tatortuntersuchung wurde ohne besondere Vorkommnisse
gegen 04.30 Uhr beendet. Zum Zeitpunkt der Tatortuntersu-
chung herrschte trockenes Wetter und eine Temperatur von ca.
-1°C. Im Bereich des Tatorthauses und in der sich davor befind-
lichen Straße konnte keine Personenbewegung festgestellt werden.

Ehrlich
Hauptmann der K

Die Straßenlaternen hüllten die Kreuzung Hans-Beimler-Stra-
ße/Ecke Mollstraße in ein kaltes Licht. Karla Kleingut saß trotz
der paar Gläser Sekt, die sie an diesem Abend getrunken hatte,
frierend in dem Wartehäuschen und wünschte sich nichts sehn-
süchtiger herbei als eine Straßenbahn, in der es warm war und
die sie nach diesem mißlungenen Abend wieder nach Hause
bringen würde – zu Eduard nach Weißensee, bei dem sie ab
und zu in der Klement-Gottwald-Allee 59 wohnte. Aber es war
keine Bahn zu sehen, und Autos und Menschen auch nicht.

Ein schwacher Wind kam auf. Die junge Frau im schwarzen Minirock und der eleganten schwarzen Lederjacke kauer-
te sich in eine Ecke und schlug ihren Kragen hoch. Je mehr sie

den Abend Revue passieren ließ, desto mehr fror sie. Daniel hatte sie in der Bar ganz oben im Hotel Stadt Berlin abblitzen lassen. Sie hatte sich so viel versprochen, als er sie eingeladen hatte, aber dann kam alles ganz anders. Diese rotblonde Kuh, mit der hat er den ganzen Abend getanzt! Nein, sie lasse sich nicht demütigen, sie verschwinde lieber. Und nun saß sie also hier im Wartehäuschen und hoffte, daß Eduard sie wieder aufnehmen würde, denn nach Hause zu ihren Eltern wollte sie auf keinen Fall. Karla Kleingut hatte zur Zeit keine Arbeit, kam aber auch so ganz gut über die Runden. Nur ihre Eltern störten die Harmonie und drängten sie fortwährend, ihre Lebensverhältnisse doch ein wenig zu ordnen und eine berufliche Tätigkeit aufzunehmen.

Aus Richtung Königstor näherte sich ein kleiner, dicklicher Mann. Als er näher kam, erkannte sie die Uniform: ein Bulle. Sie beachtete ihn nicht weiter. Ihr fiel ein, daß sie im Dreiländereck saß – und mit diesem Gedanken vertrieb sie sich die Zeit. Die andere Straßenseite gegenüber, das war schon der Stadtbezirk Prenzlauer Berg, sie saß im Friedrichshain, und links, auf der anderen Seite der Mollstraße, lag schon der Stadtbezirk Mitte.

Der Polizist überquerte die Grenze zwischen Prenzlauer Berg und Friedrichshain außerordentlich korrekt. Obwohl weit und breit kein Auto zu sehen war, wartete er diszipliniert, bis die Ampel auf Grün schaltete. Er startete vehement und ging nach den Straßenbahngleisen scharf nach links direkt auf das Wartehäuschen im Friedrichshain zu.

»Guten Morgen!« wünschte er der dort sitzenden und frierenden Bürgerin. »Ich bin Leutnant Buscherow. Ich führe hier eine Personenkontrolle durch, zeigen Sie mir bitte Ihren Personalausweis.«

Ach du Scheiße, dachte Karla, einen Ausweis hast du ja nie bei. »Tut mir leid«, stammelte sie, »ich habe keinen hier.«

»Das dachte ich mir«, triumphierte der Polizist. »Dann muß ich Sie bitten, zwecks Identitätsprüfung mit mir auf das VP-Revier zu kommen.«

»Wieso, wieso?« barmte Karla. »Ich hab doch überhaupt

nichts gemacht. Ich bin so müde und will endlich nach Hause.«

»Ja, das tut mir leid, daß ich Sie derart in Anspruch nehmen muß. Aber wir suchen eine Schwerverbrecherin, die von der Personenbeschreibung eine gewisse Ähnlichkeit mit Ihnen hat. Sie haben mit der Sache sicherlich nichts zu tun, aber Sie werden sicher verstehen, daß ich das auch gegenüber meinen Vorgesetzten nachweisen muß. Ich kann Sie nicht einfach auf Treu und Glauben laufen lassen. Was denken Sie, wie viele Mörder noch frei herumlaufen, weil sie nicht anständig kontrolliert worden sind. Kontrolle ist das oberste Prinzip jeglicher Polizeiarbeit. Kontrolle und Exaktheit. Sind Sie nun nach dieser Belehrung bereit mitzukommen?«

Die junge Frau erhob sich mürrisch; merkwürdigerweise spürte sie die Kälte nun gar nicht mehr. Widerwillig ging sie mit diesem Männchen in Uniform über die Straße weiter in den Friedrichshain hinein in Richtung Pablo-Neruda-Bibliothek, die sich auf der Ecke befand. »Wie heißen Sie?« wollte der Beamte wissen. Er fragte die Personalien ab und notierte alles in seinem Notizbuch, das er zuvor umständlich aus der Kartentasche herausgeholt hatte.

Der Polizist zeigte auf ein Telefonhäuschen, das auf der anderen Straßenseite vor dem Friseursalon stand – in Berlin-Mitte. Er müsse sie bei seinem Dienstvorgesetzten jetzt avisieren und gleichzeitig kontrollieren, ob das Telefon noch in Ordnung ist. Aber Karla verstand eigentlich gar nichts mehr, sie wollte nur nach Hause.

»Herr Leutnant«, flehte sie, »lassen Sie mich doch nach Hause. Ich habe nichts getan. Was soll denn das Ganze?«

»Die Fragen stelle ich!« herrschte sie der Uniformierte an und schob sie mit in die Telefonzelle. Er wählte eine Nummer, erstattete irgend jemandem Bericht und erklärte, daß er mit einer Verdächtigen aufs Revier kommen werde. Karla bemerkte jetzt, daß er sehr nach Schweiß roch. Er schob seine Schirmmütze hoch und beendete das Gespräch zackig mit »Jawoll«.

»Lassen Sie mich doch gehen«, wiederholte Karla Kleingut. »Ich flehe Sie an, beenden Sie dieses Spiel.«

»Hören Sie zu«, erwiderte der kulante Beamte, »die Sache

ist diffiziler, als Sie sich vorstellen können. Die gesuchte Schwerverbrecherin hat einen schwarzen BH um und …«

»Na, das ist doch nicht das Problem«, freute sich Karla. Sie knöpfte ihre Lederjacke und ihre Bluse so weit auf, daß der dicke Polizist in der gut beleuchteten Telefonzelle sehen konnte, daß die junge Frau einen weißen Büstenhalter trug.

»Was machen Sie denn da!« fauchte der Kontrolleur entrüstet. »Wenn mich meine Vorgesetzten kontrollieren und das hier sehen! Ich mit Ihnen in einer Telefonzelle, dicht an dicht, und Sie zeigen mir Ihren Busen. Nein, das geht doch wirklich nicht.«

»Entschuldigen Sie«, sagte Karla Kleingut. »Aber, Sie haben doch gesehen, ich habe keinen schwarzen BH um.«

Der Polizist schüttelte den Kopf. »Die Sache ist schwieriger, als Sie sich vorstellen können. Erstens können Sie sich ja unterwegs umgezogen haben, und zweitens … Ach, ich möchte Ihnen das gar nicht sagen. Kommen Sie mal lieber mit.«

Nun wollte Karla Kleingut aber wissen, was diese ominöse Verbrecherin denn angestellt hatte. »Mord«, erklärte der Polizist. »Ich sage nur: Mord. ›Töte‹ in Fachkreisen.«

Die Situation in der Telefonzelle spitzte sich insofern zu, als Karla fühlte, daß dieser Mordverdacht ihre Lage fast aussichtslos machte. Kurzzeitig schwanden ihr die Sinne; nett und freundlich öffnete der Polizist die Tür und ließ die leichtfrostige Luft hineinwehen.

Das Gespräch wurde draußen fortgesetzt. »Sie hatten noch zweitens gesagt. Was wollten Sie mir noch sagen?«

»Nun«, zögerte der Beamte, »die Tatverdächtige hat ein sehr diffiziles besonderes Merkmal.«

»Ja, und was für eins?«

Der Polizist druckste herum. »Sie hat eine Schamlippe tätowiert, und das können wir ja wohl schlecht hier auf der Straße kontrollieren. Es sei denn«, sagte er mit einiger Verzögerung, »Sie kommen mal schnell mit in einen Hausflur, ich schau mir das an, und dann können Sie nach Hause fahren.«

Karla Kleingut war mittlerweile alles egal. Sie fand, daß sein Ansinnen ein wenig unschicklich war und gegen die guten Sitten verstoße, aber sie wollte schließlich einzig und allein schnell nach Hause. Und was macht das schon, diesem dicken, schwitzenden Polizisten ein paar Intimitäten zu zeigen, wenn es die ersehnte Freiheit bedeutete. So willigte sie schließlich ein.

»Glauben Sie mir«, sagte der Polizist, »ich tu so was ungern, wissen Sie, da gibt es eigentlich ganz strenge Regeln. Eigentlich dürfte Sie nur eine Polizistin visitieren, aber ich mach bei Ihnen mal 'ne Ausnahme. Sie tun mir leid, wie Sie so frieren, da möchte ich auch, daß Sie schnell von hier wegkommen. Vorausgesetzt … Kommen Sie, wir gehen dahinten in einen Hausflur, hier auf der Straße geht's ja wirklich schlecht.«

Er ging voran, und Karla Kleingut folgte ihm in zwei Meter Entfernung. »Lassen Sie sich nicht hängen«, sagte der Polizist, als er sich umdrehte und den beträchtlichen Abstand sah, »kommen Sie, desto schneller haben Sie's hinter sich gebracht.« Karla schloß auf. Sie kam sich ziemlich blöd vor, und sie ärgerte sich, weil sie diesem Vertreter der Staatsmacht so schutzlos ausgeliefert war und immer wieder nachfragen mußte, was er denn nun wirklich meine. »Lassen Sie mich dann wirklich gehen? Was meinen Sie mit ›vorausgesetzt‹?«

Sie bogen rechts in eine Querstraße ein, die hier auch noch Mollstraße hieß. »Nun«, antwortete der Ordnungshüter, »wenn Sie derartige Tätowierungen haben, kann ich Sie natürlich nicht laufenlassen. Ist doch klar, oder?«

Das verstand Karla Kleingut, auch wenn sie in diesem Moment kaum etwas sicher wußte. Nur daß sie diese Tätowierungen nicht hatte, das stand fest wie das Amen in der Kirche.

Die Straße war von einigen Laternen spärlich ausgeleuchtet. Rechts war die Nummer 12 des Blockes mit drei Aufgängen, links kam etwas in Sichtweite, was nach einer Schule oder einer Kinderkombination oder so ähnlich aussah. Der Polizist versuchte, die Haustür zu öffnen, aber sie war fest verschlossen. Auch in der Nummer 13 wohnten ordnungsliebende Bürger. Mißmutig ging er zum Eingang Nummer 14, und siehe da, Sesam öffnete sich. Sie gingen durch den Vorraum ein paar Treppen hinunter in den Keller. Der Großvisitor schaltete das Kellerlicht und seine Taschenlampe an. Karla Kleingut war unsicher und fühlte sich elend. »Und, was soll ich denn jetzt machen?«

»Nun, ganz einfach, ich habe das schon tausendmal kontrolliert. Stellen Sie sich hier an die Wand, machen sich unten frei und spreizen die Beine, und ich guck mir das von hinten an – und fertig ist die Sache.«

Und so geschah es auch. Das Wunder der Identifizierung ließ aber lange auf sich warten. Die Geräusche, die Karla Kleingut vernahm, konnte sie nicht zuordnen. »Drehen Sie sich bitte nicht um«, sagte der Polizist wie zur Beruhigung, »wir sind gleich fertig.« Sie bückte sich jedoch langsam und schaute durch ihre Beine hindurch. Der Lichtkegel der Taschenlampe blendete sie, aber da war doch noch etwas. Sie drehte sich ruckartig um und sah, daß sich der Mann selbst befriedigte.

»Sie Schwein!« brüllte ihm Karla Kleingut entgegen. In Windeseile stopfte der Polizist sein erigiertes Glied in die Hose und stürmte die Treppen hinauf. Karla wollte gleich hinterher, hatte aber zu tun, sich wieder einigermaßen anzukleiden. Als sie endlich das Freie erreicht hatte, war er nicht mehr zu sehen.

Karla Kleingut saß auf der Bank im Barkas-Büro der Diensthabenden Gruppe und erzählte Hauptmann Ehrlich von dem, was ihr passiert war. »Eigentlich«, sagte sie, »habe ich es schon bereut, daß ich eine Anzeige gemacht habe. Ich schäme mich ja so, daß ich auf dieses Schwein reingefallen bin.«

»Wenn es Sie beruhigt«, meinte der Hauptmann, »es ist noch anderen Frauen so ergangen. Wir haben es hier mit einem Serientäter zu tun, der aller Wahrscheinlichkeit auch wirklich Polizist ist. Ihre Beschreibung stimmt im wesentlichen mit den anderen Beschreibungen überein, so daß wir davon ausgehen müssen, daß er wieder einmal ein Opfer gesucht – und leider auch gefunden hat.«

Karla Kleingut gab an, daß sie den Täter unter Millionen Männern wiedererkennen würde. Das war so ziemlich der einzige Lichtblick in diesem Fall. Am Tatort gab es keine Spuren, denn es war offenbar nicht zur Ejakulation gekommen. Der Kriminaltechniker sicherte in der Telefonzelle noch eine Geruchsspur, aber auch diese würde ja nicht direkt zu einem Täter führen, sondern höchstens zur Überprüfung herangezogen werden. Und der Fährtenhund, der seinen Ansatzpunkt in der Telefonzelle genommen hatte, irrte im Karree umher ...

Die Fahndung nach dem sexuell etwas abartigen Polizisten gestaltete sich schwierig. Major Marmulla, der Leiter des Dezernats X im Präsidium der Volkspolizei Berlin, war sich vergleichsweise sicher, daß hier ein uniformierter Polizist am Werke war. Fünf Straftaten waren bisher angezeigt worden, und es war davon auszugehen, daß nicht alle Frauen Anzeigen erstatteten. Man kannte aber fünf genaue Tatzeiten. Und das war die Chance.

Denn es war ebenfalls sicher, daß der Hobby-Kontrolleur, wenn er denn schon ein Angehöriger der Deutschen Volkspolizei war, seine Leibesvisitationen nicht während der Dienstzeit veranstaltete. »Und«, so erklärte Major Marmulla auf einer Besprechung seinen Mitarbeitern und Auswertern das Problem, »das bedeutet zweifelsfrei, daß der Täter zu den fünf Tatzeiten keinen Dienst haben mußte. Da sich alle Straftaten im Bereich Königstor, Hans-Beimler-Straße, Alexanderplatz, Wilhelm-Pieck-Straße, also in einem eng umgrenzten Bezirk, ereigneten, werden alle Polizeidienststellen in diesem Bereich überprüft. Ihr müßt Euch nicht nur alle Dienstpläne ansehen, sondern auch fragen, wie es an diesen Tagen wirklich war, ob noch jemand getauscht hat usw. Und nebenbei fragt bitte noch, ob es Erkenntnisse über sexuelle Auffälligkeiten bei diesem oder jenem gibt, vielleicht hilft uns das weiter. Wenn wir erst einmal einen Verdächtigen haben, dann sind die Geschädigten dran, ihn wiederzuerkennen, aber – wir haben ja noch keinen.«

Die Überprüfungen gestalteten sich schwierig. Die leitenden Polizisten auf den Revieren waren nicht alle kooperationsbereit.

Major Marmulla war ein historisch interessierter Mensch, der geschickte Gedankenverbindungen herstellen konnte. Und so fielen ihm bei einer nachfolgenden Beratung – der »kulante Polizist«, wie er mittlerweile hieß, war immer noch des Nachts unterwegs – zwei Sätze ein, die er am Abend zuvor beim Wirklichen Hofrat und Polizeidirektor von Graz Dr. Karl Springer in dessen Buch »Die Österreichische Polizei. Eine theoretische Untersuchung« gelesen hatte: »Im Mittelpunkt der Polizei steht der Mensch als Polizist.« Und: »Nur ein guter Mensch kann ein guter Polizist sein.«

»Diese Illusion«, fügte Marmulla hinzu, »müßt ihr aus euren Köpfen streichen. Auch bei der Polizei gibt es Abartige und schwarze Schafe, wenn dies auch ganz oben nicht gern gehört wird. Und dieses eine schwarze Schaf müssen wir jetzt ermitteln. Aber so, wie wir bis jetzt vorgegangen sind, wird das wohl niemals gelingen.«

Nach mühseliger Recherche kam ein Schutzpolizist, Mitte 30, in das Fadenkreuz der Ermittler. Er wohnte am Königstor, also gar nicht weit von den Tatorten entfernt. Und Karla Kleingut hatte ihn ja auch auf der anderen Straßenseite aus dieser Richtung kommensehen. Er hieß natürlich nicht Buscherow.

Man war ihm auf die Schliche gekommen, nachdem Dienstpläne verschiedener Reviere analytisch aufbereitet wurden, da die Tatzeiten relativ exakt feststanden. Es gelang, den Kreis der Verdächtigen auf zwei, drei Personen einzugrenzen. Nach der Befragung der Kollegen zu Auffälligkeiten dieser Polizisten konzentrierten sich die Ermittlungen nur noch auf diesen einen Schutzpolizisten. Man munkelte beispielsweise, daß er Frauen, die er im Hausflur zu kontrollieren hatte, regelmäßig in den Ausschnitt griff. Nachdem dieses ruchbar wurde, war man sich relativ sicher, den Richtigen »ausermittelt« zu haben.

Die Geschädigten – es gab noch vier weitere Straftaten nach den Ereignissen im Keller des Hauses Mollstraße 14 – erkannten allesamt den Beschuldigten in gedeckten und offenen Gegenüberstellungen wieder. Er wurde ohne Geständnis wegen Nötigung zu sexuellen Handlungen (§ 122 StGB) im schweren Fall zu einer Freiheitsstrafe von zweieinhalb Jahren verurteilt und in Unehren aus der Deutschen Volkspolizei entlassen.

Die Aussagen seiner Ehefrau waren ein wichtiges Beweismittel, um vor Gericht die Persönlichkeit des Angeklagten zu erhellen. Danach pflegte er häufigen Geschlechtsverkehr und ähnliche Sexualpraktiken wie bei seinen »Kontrollgängen«. Er war Voyeur und Exhibitionist, dem die sexuelle Befriedigung mit seiner Frau nicht ausreichte. Er war ein Mann, der seiner Familie sehr zugetan war, nichtsdestoweniger nach etwas hungerte, was man modern »thrills« nennt.

Hauptmann Ehrlich war mit der D-Schicht am 5. Juli 1985 zu einem Einbruch in das Gebäude des Kombinates Tiefbau Berlin, Ingenieur- und Entwicklungsbüro, in die Chausseestraße 129 gerufen worden. In der 4. Etage hatten wenig intelligente Einbrecher in der Nacht zuvor mehrere Türen eingeschlagen und in den Räumen Wertgelasse geplündert. Der Sachschaden war erheblich, das Diebesgut war es nicht. Der Kriminaltechniker Ottmann konnte zwar feststellen, daß die Täter über eine Mauer zum nordwestlich angrenzenden Friedhof der Französischen Gemeinde auf den Hof gelangt waren und auf diesem Wege auch wieder das Objekt verlassen hatten, aber die sonstige Spurenlage war eher mager. Es mußten zwei oder drei Personen gewesen sein, aber die zu kriegen?

Schlecht gelaunt trabten die Kriminalisten nach getaner Arbeit zu einer Imbißbude in die nahegelegene Wilhelm-Pieck-Straße und kauften Curry-Würste. Hauptmann Ehrlich sprach, als sie an einem der Tische standen, eine junge Frau an, die sich an ihnen vorüberschob. »Guten Tag, wo geht's denn heute hin?«

Karla Kleingut blieb stehen und wollte schon sagen: »Was quatschen Sie mich denn hier an?« Es dauerte einen Moment, bis sie Ehrlich wiedererkannte. Die frische Gesichtsfarbe verließ sie.

»Sie schon wieder! Nee, danke«, entfuhr es ihr. Dann verschwand sie auf Nimmerwiedersehn in der staubig-schrundigen Innenstadt.

Wer andern eine Grube gräbt ...

Vorbemerkung

In dieser Geschichte geht es weniger um spektakuläre kriminelle Handlungen als um Verhaltensweisen von Menschen, die als durchschnittliche Mitbürger unauffällig neben uns leben.

Es wird verfolgt, wie der 21jährige Robert, dessen Sexualleben, sei es durch falsche Erziehung und/oder durch eine gefährdende Veranlagung, nicht in Ordnung ist, durch sein Verhalten Rita und Birgit erpreßt. Die beiden Mädchen wiederum überschreiten in ihrer Notwehr aus angestauter Angst und aus Haß gegen Robert die Grenzen des Erlaubten. Geleitet von Birgits Mann Bernd verlieren sie bald jedes Maß zur Einschätzung ihrer eigenen Reaktionen.

Vier Menschen werden straffällig. Aber das dringt ihnen nicht ins Bewußtsein, weil es ihnen gelingt, die Polizei zu täuschen. Im Hochgefühl der Selbstjustiz überspannt Bernd den Bogen und verkauft jetzt aus materiellem Interesse fremdes Eigentum.

Zu einem Zeitpunkt, da alle vier – sogar Robert – ihr Leben wieder in geordnete Bahnen gebracht haben, holt ihre Vergangenheit sie ein.

Hauptpersonen:

Robert, 21 Jahre, Filmvorführer: Seine Neigung zum Fotografieren (von Kindheit an) hatte die Eltern zu größeren Hoffnungen, den Beruf des Sohnes betreffend, veranlaßt. Aber wie das Leben so spielt. Robert ist zwar intelligent, aber nicht ehrgeizig. Er sieht gut aus, kleidet sich modisch. Er kann seinen ganzen Verdienst für sich behalten und bei Bedarf mit großzügigen Zuschüssen von beiden Eltern rechnen. Aber mit den Mädchen klappt es nicht. Da ist er verklemmt und schüchtern, was sich manchmal in unangemessenem Draufgängertum manifestiert. Robert verbirgt seine Schwierigkeiten geschickt vor den Eltern (bzw. vor der Mutter, denn der Vater, ein angestrengt wissenschaftlich arbeitender Statistiker, nimmt soweit am Familienleben teil, wie es ihn nicht stört und ihm außerhalb seines Institutes nicht auch noch Probleme auflädt).

Roberts Mutter, ca. 45 Jahre, freiberuflich arbeitende Übersetzerin: Hat die Erziehung Roberts, der übrigens wenig Schwierigkeiten machte, mit großer Liebe und Sorgfalt allein bewältigt. Pädagogische Lehrbücher standen Pate, schienen ihr aber für die pubertären Situationen des Knaben unangemessen direkt, so daß Beobachtungen bagatellisiert und verdrängt wurden. Da Robert in dieser nicht zum Fragen animierenden Atmosphäre auch nicht fragte, hoffte die Mutter auf die regulierende Kraft des Lebens und der gleichaltrigen Kameraden. Sie übersah dabei, daß Roberts Leben sehr eingegrenzt war (und ist) und gleichaltrige Klassenkameraden nur vorübergehende Freunde Roberts wurden.

Schuldiscos, wo er hätte Opfer von frühreifen Mädchen werden können, redete die Mutter Robert erfolgreich aus, seine Ungeschicklichkeit beim Tanzen zum Anlaß nehmend.

Als man von Gleichaltrigen »schlimme« Dinge hinter vorgehaltener Hand und im Elternaktiv erzählen hörte, konnte Roberts Mutter nicht ohne Stolz von der zielgerichteten Neigung ihres Sohnes zur Fotografie berichten, die keine ablenkenden Gedanken an verfrühte Spiele mit Mädchen zuließ. Die Mutter ist sehr froh, daß Robert noch zu Hause, in einer vorwiegend nach ihrem Geschmack eingerichteten Mansarde wohnt. Roberts Mutter ist charmant und attraktiv und scheint mitten im Leben zu stehen.

Roberts Vater, ca. 45 Jahre, promovierter Statistiker: Seine Mitwirkung an Roberts Erziehung beschränkte sich am wesentlichen darauf, »problemlösend« einzugreifen, in dem Sinne, daß er sporadische Erziehungsmaßnahmen seiner Frau abschwächte und mit großzügigen Sachgeschenken (Fotoausrüstung, Motorrad, Klavier) eventuell vorhandene Neigungen und Talente des Sohnes fördern wollte.

Rita, 20 Jahre, Stationsgehilfin: Sie lernte Robert vor ca. drei Jahren im Freibad kennen. Es begann harmlos, indem er Fotos von ihr und ihrer Freundin Birgit machte. Diese Fotos wurden immer gewagter und sind nicht unbedingt für das Familienalbum geeignet. Für alle drei war das ein großer Jux; die Mädchen verloren an dem gewagten Posieren und der Fummelei mit dem schüchternen Jungen das Interesse, als sie zwei handfeste Burschen kennenlernten. Rita ist ausgesprochen hübsch, so daß es an Sympathiebekundungen junger Männer nicht fehlt. Es gab viele Flirts, aber selten etwas Dauerhaftes. Bei Volker, dem Medizinstudenten, ist es Rita ernst – zum ersten Mal wird sie von einem Mann akzeptiert, der ihr geistig überlegen ist.

Mit Birgit ist Rita seit der Schulzeit befreundet. In ihrer Beziehung war Birgit immer die Dominierende, und es schien Rita ganz selbstverständlich zu sein, daß Birgit zuerst eine Familie gründete und den kleinen Sohn liebevoll umsorgt und geschickt erzieht.

Birgit, 21 Jahre, Forstarbeiterin: Birgit steht ihrer Freundin Rita im Aussehen zwar etwas nach, aber durch ihre ausgeglichene und freundliche Art, durch ihr Geschick, sich zu kleiden, erregt sie Aufmerksamkeit.

Schon mancher hat sie gefragt, was sie an dieser Buddelei bei Wind und Wetter reize und ob sie nicht mal etwas anderes machen wolle. Ihre Antwort ist immer die gleiche: Sie sei gern an der frischen Luft, und im Wald gäbe es keine Hektik. Die Heirat mit Bernd war eine Konsequenz, als sie ein Kind von ihm erwartete. Sie liebt ihren jetzt zweijährigen Sohn sehr; er ist ihr Entschädigung für Bernds oftmals polternde und wenig rücksichtsvolle Art. Unter diesen Bedingungen ist Birgits Bindung an Rita eher noch enger geworden, denn Bernds Freizeitbeschäftigung beschränkt sich auf das häusliche Fernsehen. Ein wenig hat Birgit das Gefühl, der unterhaltsame Teil des Lebens laufe an ihr vorbei. Auch finanziell retten sich die jungen Eheleute von einem Zahltag zum anderen.

Bernd, 25 Jahre, Fahrer eines Milchtankwagens: Bernds Familiensinn ist nicht besonders ausgeprägt. Er tritt sehr selbstbewußt auf und regelt die zwischenmenschlichen Beziehungen stets nach seinen persönlichen Vorstellungen. Auf seine Weise liebt er Birgit. Verhaftet im traditionellen Rollenverhalten gibt er sich auch in finanziellen Dingen als Haushaltungsvorstand, ohne Geschick und mit deutlichem Vorteil für den eigenen Bedarf.

Volker, 23 Jahre, seit drei Monaten Vorpraktikant: Er arbeitet auf der Station, auf der auch Rita tätig ist. Volker hat sich in Rita verliebt. Sie sind das, was man ein schönes Paar nennt. Er ist voller Enthusiasmus, wenn es darum geht, Rita Dinge zu erschließen, die sie bisher nur vom Hörensagen kannte (Ausstellungen, Sportveranstaltungen). Er selbst ist aktiver Fechter.

Rita nimmt alles bereitwillig und vor allem interessiert auf. Sie versucht nicht, ihre Bildungslücken zu kaschieren. Rita hat es bisher ganz selbstverständlich zu arrangieren gewußt, Volker von ihrem Leben mit Birgit oder gar mit Robert fernzuhalten.

Handlung:

1. Wiederbegegnung Roberts mit Rita auf dem Flugplatz Berlin-Schönefeld zu einer Jugendtouristreise (Ausland). Roberts Eltern haben ihn mit dem Wagen zum Flugplatz gebracht. Robert stellt Rita seinen Eltern vor, vielmehr gibt er ihnen zu verstehen, daß die Verabschiedung nun beendet sei und sie gehen können. Sie lassen sich aber nicht abwimmeln, warten,

bis Robert (und dieses ihnen fremde Mädchen – Wer ist das nur?) durch die Abfertigung ist. Rita verhält sich Robert gegenüber nicht ablehnend – sie fühlt sich in der Reisegruppe noch fremd und reist solo. Gegenseitiges Solidaritätsgefühl kommt auf. Man könnte fast annehmen, daß sich etwas »anbahnt«. Birgit wird hier dem Zuschauer verbal bekannt gemacht; der Hinweis auf bestimmte Bilder, die vor ca. drei Jahren an einem FKK-Strand gemacht worden sind, fällt.

2. Am Ferienort angekommen, freut sich Rita nicht mehr über die Begegnung, da Robert sie okkupiert und damit ihre Chancen bei anderen jungen Männern schmälert. Robert wiederum traut sich an andere Mädchen kaum heran. In den wenigen Fällen einer Annäherung geht er entweder ungeschickt vor oder gleich zu aufdringlich. Robert fotografiert, insbesondere Rita, auch gegen ihren Willen. Ein handfester Streit entsteht, als Rita Robert unmißverständlich sagt, daß sie nichts mehr mit ihm zu tun haben wolle. Sein Hinweis auf frühere schöne Zeiten, an die man anknüpfen könnte, bringt Rita zu sehr deutlichen Äußerungen über Roberts Versagen in der Realität und Ersatzhandlungen mit »schweinischen« Fotos. Robert zieht sich zurück, will Rita das Gegenteil beweisen und startet einen neuen Versuch bei dem häßlichsten Entlein der Reisegruppe. Dieses nimmt ihn aus (und über Geld verfügt er!), läßt sich bedienen, aber er kommt ihr keinen Schritt näher. Ein weiterer Reinfall.

3. Als Robert von der Reise zurückkommt, hat Mama sein Zimmer renovieren lassen und dabei die eindeutig zweideutigen Fotos von vor drei Jahren gefunden. Die Mutter will die Jugendsünde glauben, zumal sie die Fotos vor Schreck nur verschämt und kurz angesehen hat. Dem Vater hatte sie vorsorglich nichts von dieser Angelegenheit erzählt. Es gelingt Robert, die Mutter zu beruhigen; er gibt sich reumütig und vernichtet vor Mamas Augen die Fotos. (Als die Wogen geglättet sind, macht er nach den noch vorhandenen Negativen neue Abzüge.) Mamas drängende Fragen nach Mädchenbekanntschaften auf der Reise sind Robert nicht weniger unangenehm. Seine Ant-

worten sind zunächst ausweichend und ungenau, dann macht er aber vage positive Andeutungen über Rita. Nun möchte Mama Rita kennenlernen!

4. Robert holt die überraschte Rita vom Krankenhaus ab (mit Blumen, sehr höflich). Ritas Kolleginnen sehen neugierig zu. Rita schlägt Roberts Einladung zu sich nach Hause ab. Erst sein Vorschlag, dann solle sie doch Birgit mitbringen, macht sie entgegenkommender. Sie verspricht, mit Birgit zu reden.

5. Rita und Birgit sind tatsächlich Roberts Einladung gefolgt. Mama hält sich diskret zurück, reicht nur den Tee und Dazugehöriges. Sie ist beruhigt, weil Rita einen netten Eindruck macht und so wohlerzogen ist, sogar ihre Freundin mitzubringen. Die Mädchen sind von der häuslichen Atmosphäre und der attraktiven Mutter sehr angetan. Alles ist so anders, als sie es von Zuhause und in ihrem jetzigen Lebensumkreis gewöhnt sind. Birgit, die mit Arbeit (langer Anfahrtsweg), Pflege des Kindes, Schichtdienst des Ehemannes, beengten Wohnverhältnissen und sparsamer Lebensführung ziemlich belastet ist, wirkt durch diesen Ausflug in »eine andere Welt« richtig aufgekratzt. Robert deutet die Stimmung falsch und wagt einen Vorstoß, indem er an »frühere gemeinsame schöne Stunden« erinnert, die man wiederholen sollte. Als er Ritas entschiedene Ablehnung merkt, weicht er auf das Angebot einer speziellen Filmvorführung in »seinem« Kino aus – nur für die beiden Mädchen. Die Neugierde der Mädchen ist geweckt, zumal Robert über den Charakter des zu zeigenden Filmes verheißungsvolle, aber ungenaue Versprechungen macht.

6. Zu einer weiteren Verabredung in einem Café sind die beiden jungen Frauen erwartungsvoll erschienen. Robert ist sehr spendabel. Angeheitert und ausgelassen folgen sie ihm in sein Kino. In der Vorführkabine beginnt Robert seine »Schau«, zuerst beeindruckt er sie durch den souveränen Umgang mit den Apparaturen und Filmrollen, die das wechselnde Programm der nächsten Tage beinhalten.

Unter Ermahnungen, sich ruhig zu verhalten, schiebt er sie in den kleinen Zuschauerraum des Studiokinos. Ohne Vorspann, ohne Titel läuft ein seltsamer Film vor den Augen der Mädchen ab: Mehr oder minder aufregende Sexszenen, keiner bestimmten Handlung zuordenbar. Kaum glauben sie, die bekannten Schauspieler eines ebenfalls bekannten Films entdeckt zu haben, wechseln Partner und Situationen auch schon wieder. Als nach 40 Minuten die Leinwand dunkel bleibt, sitzen die Mädchen ziemlich verwirrt da, ehe Robert sie wieder in die Wirklichkeit zurückholt. Die Mädchen bedrängen ihn mit Fragen und erfahren, daß er, ähnlich einem Briefmarkensammler, Liebesszenen aus Filmen zusammengetragen hat. Auf ihre Frage nach dem Zweck entwickelt er kühne Aussichten, mit solchen Vorführungen auf Parties etwas Kleingeld dazuverdienen zu können. Großmütig würde er ihnen die ganzen Einnahmen einer solchen Veranstaltung überlassen – aus alter Freundschaft natürlich!

Rita wird schließlich von Robert und von Birgit überredet, die nächste Party in ihrer Wohnung steigen zu lassen (Hinterhaus, ruhige Lage).

7. Die »Flüsterpropaganda« in den Cliquen der beiden Mädchen hat 16 Partygäste beiderlei Geschlechts zusammengeführt. Für 20 Mark Eintritt sind die Erwartungen hoch gespannt. Nach der Vorführung ist die ganze Gesellschaft recht aufgekratzt. Nörgler, die das Ganze überzahlt finden, werden mit harten Getränken besänftigt. Die Pärchen finden sich, nur Robert kann wieder einmal nicht landen. Schließlich tröstet er sich mit seiner Kamera und hält manche pikante Situation fest. Rita bekommt Angst, als niemand gehen will. Es ist weit nach Mitternacht, die Musik klingt aus den weit geöffneten Fenstern, im Vorderhaus werden Fenster hell. Mit vereinten Kräften bugsieren die drei Gastgeber ihre Gäste aus der Wohnung, denn Nachbarn haben schon gedroht, die Polizei zu holen.

Sie löschen die Beleuchtung und resümieren das Unternehmen. Robert überreicht Rita und Birgit je 200 Mark. Beide fragen und wundern sich gar nicht über die große Summe, obwohl

Robert doch reichlich Alkohol eingekauft hat. Robert erbittet sich als kleine Gegenleistung für seine Großzügigkeit ein paar »Kunstfotos« in der Badeanstalt, die sie vor drei Jahren zusammengeführt hat. Die Mädchen lehnen entschieden ab. Anfangs glauben sie noch, Roberts Ansinnen scherzhaft abwehren zu können. Die Situation schaukelt sich hoch. Robert ist von seinem Vorhaben besessen. Für die Mädchen bleibt kein Zweifel daran, daß er ernst machen wird, wenn er damit droht, die alten Fotos gegen sie zu verwenden.

8. Robert versucht mehrmals, Rita zu treffen. Einmal gelingt es Rita, Robert vor dem Krankenhaus im Kreise ihrer Kolleginnen abzuschütteln. – Ein weiteres Mal zieht sich Robert selbst zurück, als ein junger Mann (Volker) sie vor der Station abholt. – Schließlich verfolgt er sie aus der Kaufhalle bis nach Hause. Seine Forderung wird massiver, aggressiver. Rita spürt, daß Robert jedes Mittel recht ist, sein Ziel zu erreichen. Sie verschanzt sich hinter Birgit, um ihn erst einmal loszuwerden.

9. Aufgeregt taucht Rita in Birgits Wohnung auf. Birgits Mann ist zwar zur Schicht, aber der zweijährige Sven läßt die Überlegungen, wie man Robert entkommen könne, zu keinem befriedigenden Schluß kommen.

10. Rita erkundigt sich auf Roberts Arbeitsstelle nach dessen Schichtplan.

11. Birgit muß ihren Mann beschwindeln, um an einem der folgenden Abende zu ungewohnter Stunde die gemeinsame Wohnung zu verlassen. Eine spannende Sportübertragung im Fernsehen läßt Bernd großzügig einen Kinobesuch mit Freundin Rita genehmigen.

12. Birgit und Rita erscheinen bei Robert zu Hause. Die Mutter ist sichtlich erfreut und bittet die Mädchen zu warten, da Robert noch nicht zu Hause ist. Die Mädchen warten in Roberts Mansarde und hoffen auf den glücklichen Zufall, der sie in der

Wartezeit die bewußten Fotos finden läßt. Die Angst, von Roberts Mutter oder Robert ertappt zu werden, läßt sie ziemlich ungeschickt und natürlich ohne Erfolg zu Werke gehen. Als Robert schließlich kommt, erklären die Mädchen ihre Bereitschaft, die Spiele von vor drei Jahren fortzusetzen.

Robert in seiner Freude über das Entgegenkommen der Mädchen findet nichts dabei, als sie ihn bitten, die alten Fotos noch einmal ansehen zu dürfen. Als Einstimmung sozusagen. Sie beobachten sehr genau, aus welchem Versteck Robert die Fotos hervorholt.

Als Roberts Mutter die Mädchen auffordert, noch zum Abendbrot zu bleiben, verabschieden sie sich überraschend schnell, ohne eine genaue Verabredung getroffen zu haben.

13. Birgit (bei ihrer Arbeit in der Pflanzbrigade) nutzt eine günstige Gelegenheit, um von ihrem Brigadier eine mehrstündige Freistellung für den morgigen Tag zu erbitten, da sie zum Arzt müsse.

14. In das Haus von Roberts Eltern ist eingebrochen worden. Robert hatte den Einbruch zuerst bemerkt und die Volkspolizei informiert. Noch vor den Kriminalisten trifft die Mutter zu Hause ein. Sie ist aufgeregt und fassungslos. Nur das Wohnzimmer und Roberts Mansarde sind durchwühlt worden. Noch ist man dabei festzustellen, was gestohlen wurde. Schmuck und Geld fehlen aus dem Wohnzimmer, während Roberts Zimmer in Unordnung hinterlassen wurde, aber seine sehr teure Fotoausrüstung unberührt ist.

15. Rita wird im Schwesternzimmer ans Telefon gerufen. Am anderen Ende ist Robert. Freundlich gibt er zu verstehen, daß es ihm um eine baldige Terminvereinbarung geht. Rita kann nicht ungehemmt sprechen, da die Stationsschwester den Raum nur mit kurzen Unterbrechungen verläßt. Aber sie lehnt konsequent ab. Scheinbar beiläufig erzählt Robert vom Einbruch in das elterliche Haus, vor allem vom Diebstahl der Wertgegenstände. Rita erschrickt sehr und lenkt über eine Bedenk-

zeit ein. Robert gibt deutlich zu verstehen, daß er sich nicht an der Nase herumführen läßt. Als Rita auflegt, ist es mit ihrer Fassung vorbei. Sie weint hemmungslos. Vor den Fragen der Stationsschwester rettet sie Volker geschickt, indem er eine Ausrede erfindet. Da ihre Beziehung doch ziemlich am Anfang steht, vertraut Rita sich Volker nicht an. Sie erfindet eine Notlüge als Erklärung für ihren Zusammenbruch, bei der sie im weiteren dann auch bleiben muß.

16. Rita erwartet Birgit vor der Kinderkrippe, als diese ihren kleinen Sohn abholt. Sie beraten, wie man Roberts Nachstellungen endgültig entgehen kann. Sie geraten in Streit über den untauglichen Versuch, sich das belastende Material aus Roberts Zimmer zu beschaffen. Wer hat die Wertsachen und das Geld gestohlen? Oder ist der Diebstahl nur ein Bluff Roberts? Schließlich verlangt Birgit, Rita, die keine Familie aufs Spiel setze, solle allein auf Roberts Wünsche eingehen. Rita ist empört, spricht von Volker, der endlich die große Liebe zu werden verspricht und den sie nicht verlieren will.

Sie trennen sich ratlos und zerstritten.

17. Robert will Rita in ihrer Wohnung stellen. Nach mehrmaligem vergeblichen Klopfen teilt ihm eine Nachbarin mit, daß Fräulein Rita für die Zeit der Rekonstruktion der Wohnung ins Schwesternheim gezogen ist. Robert fühlt sich an der Nase herumgeführt und kann seine Wut schlecht verbergen.

18. Birgit tobt ausgelassen mit dem kleinen Sven in der Badewanne. Der Spaß findet ein jähes Ende, als Bernd mit einem geöffneten Brief erscheint. Ihr Protest gegen sein eigenmächtiges Öffnen des an sie adressierten Briefes verstummt bei Ansicht des Inhalts: Die alten Fotos lassen die Vergangenheit nicht verleugnen. Die beigefügten unmißverständlichen Drohungen veranlassen Bernd zu weiteren Fragen. Birgit gesteht ihre »bebilderte« Vergangenheit. Trotz der heftigen Auseinandersetzung ist sie schließlich froh, sich jemandem anvertrauen zu können, der auch noch verspricht, die Sache nun in die Hand zu nehmen.

19. Robert will gerade zur Arbeit, da gibt ihm die Mutter eine Vorladung zur Kriminalpolizei. Die Sorge der Mutter über diese Vorladung zerstreut Robert selbstsicher.

20. In Wirklichkeit hat er eine weitere Berührung mit der Polizei nicht einkalkuliert. Während seiner Arbeit ist er unkonzentriert. Zweimal reißt der Film. Das Publikum pfeift. Der Theaterleiter kommt in die Vorführkabine. Robert entschuldigt sich mit Unwohlsein.

21. In der nochmaligen Vernehmung bei der K ist Robert der freundliche junge Mann, der mit seinen sachdienlichen Hinweisen sehr bemüht scheint, den oder die Täter zu finden. Auf die Frage, was man in seinem Zimmer gesucht haben könnte, weiß er auch keine Erklärung.

22. Volker lädt Rita für den kommenden Sonnabend zur Disko in den Studentenclub ein. Er kann seine Enttäuschung nur schlecht verbergen, weil Rita seine Freude auf den gemeinsamen Abend nicht teilt. Sie habe Birgit versprochen, auf Sven aufzupassen, da Birgit und ihr Mann etwas vorhaben.

23. Robert ist am Vorabend von der Arbeit betrunken nach Hause gekommen, jetzt zur Mittagszeit liegt er immer noch reglos im Bett. Da sie solches nicht von ihrem Sohn gewöhnt ist, glaubt die Mutter, ihm Vorhaltungen machen zu müssen. Robert reagiert äußerst unbeherrscht; die Mutter lenkt ein. Sie fragt nach dem netten Mädchen, das er gar nicht wieder nach Hause gebracht habe. Ehe Robert wieder auffahren kann oder eine Ausrede suchen muß, überreicht sie ihm einen Brief. Sie vermutet, daß er von Rita ist. Robert widerspricht nicht. Nach dem Lesen des Briefes springt Robert wie umgewandelt aus dem Bett. Die Mutter ist sichtlich erleichtert.

24. Robert erscheint mit Fotoausrüstung, wie auf der Einladung vermerkt, in Birgits Wohnung. Beide Mädchen haben sich hübsch angezogen; Wein und Knabbereien stehen auf dem

Tisch, der für drei Personen gedeckt ist. Gedämpftes Licht und leise Radiomusik. Beide ermuntern Robert, seine Vorbereitungen zu treffen. Endlich gehen die Mädchen ins Bad, um sich umzuziehen. Sorgfältig leuchtet Robert den Raum aus, schafft den passenden Hintergrund für sein Vorhaben. Die Tür öffnet sich wieder, und Robert steht Birgits Mann gegenüber. Er erkennt die Falle. Den ersten Teil der Abrechnung – das Verhör – erledigt Bernd allein. Robert bagatellisiert alles, belastet die Mädchen aber mit seinen Aussagen, sowohl über die Vergangenheit als auch über die Gegenwart (Party, Annahme von Geld, Einbruch in die elterliche Wohnung und Entwendung von Wertsachen). Bernd ruft die Mädchen herein. Solcherart beschuldigt, wächst die Wut der Mädchen auf Robert, die Bernd geschickt schürt. Sie beschimpfen und hänseln ihn mit seinem Versagen bei Frauen. Gemeinsam fesseln sie Robert an den Ofen. Plötzlich klingelt es. Die Mädchen verlieren den Kopf, während Bernd sich als Herr der Situation aufspielt und an die Wohnungstür geht. Wütend kehrt er zurück. Er mußte Volker, der ihm bisher nicht persönlich bekannt war und der zu Rita wollte, abwimmeln, d. h., er verleugnet Ritas Anwesenheit. Nun verliert Rita völlig die Nerven – wie kann sie Volker zum zweiten Mal belügen!

Bernd zwingt Robert, ihm die Wohnungsschlüssel zu überlassen, um die belastenden Fotos aus dem Versteck zu holen.

25. Birgits Mann gelangt unbemerkt in Roberts Mansarde. Schon im Besitz des belastenden Materials, steht er plötzlich Roberts Mutter gegenüber, die vermeinte, ihren Sohn zu hören. Kopflos schlägt Bernd auf die Frau ein und flüchtet.

26. Bei Bernds Rückkehr in seine Wohnung freuen sich die Mädchen. Bernds Erleichterung steht in keinem Verhältnis zum vermeintlichen Erfolg des Unternehmens. In der allgemein erregten Stimmung fällt das aber niemanden auf. Mit Befremden bemerkt Rita jedoch, daß Bernd mit gesteigerter Wut über Robert herfällt. Als das Beweismaterial verbrannt ist, wird Robert brutal geschlagen, bis er den »Einbruch« und den Dieb-

stahl der elterlichen Wertsachen und Gelder zugibt, einen Schuldschein über 5.000 Mark (die ihm angesichts der »Beute« nicht wehtun dürften) unterschreibt. Seine teure Fotoausrüstung wird als Pfand einbehalten.

27. Als der im doppelten Sinn geschlagene Robert zu Hause eintrifft, erfährt er vom Vater das Vorgefallene und die Tatsache, daß die Mutter mit Verletzungen in das Krankenhaus gebracht wurde. Der Vater habe die Fotoausrüstung als gestohlen gemeldet. Robert klärt den Irrtum nicht auf. Er gibt einem Kriminalisten gegenüber an, bei Rita gewesen zu sein. Zu weiteren Aussagen ist Robert nicht mehr fähig. Die Geschehnisse haben ihn tief beeindruckt; er weint. Der Kriminalist kündigt an, Robert am nächsten Tag auf seiner Arbeitsstelle aufzusuchen und ihn dort zu vernehmen.

28. Als die Kriminalisten am folgenden Tag im Kino erscheinen, erfahren sie vom Theaterleiter, daß Robert nur dagewesen sei, um sich krank zu melden. Die Polizei sieht sich in der Vorführkabine um; es ist deutlich an den Staubablagerungen zu sehen, daß vor kurzem Filmstapel umgeräumt wurden. Der Theaterleiter kann sich das nur so erklären, daß Robert alles sorgfältig für seine Vertretung vorbereitet habe. Er lobt die Zuverlässigkeit und Tüchtigkeit Roberts.

29. Robert hantiert im Keller des elterlichen Hauses in der Kühltruhe, d. h., er läßt ein kleines Paket darin verschwinden. Später ruft er Rita an, erzählt ihr von Bernds tatsächlichem Vorgehen im Hause seiner Eltern und von dem Unglück mit seiner Mutter. Rita ist natürlich erschrocken und deshalb nachgiebig, als Robert sie bittet, ihm für den gestrigen Abend ein Alibi zu geben. Im Gegenteil: der Vorschlag kommt ihr sogar entgegen, da sie auch Volker eine plausible Erklärung schuldig ist.

30. Robert trifft im Krankenhaus beim Besuch der Mutter auch auf die Kriminalpolizei. Sachlich und gewandt macht er Angaben zu seinem gestrigen Zusammensein mit Rita und zu den

möglichen Absichten der Täter. Im Grunde genommen erhärtet er sein Alibi und stellt nichtssagende Vermutungen (die Bernd nicht belasten) über den Diebstahl der Fotoausrüstung an.

31. Rita und Volker treffen bei Schichtwechsel zusammen, was ihnen wenig Möglichkeit zu einer Aussprache läßt. Volker macht aus seiner Enttäuschung, von Rita belogen worden zu sein, keinen Hehl. Rita überredet ihn zu einem Rendezvous, bei dem sie ihm alles erklären will.

Robert sucht Rita im Schwesternwohnheim auf, um sie genauer zu instruieren und auch weiterhin einzuschüchtern. Er verbietet ihr, Birgit und vor allem Bernd vom Zustand der Mutter zu erzählen. Beim Verlassen des Heimes trifft er mit Volker zusammen, der nun noch mißtrauischer Ritas Erklärungen erwartet. Es gelingt Rita, Volker zu überzeugen, daß Robert eine abgeschlossene Episode in ihrem Leben ist. An dem betreffenden Abend sei er das letzte Mal in ihrer Wohnung (im bereits leerstehenden Rekonstruktionshaus) gewesen, um ein paar letzte persönliche Sachen wegzuholen. Man versöhnt sich. Die Zukunft wird von Volker in hellsten Farben ausgemalt.

32. Rita schluckt Beruhigungstabletten, bevor sie der Vorladung zur Kriminalpolizei folgt. Es gelingt ihr, das gemeinsame Alibi ebenfalls glaubhaft zu untermauern.

33. Robert holt seine Mutter nach wenigen Tagen sehr liebevoll aus dem Krankenhaus ab. Lange waren Mutter und Sohn sich nicht mehr so nahe. Wieder zu Hause angekommen, umsorgen Vater und Sohn die Mutter, die immer noch ziemlich schwach ist. Die Familienharmonie ist nun wieder hergestellt. Vor allem die Mutter plant gemeinsame Unternehmungen – natürlich ist Rita dabei auch gern gesehen. An diesem Punkt lehnt Robert ab, d. h., er deutet eine Überraschung an.

34. Drei Monate sind vergangen. Bernd lädt Birgit, Rita und Volker in eine vornehme und teure Nachtbar ein. Rita ver-

spricht sich davon, Volker ihren festen Willen zu demonstrieren, ihn in ihren Lebenskreis einzubeziehen. Schon der Ort, aber noch mehr die generöse Großzügigkeit Bernds verwundern Rita und Volker im Laufe des Abends immer mehr.

Birgit gesteht Rita, daß Bernd Roberts Fotoausrüstung im »An- und Verkauf« versilbert habe. An die Eintreibung der ersten Rate von den 5.000 Mark, zu der sie ihm geraten habe, sei er nicht zu bewegen gewesen. Der Abend geht nicht mit der beabsichtigten Stimmung zu Ende. Rita wird immer stiller und klagt über Kopfschmerzen. Volker und Rita brechen verfrüht auf. Bernd betrinkt sich und nörgelt über die Undankbarkeit der Weiber, für die es sich nicht lohnt, den Kopf zu zerbrechen.

35. Robert hilft Mama, die eine kleine Kaffeetafel vorbereitet. Mit Spannung erwartet man Roberts neue Freundin. Ja, Robert hat vor einigen Wochen in der U-Bahn eine junge Frau kennengelernt. Die Beziehung wurde schnell enger, und Roberts Schwierigkeiten (die seine Mutter ja nicht kennt) scheinen nicht zu existieren. Die Mutter, die nach den vorangegangenen Geschehnissen ihr gluckenhaftes Verhalten abzulegen bemüht ist, hat die Mitteilung des bevorstehenden Verlöbnisses mit erstaunlicher Toleranz aufgenommen.

Nun kommt Sybille das erste Mal den Gartenweg entlang. Die Mutter wäre bereit, an das junge Glück zu glauben, wenn nicht zu übersehen wäre, daß Sybille einige Jahre älter als Robert ist. Die Mutter ist beherrscht, und der Nachmittag verläuft reibungslos. Robert merkt nichts von der Enttäuschung der Mutter. Im Gegenteil: Robert ist so glücklich, daß er die Mutter mit einer weiteren Neuigkeit überrascht. Sybille hat ein fünfjähriges Töchterchen, und er bittet die Mutter, das Mädchen für eine Woche zu nehmen, während er mit Sybille einen ersten gemeinsamen Urlaub machen will. Die Mutter lehnt nicht rundheraus ab, aber sie schützt termingebundene Übersetzungsarbeiten vor. Als Sybille weg ist, ist es mit Mutters Beherrschung vorbei. Sie macht ihrem Sohn eine Szene, in der er zum ersten Mal nicht bereit ist einzulenken.

36. Birgit, von Kopf bis Fuß neu eingekleidet, holt in bester Laune Rita vom Krankenhaus ab. Rita will mit Birgit, auch unabhängig davon, daß sie mit Volker verabredet ist, keinen Einkaufsbummel machen. Sie will mit der ganzen Sache nichts mehr zu tun haben und gibt dies Birgit deutlich zu verstehen. Keine neuen Lügen sollen zwischen ihr und Volker stehen.

37. Robert zieht aus. Er hat sich für Sybille entschieden, nachdem die Mutter nicht Ruhe gab, ihm die »alte Frau mit Kind« ausreden zu wollen.

Traurig und hilflos verfolgt die Mutter hinter der Gardine, wie Robert seine Möbel zum wartenden Gütertaxi trägt. Das Aufladen gerät ins Stocken. Der Kriminalist, der die Ermittlungen in der Diebstahlsangelegenheit führte, spricht mit Robert.

Die Mutter tritt aus dem Haus und erfährt, daß man Roberts Fotoausrüstung sichergestellt habe. Ihre Freude ist verfrüht, denn als Robert auf die Frage des Kriminalisten kleinlaut bekennt, einen Bernd … zu kennen, wird er verhaftet.

Die Vergangenheit hatte ihn eingeholt.

II.

Die Grundlage des Exposés für diesen »Polizeiruf 110« bildete ein Kriminalfall, der am 26. Februar 1985 in Berlin-Baumschulenweg, einem Teil des Stadtbezirks Treptow, seinen vorläufigen Höhepunkt fand. Namen, Lebensgeschichten und Nebenhandlungen waren frei erfunden worden.

Was in der Realität geschehen war, konnte nicht mehr in allen Einzelheiten rekonstruiert werden. Aber soviel steht fest:

Am Abend dieses 26. Februar 1985 erschien ein junger Mann von 26 Jahren, nennen wir ihn auch Robert Unger, bei der Kriminalpolizei in Treptow. Er gab an, zwei Freundinnen in der Baumschulenstraße besucht zu haben. Sie kannten sich von früher, hatten sich aber seit einigen Jahren aus den Augen verloren. Im Café »Ulla« traf man sich nun im Januar 1985 rein zufällig und seit dieser Zeit mit einer gewissen Regelmäßigkeit. Robert war natürlich nicht verborgen geblieben, daß beide Frauen in festen Händen waren: Rita Wuttke hatte einen Freund, und Birgit Jonas war inzwischen verheiratet. Um so mehr freute sich Robert, als die jungen Frauen ihn in Ritas Wohnung einluden, weil er die beiden nach wie vor sehr sympathisch fand. Sie hatten versprochen, das Wiedersehenstreffen reichlich zu feiern, und wegen der Erinnerungsfotos sollte Robert seine wertvolle Kameraausrüstung mitbringen.

Die hatte er natürlich im Gepäck, als er gegen 15 Uhr in der Baumschulenstraße eintraf. Zu diesem Zeitpunkt wußte er noch nicht, daß er, so seine Worte gegenüber der Polizei, in einem Verbrechernest gelandet war.

Nach kurzer und netter Plauderei mit seinen ehemaligen Freundinnen erschien Birgits Ehemann unerwartet auf der Bildfläche, und die Situation kippte gänzlich um. Bernd Jonas war ihm gegenüber von Anfang an sehr aggressiv, obwohl er ihm doch gar nichts getan hatte. Ein Wort gab das andere, und auch die Mädchen stellten sich plötzlich gegen ihn. Schließlich wurde Robert mit einer Wäscheleine an die Flurgarderobe gefesselt, wobei die Frauen tatkräftig mitmachten. Er wurde ganz entkleidet und geschlagen, gab Robert an. Die Gangster raubten ihm seine Fotoausrüstung sowie Bargeld und erpreßten einen Schuldschein in Höhe von 5.000 Mark der DDR. Das Martyrium dauerte seinen Angaben zufolge von 15.30 Uhr bis gegen 20 Uhr, dann konnte er die Wohnung wieder verlassen.

Aufgrund der Anzeige von Robert Unger leitete die Treptower Kripo ein Ermittlungsverfahren ein. Birgit und Bernd Jonas sowie Rita Wuttke standen im Verdacht, Straftaten gem. §§ 126 (Raub) und 127 (Erpressung) StGB der DDR gemeinschaftlich und in Tateinheit begangen zu haben. Der Verdacht des schweren Falles wurde mit § 128 Absatz 1 Ziffer 2 StGB begründet, da sich die drei vermutlich zusammengeschlossen hatten, um unter Gewaltanwendung Verbrechen gegen eine Person zu begehen.

In den frühen Morgenstunden des darauffolgenden Tages rückte die A-Schicht der Diensthabenden Gruppe zur Baumschulenstraße aus. Ein großes Polizei- und Kripoaufgebot war bereits vor Ort. Rita Wuttke wurde vorläufig festgenommen, der Tatort untersucht. Man fand noch die Wäscheleine im Flur. Gegen 6.30 Uhr löste die D-Schicht unter Hauptmann der K Ehrlich gleich zu Dienstbeginn die A-Schicht ab; man hörte, daß indes Birgit und Bernd Jonas ebenfalls vorläufig festgenommen worden waren.

Das ursprüngliche corpus delicti, die pornographischen Fotos mit Rita, Birgit und Robert als Akteure, die den Mädchen als anschauliches Druckmittel übergeben worden waren, fand man im Zählerschrank des Hausflurs. Sie wurden für die Beweisführung sichergestellt.

Später überfiel Robert Unger dann verständlicherweise die Reue, überhaupt eine Anzeige erstattet zu haben. Wieder zu klarem Verstand gekommen, wußte er, daß die Sache mit den Pornobildchen, die 1982 entstanden, herauskommen mußte, denn was anderes als dieses konnten seine Peiniger zu ihrer Entlastung vorbringen? Und schließlich hatte er sich selbst straffällig gemacht, als er Rita und Birgit drohte, die pikanten Fotos ihren Männern zu zeigen, wenn sie mit ihm nicht wieder ein paar kleine Sexspiele veranstalten würden.

Wie dieser ganze Fall dann schließlich – auch rechtlich – gelöst wurde, ist nicht bekannt. Die Kriminalpolizei mußte, so hieß es noch am Tatort, das oder die Ermittlungsverfahren an ein Untersuchungsorgan des Ministeriums für Staatssicherheit abgeben, das nach der Strafprozeßordnung der DDR, § 88 Absatz 2 Ziffer 2, als staatliche Behörde in der gesetzlichen Verpflichtung stand, neben den Untersuchungsorganen des MdI und der Zollverwaltung Ermittlungen in Strafsachen zu führen. Warum dies geschah, konnte ebenfalls nicht recherchiert werden.

Der nächtliche Besucher

Am 30. Oktober 1985 gegen 19.30 Uhr schrillte im Dienstzimmer der DHG das Telefon. Hauptmann Ehrlich nahm den
Hörer ab und brüllte seinen Namen in die Sprechmuschel. Es
war der Kriminaldienst »Charly«: »Fahrt mal nach Treptow. Auf
der Inspektion wartet Leutnant Steinhäuser auf euch. Es gibt
Arbeit. Eine Vergewaltigung liegt an; es sind viele Personen zu
überprüfen. Nichts Aufregendes, aber es muß getan werden.«

In einer halben Stunde war die Volkspolizei-Inspektion am
Sterndamm erreicht. Der junge Leutnant telefonierte, als die
Hauptleute Ehrlich und Wieke von der Zentrale eintrafen, und
machte einen nervösen Eindruck. Nachdem er den Hörer aufgelegt hatte, rannte er aus dem Zimmer. Offenbar gab es in
Treptow ein opulentes Kriminalgeschehen, das den jungen
K-Mann überforderte. Als er wieder im Zimmer auftauchte,
fauchte Ehrlich ihn ungeduldig an. »Nun sag uns doch endlich,
was hier anliegt.«

Die Rede des Treptower Kriminaldienstes war etwas wirr,
aber Ehrlich verstand schon, worum es ging. Eine alleinstehende
junge Frau hatte gestern eine Vergewaltigung angezeigt. Am 28.
Oktober gegen 22.30 Uhr klingelte es an der Haustür, sie drückte den Summer und ging zum Hausflur hinaus. Jemand kam
die Treppen hoch, und sie erkannte den netten jungen Mann
wieder, den sie einige Male im Bus traf. Sie hatten immer nur
einige belanglose Worte gewechselt, mehr war nicht gewesen.
Sie kannte auch seinen Namen nicht.

»Nanu, getrunken? Aber kommen Sie doch erst einmal rein«,
sagte sie freundlich zu dem Mann. Auf dem Flur hatten sie sich
noch ein wenig unterhalten, bis der Herr fragte, ob sie, nur mit
einem langen Nachthemd bekleidet, mit ihm schlafen möchte. Das habe sie verneint. »Dann muß ich dir wehtun«, soll der
Mann gesagt haben, »dann lege ich dich um.« Aus Angst habe
sie sich entkleidet und den Geschlechtsverkehr zugelassen. Bis
zum Orgasmus sei er aber nicht gekommen, da sein Glied

erschlaffte. Er zog sich wieder an und verschwand. Da sie sich einige Male im Bus getroffen haben, muß er also auch in der Nähe des Tathauses in der Orionstraße wohnen. Bei einer Busfahrt habe er erzählt, daß er in Scheidung lebe.

Leutnant Steinhäuser übergab dem Hauptmann eine Liste der aktuellen Scheidungsfälle in Treptow. »Und eine ziemlich gute Personenbeschreibung gibt es auch noch: ca. 25 Jahre, mittelgroß, stämmig, mittelblondes Haar. Die Geschädigte würde ihn selbstverständlich wiedererkennen.«

»Interessant ist hier wirklich nur diese Liste. Deine Personenbeschreibung trifft ja auf fast alle zu«, bemerkte Ehrlich. »25 Jahre – nun, das hilft uns vielleicht weiter.«

Auf der Liste standen zirka 100 Namen, die von einer regen Scheidungstätigkeit im Stadtbezirk kündeten. Hauptmann Ehrlich überflog sie – viel zu schnell, wie sein Mitarbeiter meinte. Nach kurzer Zeit brachte Ehrlich zum Entsetzen des Treptower Kriminaldienstes schon eine Zusammenfassung hervor. »Zwei, drei Leute sind interessant, der Rest ist Müll. Thomas, schreib dir mal die Namen raus. Nr. 5, Nr. 67 und Nr. 98. Ich denke, es ist die Nummer 98. Claus Schubert, ein Polizist. Wohnt um die Ecke in der Neuen Krugallee, ist 26 Jahre alt. Den gucken wir uns gleich mal an.«

Leutnant Steinhäuser, der bislang mit versteinertem Gesichtsausdruck im Raum gestanden hatte, ließ sich auf seinen Beamtenstuhl fallen. »Eine tolle Hilfe seid ihr vom Präsidium. Wir haben heute schon den ganzen Tag mit dieser Liste gearbeitet, und du tippst mit dem Finger auf irgendeinen und sagst, das ist der Täter. Wirklich toll.«

»Wart's ab, mein Junge.« Ehrlich lächelte gutmütig und verließ mit Wieke das Kriminalbüro.

Um 20.30 Uhr klopfte Ehrlich an die Wohnungstür »Schubert« in der Neuen Krugallee. Ein sportlicher junger Mann, nur mit Unterhemd und einer Turnhose bekleidet, öffnete die Tür. Er war mittelgroß und hatte mittelblondes Haar, aber Ehrlich wußte nur zu gut, daß diese Merkmale auf viele Menschen zutrafen.

»Guten Tag, ich bin Hauptmann Ehrlich von Kripo.« Ehrlich zog seinen K-Ausweis und hielt ihn dem etwas verdatterten jungen Mann kurz entgegen. »Ich suche Herrn Claus Schubert. Sind Sie das?« Dieser nickte. »Dürfen wir kurz mal reinkommen?« fuhr Ehrlich fort. »Das hier ist Hauptmann Wieke. Wir wollen nur kurz einen Sachverhalt mit Ihnen bereden.«

»Aber Genossen, kommt doch rein«, lautete sodann die konziliante Aufforderung. Die beiden Kriminalisten nahmen in der geräumigen Küche auf einer Eckbank Platz. Der Wohnungsinhaber zog sich schnell eine lange Trainingshose und ein T-Shirt an und kochte Kaffee. Hinter ihm ein gewaltiges, braunes Büffet, das wie ein beschützendes Tier aussah. Sonst war niemand in der Wohnung.

Nun saßen alle drei am Tisch, und Hauptmann Ehrlich begann die Befragung, während der Kaffee durch die Maschine lief.

»Also, wir haben hier ein paar Personen zu überprüfen, die mit einer Straftat in Zusammenhang gebracht worden sind, und auch Ihr Name ist irgendwie aufgetaucht, und da wollte ich eigentlich nur wissen, was Sie vorgestern abend gemacht haben.«

Claus Schubert gab sich außerordentlich kooperativ und als Polizist zu erkennen; er sei Oberwachtmeister und in der Wache des MdI tätig. Und er werde natürlich helfen, wenn er in dieser Sache helfen könne. Er gab an, an diesem Abend von 20 bis 23 Uhr bei einem guten Freund, den er auf einem Intensivlehrgang zum Erwerb des 10-Klassen-Abschlusses kennengelernt hatte, gewesen zu sein. Dieser arbeite als ABV ebenfalls in Treptow und wohne gar nicht weit weg. Zusammen hatten sie eine 0,7-Liter-Flasche Nordhäuser Doppelkorn getrunken, Schubert dazu noch drei große Flaschen Berliner Pilsner. Etwas angeheitert sei er dann nach Hause gegangen und war vielleicht Viertel nach elf in der Wohnung. Seine Frau, mit der er in Scheidung lebe, schlief schon.

Schubert sprang dienstbeflissen auf, stellte Kaffeetassen auf den Tisch und goß »Wiener Melange« ein.

Ehrlich wollte wissen, ob die Zeugen dies so bestätigen könnten. Ihm war klar, daß seine Zeitangabe, wenn sie sich als richtig herausstellte, ein hervorragendes Alibi war. »Na«, sagte Schubert, »meine Fast-Ex-Frau nicht, die schlief ja schon. Aber mein Kumpel kann das mit Sicherheit bestätigen. So blau war er ja nun auch nicht.«

Der Hauptmann griff wieder einmal tief in seine Trickkiste, und um die Sache glaubhaft zu machen, fragte er Thomas Wieke, was denn der Zeuge Rossmann gesagt habe. Wieke schlürfte genüßlich an der Tasse »Heeßen«, denn Thomas kam einmal mit irgendeiner Initiative aus Leipzig nach Berlin. »Was soll er gesagt haben? Ich glaube, Sie gingen um 22 Uhr. Oder war es gar noch früher?«

Gut gemacht, Thomas, dachte Ehrlich. Wenn er um 22 Uhr die Wohnung verlassen haben sollte, hätte er es bequem schaffen können, um 22.30 Uhr in der Orionstraße aufzukreuzen und um Einlaß zu bitten – mit den bekannten Folgen.

Schubert rutschte auf dem Stuhl hin und her und begann sichtlich, die Fassung zu verlieren. »Nun gut«, meinte er geschlagen, »ich bin gegen zehn aus der Wohnung weg, und von dort aus gleich nach Hause.«

»Das glauben wir Ihnen«, sagte Ehrlich, »aber warum nur, um Gottes willen, haben Sie dann erst 23 Uhr gesagt?«

Der Hauptmann wußte, daß dies eine gute Frage war, auf die jedermann antworten konnte: Ich habe mich eben geirrt.

»Ich hab mich geirrt«, brachte Schubert kleinlaut hervor.

Dann entstand eine gewollte längere Pause, die Ehrlich bis zum Ende auskostete. »Beweisanschein durch Lüge«, so ging es ihm nebenher durch seinen Schädel, nennt die Kriminalistik den Vorgang, eine erkannte Unwahrheit in der Aussage als Beweis oder Indiz für Schuld zu nehmen. Als erfahrener Vernehmer wußte er, daß sich Verdächtige wie andere Menschen auch irren können oder aus Motiven, die mit der Schuldfrage in der behandelten Straftat nichts zu tun haben, falsche Aussagen machen. Ist nämlich der Vernommene nicht der wirkliche Täter, so kann er bei ausreichender Intelligenz natürlich beurteilen, welcher Aussageinhalt für ihn günstig ist und welcher belastend wirkt. Er kennt also die Straße nicht, in der der Überfall geschah, nicht die Frau, die vergewaltigt wurde, und er hatte auch keine Konflikte mit dem später Ermordeten. Wenn nun der Kriminalist die Unwahrheit dieser Behauptungen ermittelt hat, sieht es in aller Regel schlecht um den Beschuldigten aus: Wer einmal lügt ...

Wieke rührte leidenschaftlich in seiner Kaffeetasse und verrührte die Sahne fast wie ein Automat, und Ehrlich saß einfach nur so da und schaute sich in der Küche um. Unter der Spüle lagen eine helle Herrenhose in beige mit Gürtel, ein langärmeliges graues Hemd mit zwei Brusttaschen und ohne Schulterstücke, ein weißer Schlüpfer mit Schlitz, gebraucht, und ein weißes Unterhemd mit schmalen Trägern, auch gebraucht. Aha, dachte Ehrlich, Polizeikleidung für die Wäsche. Mal sehn, welche Aussagen die Geschädigte zur Kleidung des Täters gemacht hat.

»Ach, Scheiße«, sagte Schubert, »Sie lassen ja doch nicht locker. Irgend etwas war noch gewesen an diesem Abend, aber ich kann mich schlecht erinnern. Ich hab dieses Mädchen noch besucht, das ich schon mehrmals im Bus gesehen hatte und mit der ich auch schon gesprochen habe. Ich glaube, ich bin ihr sympathisch gewesen. Na, sie hat mich ja auch, nur mit Nachthemd bekleidet, reingelassen. Ich glaub, ich hab sie auf dem Flur genagelt, aber sie wollte es ja auch. Und ich war ja voll. Ich kann mich eigentlich an nichts Genaueres mehr erinnern.«

»Wo wohnt denn diese junge Frau?« wollte Wieke wissen.

»Ich weiß nicht einmal, wie die Straße heißt, aber ich kann Sie hinführen. Das ist nicht weit weg von hier.«

Claus Schubert zog sich an. Die Kriminalisten nahmen ihn in ihre Mitte und ließen sich in der kühlen Oktobernacht das fragliche Haus zeigen. Es stand wirklich nicht weit. Sie gingen praktisch nur um das Häuserkarree, und schon waren sie am besagten Hauseingang in der Orionstraße eingetroffen. »Ich glaube«, sagte Schubert, »es war oben in der Wohnung rechts, aber genau kann ich das nicht sagen.«

»Geht mal schon zum Auto, ich muß noch telefonieren«, sagte Ehrlich und eilte mit weiten Schritten zur nahestehenden Telefonzelle. Er informierte Charly über die bisherigen Ermittlungsergebnisse und über den mutmaßlichen Täter – ein Polizist also, ein Genosse von uns. Ehrlich wußte, daß in diesen brisanten Fällen aus dem Bereich des Ministeriums des Innern die oberste Behörde selbst ermittelte, was also hieß, daß sich sicherlich Herren der Hauptabteilung Kriminalpolizei des MdI vor Ort blicken ließen und die Ermittlungen übernahmen.

Der Leiter der Diensthabenden Gruppe, Major Rebentisch, wurde vom Kriminaldienst zu nächtlicher Zeit in das Präsidium bestellt, um dann alles weitere zu veranlassen.

Nun gut, dachte Ehrlich, wir haben die Sache geklärt und sind sie los, das ist doch immerhin auch ein Vorteil. Aber irgendwie empfand er es schon als eine Entmündigung, daß diese Fälle nicht im Bezirk selbständig untersucht werden konnten. Und nebenher fiel ihm noch ein, daß die große Geheimniskrämerei selbst dann einsetzte, wenn ein Polizist oder ein Angehöriger des MfS aus unterschiedlichen Gründen gesucht wurde. Dieser Fakt tauchte in den Fahndungsblättern im Klartext auch nicht auf; es war alles sehr verschlüsselt aufgeschrieben. Wenn also jemand mit Akten in der Tasche auf dem Wege zum »Gegner« war, gab es ganz neutral gehaltene Fahndungsblätter über vermißte Personen, entweder in hilfloser Lage oder geistig verwirrt. An den Fotos war meist zu erkennen, daß es Staatsdiener waren. Und wenn dann die Bekleidung noch als »eine blaue Baskenmütze, blaß-grüne Forstwendejacke mit durchgehendem Reißverschluß, nach Öffnen des Reißverschlusses im Kragenbereich kann eine Kapuze entnommen werden, zwei Tragevarianten« beschrieben wurde und der Vermißte vermutlich »eine braune Aktentasche mit zwei versenkbaren Griffen und durchgehendem Reißverschluß« mit sich führte, wie auf einem Fahndungsblatt aus dem Jahre 1985 beschrieben, war allen Kriminalisten der DDR sinnfällig geworden, daß wieder einmal einer von »uns« gesucht wurde.

Etwa gegen 22.30 traf der Major der K Rebentisch auf der Dienststelle in Rummelsburg ein und kurz danach die beiden Herren der Hauptabteilung Kriminalpolizei, die die Ermittlungen übernehmen wollten.

Aber zuvor sollte die DHG Schubert noch einmal protokollarisch befragen.

In seiner Befragung gab er unter anderem folgendes an:

»Gegen 22.00 Uhr habe ich die Wohnung meines Freundes verlassen, um nach Hause zu gehen. Auf dem Wege nach Hause kam mir noch die Idee, die vorgenannte junge Frau zu besuchen.

Frage: Woher wußten Sie, wo diese junge Frau wohnt?

Antwort: Auf dem Nachhauseweg vom Bus habe ich sie einmal gefragt, wo sie denn wohnt bzw. wo sie hinwill. Hierauf antwortete sie, in der Orionstraße, genau in der Mitte. – Ich fand den Eingang sofort. Ich klingelte an verschiedenen Knöpfen, worauf der Türsummer betätigt wurde. Ich ging jetzt die Treppe nach oben und stellte eine geöffnete Wohnungstür fest, in der die vorgenannte junge Frau stand. In welcher Etage sich die Wohnung befindet und ob es links oder rechts war, kann ich nicht sagen. Die junge Frau war mit einem langen Nachthemd bekleidet. Sie sagte zu mir: ›Nanu, getrunken, aber kommen Sie erst einmal rein.‹ Daraufhin habe ich die Wohnung dieser jungen Frau betreten. Auf dem Flur haben wir uns ein wenig unterhalten. Ich habe sie gefragt, ob sie mit mir schlafen möchte, was sie verneinte. Danach sagte ich, daß ich ihr dann wehtun müßte, was ich aber nicht will. Sie fragte dann, was ich mit ihr tun werde, wenn sie in den Geschlechtsverkehr nicht einwilligt. Daraufhin sagte ich: ›Dann lege ich dich um!‹ Aus Angst vor mir und meiner Drohung zog sie sich nackend aus; sie hatte ein langes Nachthemd an. Ich zog meinen Anorak aus und warf ihn im Flur auf den Fußboden. Ich zog meine Hose und meinen Schlüpfer herunter, mein Glied war steif. Als die junge Frau merkte, daß ich mit meinen Vorbereitungen fertig war, setzte sie sich mir gegenüber auf den Fußboden. Ich ging auf die Knie herunter. Die junge Frau öffnete ihre Schenkel, so daß ich mein Glied einführen konnte. Bis zum Orgasmus bin ich aber nicht gekommen, da mein Glied beim Geschlechtsverkehr erschlaffte. Danach habe ich mich angezogen und die Wohnung verlassen.

Als Angehöriger der Volkspolizei ist mir klar, daß ich den

Tatbestand der Vergewaltigung erfüllt habe. Ich bereue mein Handeln aufrichtig. Ich habe einen großen Fehler gemacht und bin bereit, die Konsequenzen aus meiner Tat zu ziehen. Ich bin auch bereit, mich bei der jungen Frau zu entschuldigen, wenn dies gefordert wird.

Ende der Befragung: 31. 10. 1985, 01.30 Uhr.

Ich habe das Protokoll meiner Befragung selbst gelesen. Der Inhalt entspricht meinen Aussagen, meine Worte wurden im Protokoll richtig wiedergegeben.«

Die beiden Herren von der Hauptabteilung Kriminalpolizei waren zufrieden, als sie das Befragungsprotokoll lasen. Ein Geständnis lag vor, das erleichterte schon die Arbeit, vorausgesetzt, daß man es auch gut absicherte. Die Kriminalgeschichte kennt ja viele Fälle, in denen man sich auf das Geständnis konzentrierte und vorhandene sachliche Beweismittel außer acht ließ. Die verheerenden Folge war dann zwangsläufig, daß bei einem Geständniswiderruf die Anklage auf wackligen oder auf gar keinen Füßen mehr stand.

Und in diesem Fall hatte die Geschädigte gezögert, eine Anzeige zu erstatten, hatte sich nach der Tat im Intimbereich gründlich »reingewaschen«, so daß der »Ärztliche Untersuchungsbericht für Opfer von Sexualstraftaten«, der avisiert war, vom Standpunkt der Beweisführung mager ausfiel: Keine Spermaspuren vom Täter, keine Schamhaare des Vergewaltigers, die sich üblicherweise bei jedem Koitus gegenseitig übertragen. So blieben nur die Aussagen des Verdächtigen und der Geschädigten, die den Mann in einer Wahlgegenüberstellung mit Sicherheit wiedererkennen würde.

Der neue Tag dämmerte herauf. Vom Hof in Rummelsburg in Richtung MdI fuhren mit ihrem Dienst-Wartburg zwei Kriminalisten der Hauptabteilung Kriminalpolizei und Claus Schubert.

Schuberts Spur hat sich für uns im Nebel verloren. Wir wissen nicht, zu welcher Strafe er verurteilt wurde und was aus ihm geworden ist.

Einige Tage später war die DHG in Treptow auf Jagd nach einem neuen Vergewaltiger. Der Kriminaldienst Leutnant Steinhäuser empfing die Kollegen von der Zentrale diesmal aufgeräumt und geradezu herzlich. »Nun sag mal, wie bist du denn auf diesen Polizisten gekommen? Es war ja phänomenal, wie du ihn auf unserer Liste auf Anhieb herausgefunden hast.«

Ehrlich, kein Mann der großen Worte oder ausufernden Erklärungen, winkte ab: »Zufall, reiner Zufall. Aber auch der ist immer auf der Seite der stärkeren Bataillone.«

Die Vernehmung

Vernehmer: Was machen Sie denn so, wenn Sie allein in der Wohnung sind?

Vernommener: …

Vernehmer: Sie wohnen allein in der Wohnung?

Vernommener: Nein, mit meinem Pflegesohn, der heißt Bruno. Er ist zwanzig.

Vernehmer: Was für Besuch empfangen Sie in der Wohnung?

Vernommener: Besuch. Na, die Freundin von Bruno. Und dann, dann waren noch so ein paar Kinder von der Schule da.

Vernehmer: Was für Kinder?

Vernommener: Na, die hatte Brunos Freundin vor Weihnachten mitgebracht. Die heißt Henriette Blanke.

Vernehmer: Wie alt sind denn die Kinder?

Vernommener: Zwölfe.

Vernehmer: Und wie alt sind Sie?

Vernommener: Achtunddreißig.

Vernehmer: Ihr Sohn ist?

Vernommener: Zwanzig.

Vernehmer: Und was machen zwölfjährige Kinder in Ihrer Wohnung?

Vernommener: Die Kinder, die hat die Henriette mitgebracht.

Vernehmer: Wie alt ist denn die Henriette?

Vernommener: Siebzehn.

Vernehmer: Und was macht Henriette mit zwölfjährigen Mädchen und Jungs?

Vernommener: Die haben Schularbeiten gemacht, Fernsehen geguckt …

Vernehmer: Und was haben Sie mit den Kindern gemacht?

Vernommener: Nischt.

Vernehmer: Überlegen Sie mal, Sie sind doch nicht hier, weil Sie Herr Brusser sind oder weil ich Langeweile habe, sondern da muß doch irgend etwas vorgefallen sein. Tun Sie mir einen Gefallen. Wir haben Anfang der Woche, bringen Sie mir nicht auf den Boom, und um achte schon gar nicht. Irgend etwas gab es doch da in Ihrer Wohnung, was zumindest für uns nicht in der Norm liegt. Wenn Sie sich da ein paar Hühner einladen, die zwanzig sind, und die durch die Bude jagen, interessiert uns das gar nicht. Allein vom Sachverhalt kommt es aber spanisch vor, wenn ein Erwachsener zwölfjährige Kinderlein in seiner Wohnung aufnimmt. Und die machen Schularbeiten. Im großen und ganzen noch eine gute Sache. Aber es ist nicht bei den Schularbeiten geblieben. Kennen Sie die Kinder namentlich?

Vernommener: Nö.

Vernehmer: Und wie würden Sie die Kinder beschreiben, wie viele kamen da immer?

Vernommener: Mal viere, mal sechs.

Vernehmer: Zusammensetzung? Jungs? Mädchen?

Vernommener: Jungs und Mädchens, manchmal waren auch nur Mädchen da.

Vernehmer: Und wenn nur Mädchen da waren, sind die gemeinsam gekommen und gemeinsam wieder gegangen? Oder sind da ab und zu paar Mädchen früher gegangen, und ein Mädchen blieb zufällig zurück?

Vernommener: Nein, die sind alle gemeinsam gekommen und gemeinsam wieder gegangen!

Vernehmer: Und Sie haben die Kinder nie angefaßt, außer »Guten Tag!« zu sagen?

Vernommener: Ja.

Vernehmer: Richtig. Und wie lange wollen wir es durchhalten?

Vernommener: Was heißt durchhalten. Ich kann nur das sagen, was wahr ist.

Vernehmer: Ist klar, und alle Kinder sprechen sich ab und sagen, nun braten wir dem Brusser mal 'nen Storch, und erzählen eine Story, was in Ihrer Wohnung alles vorgefallen ist. Richtig?

Vernommener: Nö.

Vernehmer: Doch! Die sind hergekommen und haben eine Anzeige erstattet, weil da was vorgekommen ist, was man nicht machen dürfte. Und da die Kinder nun in die Sonderschule

gehen, ist es ja auch nicht weiter schwer, sich eine Story aus-
zudenken. Richtig?

Vernommener: Wer soll sich denn eine Story ausgedacht haben?

Vernehmer: Wenn Sie aussagen, daß die Kinder in Ihrer Wohnung Schularbeiten gemacht haben, und die Kinder sagen
was anderes, dann wird es eine Story sein.

Vernommener: Sie können doch aber nichts anderes erzählen.

Vernehmer: Haben sie doch aber! – Schon mal mit der Polizei
zu tun gehabt?

Vernommener: Schon lange nicht.

Vernehmer: Lange nicht! Ja oder nee?

Vernommener: Ja.

Vernehmer: Weswegen?

Vernommener: Das war vor über zehn Jahren…

Vernehmer: Weswegen? Ich wollte nur wissen, weswegen?

Vernommener: Na, da hatte ich mal mit jemandem onaniert.

Vernehmer: Na gut, das ist ja nicht weiter schlimm. Wer war
denn der, mit dem Sie sich einen runtergeholt haben?

Vernommener: Er war fünfzehn. Er hat bei uns in der Nachbar-
schaft gewohnt.

Vernehmer: Und was war noch?

Vernommener: Weiter nischt.

Vernehmer: Weiter nischt? Paar Bildchen mal gehabt mit paar
Nackedeis druff?

Vernommener: Nö.

Vernehmer: Nie mal Pornos gehabt, nie mal was gewesen deswegen?

Vernommener: Nö.

Vernehmer: Und mit kleene Kinder auch nischt?

Vernommener: Nö.

Vernehmer: Haben Sie 'ne Frau?

Vernommener: Ich war verheiratet.

Vernehmer: Und jetzt?

Vernommener: Ich bin geschieden.

Vernehmer: Das ist meistens so nach der Ehe … Seit wann sind
Sie geschieden?

Vernommener: Seit sieben oder acht Jahren.

Vernehmer: Haben Sie 'ne feste Frau oder Freundin?

Vernommener: 'ne feste Frau habe ich nicht, aber 'ne Freundin, die zeitweilig bei mir wohnt.

Vernehmer: Da haben Sie es doch gar nicht nötig, sich mit kleinen Kindern abzugeben. Das wäre doch anormal. Und warum erzählen die Kinder nun, daß das Anormale eingetroffen ist? Wir holen die Kinder am besten hierher und machen eine Gegenüberstellung. Und was machen wir denn, wenn die Kinder bei ihren Aussagen bleiben?

Vernommener: Das können sie ja nicht.

Vernehmer: Daß Sie hier nicht hereinkommen und schreien, ich hab' Sauereien gemacht, das war klar gewesen. Wie lange brauchen Sie denn, sich das alles zu überlegen und uns die Wahrheit zu sagen? Versuchen Sie doch, auch uns zu verstehen. Eine Frau in Ihrem Alter, die möchte gern mit Ihnen zusammen sein, kriegt einen Korb nach dem anderen, die nehmen Sie aber mit nach Hause und machen sie heiß und zeigen ihr den Daumen und lassen sie wieder gehen. Sie rächt sich und macht eine Anzeige. Da sehe ich einen Sinn drinne. Aber, daß die Kinder zur Polizei gehen und Aussagen gegen Sie machen, das klingt doch wohl mehr als ein Märchen. Da gibt es kein Motiv. Und wenn die Kinder ausgesagt haben, daß sie von Ihnen ein bißchen betatscht wurden, dann ist da was dranne. Kein Rauch ohne Feuer. Wenn auch nicht alles stimmt, was die Kinder gesagt haben, aber etwas ist auf jeden Fall da dranne.

Vernommener: Wen soll ich denn betatscht haben?

Vernehmer: Das wollen wir ja von Ihnen wissen.

Vernommener: Ich weiß ja gar nischt. Wenn ich das und das gemacht hätte, würde ich es ja zugeben und dafür geradestehen, aber ich weiß ja nischt.

Vernehmer: Wie sehen denn die Kinder aus? Ich meine, entwicklungsmäßig.

Vernommener: Entwicklungsmäßig … Wie kleene Kinder aussehen. Es könnten bald meine Enkel sein.

Vernehmer: Schön. Eine dabei, die schon besonders entwickelt ist? Die reifer ist als die anderen?

Vernommener: Nö.

Vernehmer: Was haben Sie sich unterhalten in der Wohnung?

Vernommener: Die haben Schularbeiten gemacht und Fernsehen geguckt. Mal 'ne Zigarette geraucht.

Vernehmer: 12jährige Mädchen, das richtige Alter zum Rauchen.

Vernommener: Dann hat Bruno manchmal Musik gemacht, und dann haben die Mädels untereinander getanzt. Ich kam ja meist von Arbeit, wenn die da waren.

Vernehmer: Kein Küßchen mal, nicht mal umgefaßt?

Vernommener: Umgefaßt nicht, aber mal ein Küßchen auf die Wange. Das war aber auch alles.

Vernehmer: Und nicht mal angefaßt. Ans Brüstchen. Oder untern Rock. Todsicher nicht? Nicht mal aus Versehen? Das erzählen die Kinder aber. Sie waren doch immer gut zu den Kindern gewesen. Warum hauen sie Sie jetzt in die Pfanne? Undank?

Vernommener: Ich weiß überhaupt nicht, was gewesen sein soll. Eigentlich weiß ich überhaupt nichts mehr.

Vernehmer: Wenn ich in meiner Wohnung fremde Kinder habe … Erst einmal kommen die Gören gar nicht in meine Bude rin. Das erste. Was soll ich mit 12jährige Weiber? So fängt's doch erst mal an. Und wenn ich einen Pflegesohn habe, der 12jährige Weiber in meine Wohnung schleppt, dann frage ich den, ob er nicht ganz normal ist. Das muß ich Sie auch fragen!

Vernommener: Ich hab zu Bruno ja gesagt, was das soll …

Vernehmer: Sie waren doch aber öfter da! Und dann fliegen sie bei mir alle raus, Bruno und Henriette, alle! Wenn ich nach Hause komme, und ich habe einen 12jährigen Sohn, und der bringt seine Freundin mit und die machen Schularbeiten, einverstanden. Wenn ich einen 20jährigen Sohn habe mit einer 17jährigen Freundin, och noch geschenkt. Aber, wenn man mir 12jährige kleene Kinder in die Wohnung bringt, und die machen dann Tänzchen und Schularbeiten, dann frage ich, ob die noch ganz normal sind! Das kann einmal passieren, aber Sie haben doch nichts dagegen gehabt.

Die waren ja öfters dagewesen!

Vernommener: Ich habe doch gesagt, die brauchen nicht mehr wiederzuk…

Vernehmer: Ja, nach dem zehnten Mal oder was?!

Vernommener: Nö.

Vernehmer: Also, nun mal zackig. Was haben Sie sich dabei gedacht? Was war gewesen? Ich hol die Kinder her, ich hole die Eltern her, und dann gehe ich aus dem Zimmer raus. Vielleicht sind Sie dann schneller bereit, die Wahrheit zu sagen, wie Sie die Kinder betatscht haben.

Vernommener: Hab ich aber nicht.

Vernehmer: Nö. Ich sage Ihnen, wir wollen bei den Kindern nicht immer wieder die Erinnerung an diese Vorfälle aufwecken. Wir sagen ja gar nicht, daß Sie mit den Kindern geschlafen haben, aber irgend etwas ist doch vorgefallen. Ein 38jähriger Mann und 12jährige Mädchen, das muß doch nicht gerade sein. Ob die Kinder das nun schön finden oder nicht. Wenn ich als Vater einer Sonderschülerin erfahren würde, daß mein Kind in der Wohnung eines erwachsenen Mannes ist, und sie kommt nach Hause und erzählt, was da vorgefallen ist, dann sollte die Sache doch so schnell wie möglich bereinigt werden. Meinen Sie, Herr Brusser, wir holen Sie hierher, weil Sie mit zwölfjährigen Mädchen in Ihrer Wohnung Schularbeiten machen? Die Kinder waren alle schon hier. Wir haben ihre Aussagen. Schwarz auf weiß. Nun machen Sie mal keine Problematik daraus. Wo haben Sie die Kinder noch angefaßt?

Vernommener: Hab ich nicht.

Vernehmer: Warum haben Sie die Kinder denn betatscht? Wollten Sie testen, ob sie schon 'ne Brust hat oder Haare an der Pflaume?

Vernommener: Nö.

Vernehmer: Herr Brusser!

Vernommener: Ja.

Vernehmer: Was denn nun?

Vernommener: …

Vernehmer: Haben Sie Angst, inhaftiert zu werden? Deswegen werden Sie nicht inhaftiert. Das kann ich Ihnen schriftlich geben, wenn Sie es haben wollen. Wir wollen hier nur einen Sachverhalt klären. Machen Sie's uns doch nicht schwerer, als es schon ist.

Vernommener: Na, die haben zu mir gesagt, Du bist unser Papi.

Vernehmer: Gut, und was noch?

Vernommener: Eigentlich nischt.

Vernehmer: Und uneigentlich?

Vernommener: Wir haben ein bißchen verrückt gespielt, sie haben geraucht, eine kleine Kissenschlacht ...

Vernehmer: Paar Bildchen gezeigt?

Vernommener: Nö.

Vernehmer: Haben Sie Bilder zu Hause. Sie wissen, was wir meinen?

Vernommener: Bilder habe ich nicht zu Hause. Sie können die Wohnung durchsuchen, Sie werden nichts finden.

Vernehmer: Die Mädchen nie mal freundschaftlich am Hintern getatscht? Umfaßt?

Vernommener: Wo die alle da waren, beim Rumkaspern mal freundschaftlich unter die Arme gekitzelt.

Vernehmer: Wo denn noch? Sagen Sie doch mal was! Da war doch die Gabriele, die haben Sie besonders gern gehabt.

Vernommener: Wer ist denn das überhaupt?

Vernehmer: Wir holen sie her. Nur auf die Wange geküßt? Die Wange, das wissen Sie, das ist dieses Ding hier.

Vernommener: Ja.

Vernehmer: Vielleicht mal auf den Mund geküßt?

Vernommener: Naja, kann schon mal sein ...

Vernehmer: Und die Hände immer artig in der Hose? Wo können die Hände denn bei den Kindern rangekommen sein?

Vernommener: Beim Wiedersehn die Hand gegeben ...

Vernehmer: Wo kann man noch anfassen bei die kleinen Mädchen?

Vernommener: ...

Vernehmer: Ich habe Ihnen schon gesagt, Sie werden nicht eingesperrt. Wir wollen nur den Sachverhalt klären und auch den Mädchen sagen, Herr Brusser hat die Wahrheit gesagt.

Vernommener: Na, vielleicht auch mal an die Brust gefaßt.

Vernehmer: Stück für Stück kommen wir der Wahrheit näher. Daß Sie die Kinder nackend ausgezogen und Geschlechtsverkehr mit ihnen durchgeführt haben, haben wir nie behauptet. Dann wären Sie eingesperrt worden, todsicher. Es war was anderes. Wir werden mal Ihre Freundin holen und fragen, ob Ihnen vielleicht ein bißchen was fehlt. Sie können mir hundertmal erzählen, Sie haben eine feste Freundin und es wird jeden Tag gebumst, ich glaube Ihnen nicht.

Vernommener: Die kommt ja nicht jeden Tag!

Vernehmer: Im Monat einmal, das ist ja auch ein bißchen wenig. Reicht Ihnen das?

Vernommener: Nö.

Vernehmer: Und Befriedigung, wie läuft die ansonsten?

Vernommener: Mach' ich alleene.

Vernehmer: Und wenn da so paar kleene Mädchen rumhopsen … Sie sind doch nicht der erste, der so etwas gemacht hat!

Vernommener: Nö. Da sind die mir zu klein dazu.

Vernehmer: Nun gut, Phantasie hat man ja auch. Es sind aber Mädchen, und es haben schon einige hier auf dem Stuhl gesessen, und ich kann Ihnen ungefähr erzählen, was in deren Gedanken so vor sich ging. Mädchen mal an die Schenkel gefaßt, an die Brust, und gedacht, es ist 'ne große, und hinterher locker vom Hocker, als wäre es die große Frau gewesen. Ein bißchen eigenartig, aber im großen und ganzen ganz normal. Was machen die im Knast, da kommen ja auch keine Frauen rein. Also brauchen Sie hier nicht rumzueiern. Ich glaube Ihnen sogar, daß Sie das vielleicht am Anfang nicht wollten. Es war vielleicht ein bißchen unangenehm beim ersten Mal mit den 12jährigen Mädchen, aber mit der Zeit … Mädchen sind Mädchen, die Alte ist weit, einmal im Monat reicht mir nicht. Sie müssen sich dabei was gedacht haben! Nun sagen Sie endlich, was Sie mit den Mädchen gemacht haben, was in Ihrem Kopf vorgegangen ist, wie unauffällig Sie es gemacht haben, warum Sie das gemacht haben, und dann schreiben wir es auf. Und dann werden Sie in Zukunft die Finger von den Kindern lassen.

Vernommener: Es ist irgendwie peinlich.

Vernehmer: Klar ist das peinlich. Aber wir sind doch allein im Zimmer, und dann gehen wir doch nicht zum Alex und verbreiten das. Das bleibt bei uns in den Akten, und dann ist gut.

Vernommener: Na, vielleicht bin ich auch mal so drübergefahren über die Brust, aber ob ich auch bis unten gefahren bin, das weiß ich nicht.

Vernehmer: Natürlich wissen Sie das! Also, jetzt mal klar und deutlich: Haben Sie die Kinder an das Geschlechtsteil gefaßt?

Vernommener: Nö.

Vernehmer: Haben Sie die Kinder geküßt?

Vernommener: Ja, auf die Wange. Das war bei uns gang und gäbe in der Verwandtschaft.

Vernehmer: In der Verwandtschaft. Nun gut. – Ein Mädchen, Gabriele, hat ausgesagt, daß Sie sie an die Muschi gefaßt haben. Warum sagt sie so etwas?

Vernommener: Weiß ich nicht …

Vernehmer: Sie wissen, was gemeint ist?

Vernommener: Na, so oben auf die Hose gefaßt …

Vernehmer: Und haben Sie es gemacht?

Vernommener: Weiß ich nicht.

Vernehmer: Wenn ich ein Mädchen an die Muschi fasse, weiß ich es, aber bei Ihnen scheint das ja anders zu sein. – Und sexuell erregt haben Sie sich nicht, wenn die Mädchen rumgehopst sind in ihren kurzen Röckchen?

Vernommener: Nö.

Vernehmer: 'Nen Hintern gesehen, war Ihnen gleichgültig gewesen?

Vernommener: Ja.

Vernehmer: Und warum sind die Kinder immer wieder gekommen?

Vernommener: Der Große, der hat doch immer gesagt, laß doch die Kinder sich noch ein wenig aufwärmen, wenn sie aus der Schule kamen, waren sie immer so durchgefroren.

Vernehmer: Wir drehen uns im Kreise. Wenn die Kinder frieren, dann sollen sie nach Hause gehen. Punkt.

Vernommener: Aber, die sind doch zu Hause geschlagen worden!

Vernehmer: Also können wir zusammenfassen, daß die Kinder lügen. Warum lügen sie, obwohl Sie zu ihnen doch immer herzensgut waren?

Vernommener: Ich hab doch den Kindern nicht an die Muschi gefaßt!

Vernehmer: Vielleicht doch. Nicht mal gedacht, es könnte 'ne große sein, und ein bißchen vergangen an der kleenen? Im Unterbewußtsein? Und hinterher einen runtergeholt, und Sie dachten, es wäre die große gewesen? So unwahrscheinlich ist das?

Vernommener: Das ist nicht so unwahrscheinlich …

Vernehmer: Das denke ich auch. Sie kennen sich doch. Sie brauchen jetzt keine Leidensmine aufzusetzen, wir wollen nur die Wahrheit wissen. Es sagt ja keiner, daß Sie wie ein Berserker da unten rangegangen sind. Das kann man doch ganz geschickt machen, entweder sie läßt es sich gefallen oder man ist aus Versehen dagegengekommen. Was meinen Sie, wieviele hier schon auf diesem Stuhl gesessen haben, die sich auch so verhalten haben!

Vernommener: Naja, ich hab' doch gesagt, ich bin von oben nach unten drübergefahren.

Vernehmer: Was heißt das bitte im Klartext?

Vernommener: So oben drüber bis über die Schenkel.

Vernehmer: Übers Geschlechtsteil bis zu den Schenkeln?

Vernommener: Ja.

Vernehmer: Was haben denn die Kinder angehabt?

Vernommener: Hosen.

Vernehmer: Haben Sie auch in die Hose gefaßt?

Vernommener: Nein, nur so drübergefahren.

Vernehmer: Und was waren dafür Ihre Beweggründe?

Vernommener: …

Vernehmer: Wenn ich Sie so sitzen sehe, und wenn ich einen Blick in Ihre Akten werfe, dann kann ich Ihnen sagen, wie's passiert ist. Die Kinder kamen also, sind immer rumgesprungen, kleine Mädchen. Keine Frau, und Frauen sind's

auch. Die springen da also rum. Na klar, die sind ein bißchen kleen, aber es sind Frauen. Und die eene kommt ran
zu mir, den Kopf auf den Schoß. Da spielen wir da mal ein
bißchen, und da, und mal ein bißchen sexuell erregen. Ich
brauch sie ja nicht ankiecken dabei, ich fühle ja den Rest.
Mal da und mal da angefaßt, und hinterher aufs Klo gegangen. Wa, so war es doch gewesen?

Vernommener: Ja, es kann möglich sein.

Vernehmer: Kann, damit gebe ich mich nicht zufrieden!

Vernommener: Es ist doch schon so lange her!

Vernehmer: Das ist doch nicht so lange zurück! Entschuldigen
Sie doch bitte mal! Sie eiern nur herum, weil es unangenehm
ist, es auszusprechen. Sie eiern herum: so lange zurück, Sie
wissen es nicht, kann möglich sein und und und. Aber Sie
kennen sich von der Persönlichkeit ganz genau. Was ist denn,
wenn Sie onanieren, machen Sie die Augen zu oder nehmen
Sie ein Bild mit rin? Sie kennen doch alles selber, Sie wissen
doch, wie Sie es machen, was für Vorstellungskraft Sie dabei
haben. Gehen Sie auf die Straße, sehen eine bestimmte Frau,
die Ihnen gefällt, gehen Sie dann auf Toilette und holen sich
einen runter? Oder nehmen Sie das Magazin mit oder paar
Pornos?

Vernommener: ...

Vernehmer: Sie werden nicht inhaftiert, das sagte ich schon.

Vernommener: Hier wird man doch wegen alles eingesperrt.

Vernehmer: Sie sperren wir nicht ein deswegen. Was machen wir
denn mit denen, die kleine Kinder vergewaltigen? Denen
hacken wir das Ding ab, ja? Oder wie? Sie waren doch schon
mal inhaftiert gewesen. War da jemand drin gewesen, der
die Mädchen immer nur unten angefaßt hat?

Vernommener: Nö.

Vernehmer: Sehen Sie! Warum wollen Sie denn in den Knast?
Wollen Sie der erste sein?

Vernommener: Nö.

Vernehmer: Also, seh'n Sie, nun mal raus mit der Sprache.
Warum haben Sie diese Kinder immer und immer wieder
in Ihrer Wohnung aufgenommen?

Vernommener: Wenn man allein ist, da ist man froh, wenn es mal klingelt und man jemanden zum Unterhalten hat.

Vernehmer: Aber doch nicht 12jährige Mädchen! Wenn ein Arbeitskollege vorbeikommt oder Kumpels von Ihrem Sohn oder Kneipenbekanntschaften oder paar Weiber, vollkommen richtig, Abwechselung, mal was zum bumsen, alles normal. Aber mit diesen kleinen Mädchen! Also los, warum haben Sie es gemacht?

Vernommener: Vielleicht war ich ein bißchen scharf oder was. Und dann sind die ja alle weggegangen.

Vernehmer: Und wie ging es dann weiter?

Vernommener: Wie weiter?

Vernehmer: Sie haben gesagt, Herr Brusser, Sie haben sich an den Mädchen scharf gemacht, und nun waren sie alle weg.

Vernommener: Mein Sohn ist dann auch weg, zur Fahrschule oder irgendwohin. Dann war ich allein in der Wohnung. Ich habe mich dann hingelegt, mußte ja zur Nachtschicht. Und dann habe ich eben onaniert.

Vernehmer: Aufgrund dessen, daß Sie sich an den Mädchen scharf gemacht haben?

Vernommener: Nö. Nicht deswegen. Weil ich immer so allein bin ...

Vernehmer: Wenn ich allein bin, dann hole ich mir doch keinen runter, dann müßte ich mir ja dreimal am Tag einen runterholen! – Also ich will mal zusammenfassen: Sie haben die Mädchen zum Aufheizen benutzt, besonders die eine, die besonders anschmiegsam gewesen ist. Mal ein Küßchen, mal an die Brust gefaßt, auch mal kurz an die Muschi, und als die anderen weg waren, Augen zu und einen runtergeholt. Das war alles gewesen?

Vernommener: Ja. Aber nur einmal.

Vernehmer: Und das war so schwer gewesen zu sagen.

Vernommener: Ja.

Vernehmer: Und wie wollen Sie das nun ändern? Eins steht fest, die Mädchen kommen nicht mehr in die Wohnung, amtlich.

Vernommener: Ja.

Vernehmer: Und wie soll nun weitergehen mit Ihnen. Wollen Sie sich nicht mal eine richtige Frau suchen?

Vernommener: Ich bin dabei. Meine geschiedene Frau sagt auch, ob ich nicht wieder zurückkommen will. Das muß ich mir aber überlegen. Sie ist doch taub. Deswegen habe ich mich doch scheiden lassen.

Vernehmer: Weil sie taub ist? Das haben Sie doch vorher gewußt?

Vernommener: Nun, wir waren über acht Jahre verheiratet, aber um so älter sie geworden ist, desto schlimmer ist das bei ihr mit der Eifersucht geworden. Und auch mit den Kindern. Sie tut sich nur noch mit Gott und alle Welt streiten.

Vernehmer: Hat Sie 'nen Grund gehabt zur Eifersucht?

Vernommener: Eigentlich nicht. – Wenn wir Geburtstag gefeiert haben und einer hat einen Witz erzählt, dann ist sie rot angelaufen und hat geschrien: »Ihr quatscht über mich!« und ist rausgelaufen. Und wenn wir S-Bahn gefahren sind, und es saß uns ein Mädchen oder eine Frau gegenüber, dann hat die sich schon eingebildet, ich gebe mit den Augen Zeichen, daß wir uns verabreden.

Anmerkung:

Heinz Brusser, vorbestraft wegen Unzucht (1963), sexuellem Mißbrauch Abhängiger (1967), Verbreitung von Pornographie und sexuellem Mißbrauch von Kindern (1972), war insgesamt zu drei Jahren und vier Monaten Freiheitsentzug verurteilt worden. Die Amnestie 1975 schenkte ihm wieder die Freiheit. Auch aus der Sache von 1980 kam er glimpflich heraus; der Vernehmer hatte sein Versprechen gehalten: Brusser kam nicht ins Gefängnis. Er wurde gemäß § 148 StGB (Sexueller Mißbrauch von Kindern) zu einer Bewährungsstrafe verurteilt. Die Bewährungszeit wurde mit eineinhalb Jahren festgesetzt, sechs Monate Freiheitsentzug waren angedroht worden.

Das Protokoll

VPI Mitte
Kriminalpolizei

Berlin, den 17. Juni 1988
Beginn: 9.30 Uhr
Ende: siehe
geschlossen

2. Beschuldigtenvernehmung
des Maier, Johannes
geb. 21. 08. 1950 in Leipzig
wh. z. Zt. UHA Berlin I
weitere Personalien bekannt

zur Sache:

Frage: Wann und unter welchen Umständen begannen Sie, mit Ihrer Stieftochter sexuelle Handlungen durchzuführen?

Antwort: Mit sexuellen Handlungen, d. h., daß ich mit Karola Mundverkehr durchführte, begann ich zu dem Zeitpunkt, als meine Frau im Krankenhaus zur Entbindung unseres Sohnes Paul war. Das war im Januar 1980.
Ich lag nackt im Bett, als Karola zur mir ins Bett kam und fragte, was ich da unten habe. Es kann sein, daß ich dann zu ihr gesagt habe, daß dies ein Lutscher ist. An diesem Tag war dann auch nichts weiter gewesen. Am nächsten Tag kam sie wieder zu mir ins Bett, und ich sagte dann zu ihr, du kannst ihm ja mal ein Küßchen geben. Das hat die Karola dann auch gemacht. Weiter war dann nichts, und auch in der darauffolgenden Zeit spielte sich zwischen uns nichts ab.

Vorhalt: Ihre Stieftochter sagte in ihrer Zeugenvernehmung aus, daß sie einen Lutscher haben wollte und Sie dem Mädchen statt dessen Ihr erregtes Glied in ihren Mund steckten mit den Worten: »Da hast du deinen Lutscher!« Nehmen Sie dazu Stellung!

Antwort: Ich weiß ganz genau, daß das nicht stimmt. So wie ich bereits gesagt habe, kam sie zu mir an und fragte, was ich da habe. Sie gab mir lediglich einen Kuß auf mein Geschlechtsteil.

Frage: Wann führten Sie dann den ersten eigentlichen Mundverkehr durch?

Antwort: Meiner Meinung nach war der erste Mundverkehr erst ab dem Zeitpunkt, als wir den ersten Geschlechtsverkehr hatten. Bis zum ersten Geschlechtsverkehr spielte sich auch sexuell nichts mehr ab.

Frage: Welche Handlungen führten Sie nach dem von Ihnen bereits genannten Kuß auf Ihr Glied mit Ihrer Stieftochter durch, und wann war das?

Antwort: Die nächste Handlung war der erste Geschlechtsverkehr, den ich mit meiner Stieftochter ca. ein halbes Jahr später durchführte. In der dazwischen liegenden Zeit spielte sich nichts ab.

Vorhalt: Ihre Stieftochter Karola sagte aus, daß sie bereits im Januar 1980 Ihr erregtes Glied im Mund hatte. Äußern Sie sich dazu!

Antwort: So wie ich bereits gesagt habe: Das stimmt nicht. Sie hatte mein Glied nicht vor dem ersten Geschlechtsverkehr im Mund.

Vorhalt: Ihre Stieftochter sagte aus, daß Sie im Monat sechs- bis zehnmal Mundverkehr mit ihr durchführten, ehe Sie mit dem Geschlechtsverkehr begannen. Nehmen Sie dazu Stellung!

Antwort: Ich weiß ganz genau, daß wir mit dem Mundverkehr erst nach dem ersten Geschlechtsverkehr begannen. Ihre Aussage stimmt nicht.

Vorhalt: Weiterhin sagte Ihre Stieftochter aus, daß sie den Mundverkehr im Ehebett und auf der Toilette durchführten. Äußern Sie sich dazu!

Antwort: Ich weiß nicht, wie meine Tochter dazu kommt, derartige Aussagen zu machen. Sie entsprechen nicht der Wahrheit.

Vorhalt: Ihre Stieftochter sagte ebenfalls aus, daß Sie ihr erklärten, wie sie den Mundverkehr durchzuführen hat, und zwar mit den Worten: »Reibe von oben nach unten!« Was haben Sie dazu zu sagen?

Antwort: Diese Angaben entsprechen der Wahrheit, jedoch spielte sich das erst nach dem ersten Geschlechtsverkehr ab. Ich sagte zu ihr, wenn du das schon machst, dann mach das auch richtig. Es kann sein, daß ich es ihr auch mit der Hand vorgemacht habe, genau weiß ich es aber nicht mehr.

Vorhalt: Nach Aussage Ihrer Stieftochter kam es beim Mundverkehr, der vor dem ersten Geschlechtsverkehr durchgeführt wurde, außer dem ersten Mal immer zum Samenerguß, den sie in ihren Mund bekam. Beziehen Sie dazu Stellung!

Antwort: Das stimmt nicht, den Samenerguß bekam sie erst in den Mund, als wir schon eine ganze Zeit Geschlechtsverkehr hatten. Vorher war nichts, ich bin mir dessen auch sicher. Ich erinnere mich noch genau an den ersten Mundverkehr. Als ich merkte, daß der Samenerguß bevorsteht, tippte ich Karola an und sagte, daß sie aufhören soll. Meine Tochter hörte aber nicht auf mich und machte weiter bis zum Samenerguß. Als sie dann den Samen im Mund hatte, ging sie ihn ausspucken. Geschluckt hat sie das Sperma nie.

Frage: Wann hatten Sie mit Ihrer Tochter den ersten Geschlechtsverkehr?

Antwort: Ich weiß genau, daß meine Tochter beim ersten Geschlechtsverkehr 11 Jahre alt war. Demzufolge muß sich der erste Geschlechtsverkehr 1982 abgespielt haben. Welcher Monat es war, kann ich heute nicht mehr sagen. Diesen ersten Geschlechtsverkehr führte ich mit Karola am Tage durch.

Frage: Wo wurde dieser erste Geschlechtsverkehr durchgeführt?

Antwort: Den ersten Geschlechtsverkehr führte ich mit Sicherheit mit Karola im Bett durch. Meine Stieftochter lag unten, und ich lag auf ihr drauf. Ich glaube, daß ich an diesem Tage frei hatte. In den Mittagsstunden legte ich mich zu Bett. Karola wollte etwas, um was es sich handelte, weiß ich nicht mehr. Jedenfalls kam sie zu mir ins Bett und legte sich zu mir. Wir haben uns dann unterhalten, ich fragte sie auch, ob sie schon mal Geschlechtsverkehr hatte. Wir waren dabei lustig. Ich fragte sie dann auch, ob sie nicht mal Lust hätte zum Geschlechtsverkehr. Sie hat sich dann selbst die Hose ausgezogen, ihr Unterhemd behielt sie an. Ich habe mich dann auch ausgezogen, und wir führten in der Normalstellung den Geschlechtsverkehr durch. Bei diesem ersten Mal kam es noch nicht zum Samenerguß.

Vorhalt: Ihre Stieftochter sagte aus, daß Sie den ersten Geschlechtsverkehr mit ihr im Flur durchführten, wobei sie sich auf den Werkzeugschrank setzen mußte und Sie ihr den Schlüpfer ausgezogen haben. Anschließend führten Sie den Geschlechtsverkehr im Stehen durch. Äußern Sie sich dazu!

Antwort: Meine Stieftochter muß sich da irren, ich weiß genau, daß wir den ersten Geschlechtsverkehr im Bett durchführten. Im Flur war es dann beim zweiten oder dritten Mal. So wie Karola die Durchführung im Flur beschrieben hatte, trug sie sich auch zu.

Frage: Wann spielte sich, ausgehend vom ersten Geschlechtsverkehr, der nächste Geschlechtsverkehr ab?

Antwort: Da ich erst einmal die Reaktion meiner Tochter nach dem ersten Geschlechtsverkehr abwarten wollte, ließ ich ein paar Tage Zwischenraum. Der nächste Geschlechtsverkehr spielte sich ungefähr zwei Wochen später ab und wurde wie bereits beschrieben im Flur durchgeführt.

Frage: Wo führten Sie mit Ihrer Stieftochter weiterhin den Geschlechtsverkehr durch?

Antwort: Im Flur führten wir den Geschlechtsverkehr nur zum Anfang durch, vielleicht zwei-, dreimal. Im Sessel des Wohnzimmers war es auch ungefähr zwei- oder dreimal. Ansonsten spielte sich alles im Bett ab.

Vorhalt: Ihre Stieftochter sagte aus, daß in den ersten zwei Jahren der Geschlechtsverkehr ausschließlich im Flur durchgeführt worden ist. Nehmen Sie dazu Stellung!

Antwort: Nur zum Anfang führten wir im Flur zwei- oder dreimal Geschlechtsverkehr durch, dann nicht mehr.

Vorhalt: Weiterhin sagte Ihre Stieftochter aus, daß Sie auch auf der Toilette mit ihr Geschlechtsverkehr durchführten, indem

Sie sich auf das Toilettenbecken setzten und Ihre Stieftochter auf Ihren Schoß. Äußern Sie sich dazu!

Antwort: Dieser Vorhalt ist richtig, allerdings war das etwas später, als Karola schon 14 oder 15 Jahre alt war. An eine Handlung in der Toilette kann ich mich noch genau erinnern. Ich hatte gerade geduscht und mußte noch austreten. Karola kam gerade nach Hause, es muß so in den Abendstunden gewesen sein. Sie kam dann ins Badezimmer, als ich gerade auf der Toilette saß. Ich glaube, sie wollte sich waschen. Ich fragte dann, ob sie will, was sie auch bejahte. Sie hat sich dann ausgezogen und setzte sich auf meinen Schoß. Dabei versteifte sich mein Glied, welches ich in dieser Position dann bei ihr in die Scheide einführte.

Ich kann mich noch an ein weiteres Mal an einen Geschlechtsverkehr auf der Toilette erinnern. Ich habe zusammen mit Karola einen Film gesehen, wobei wir herumgealbert haben. Meine Frau saß auch mit vor dem Fernseher. Da meine Frau eingeschlafen ist, gingen wir in die Toilette und führten den Geschlechtsakt im Sitzen auf dem Toilettenbecken durch.

Frage: Wie führten Sie den Geschlechtsverkehr durch?

Antwort: Die Durchführung verlief immer unterschiedlich. Wenn ich Nachtschicht hatte, legte ich mich vorher immer noch einmal hin. Karola kam dann zu mir ins Bett. Meistens hatte sie dann nur ein Flatterhemd an und keinen Schlüpfer drunter. Daraus schlußfolgerte ich dann, daß sie Lust zum Geschlechtsverkehr hat, und ich führte den Akt mit ihr durch.

Ich habe auch manchmal zu ihr gesagt, daß sie sich nichts drunterziehen soll. Ich möchte aber auch sagen, daß es so viele Situationen waren, daß ich sie gar nicht mehr alle auseinanderhalten kann.

Wenn ich nur mit einer Turnhose oder einem Schlüpfer bekleidet war, zog ich mich dann aus.

Vorhalt: Ihre Stieftochter gab zu Protokoll, daß Sie von ihr verlangten, daß sie ihr Nachthemd anhaben soll und nichts darunter. Beziehen Sie dazu Stellung!

Antwort: Verlangt habe ich von Karola so etwas nicht, es kann aber sein, daß sie zu mir gesagt hat, daß sie später kommt. Ich sagte dann zu ihr, daß sie ja gleich alles auslassen kann.

Frage: Wie spielte sich der Mundverkehr im Zusammenhang mit dem Geschlechtsverkehr ab?

Antwort: Dazu muß ich sagen, daß wir den Mundverkehr immer getrennt vom Geschlechtsverkehr durchführten. Lediglich einmal hatten wir morgens Mundverkehr und abends Geschlechtsverkehr. Sonst spielte sich nie beides am gleichen Tages ab.

Vorhalt: Ihre Stieftochter sagte aus, daß Sie ständig den Mund- vor dem Geschlechtsverkehr durchführten. Äußern Sie sich dazu!

Antwort: Das ist überhaupt nicht wahr. So wie ich es bereits sagte, spielte sich der Mundverkehr ab. Außer dem einen Mal nie an einem Tag.

Vorhalt: Weiterhin sagte Ihre Stieftochter in ihrer Vernehmung wörtlich, daß Sie verlangt haben, »daß ich sein Glied in den Mund nehmen soll. Es kam dann auch zum Samenerguß, den ich in den Mund bekam. Anschließend hat er dann noch den Geschlechtsverkehr bis zum Samenerguß durchgeführt. Teilweise küßte er mein Geschlechtsteil und leckte daran.« Nehmen Sie dazu Stellung!

Antwort: Mit dem Mundverkehr stimmt ihre Aussage, aber zusammen mit dem Geschlechtsverkehr ist nicht wahr. Es ist höchstens möglich, daß ich betrunken war. Erinnern kann ich mich daran nicht mehr. Geleckt habe ich ihr Geschlechtsteil nie, soweit ich mich erinnern kann. Es wäre nur möglich, wenn ich betrunken war, was auch vorkam. Und wenn es stimmt, dann kann es nur einmal gewesen sein, als ich wirklich »blau« war.

Frage: Welche Örtlichkeiten nutzten Sie noch, um Ihre Stieftochter sexuell zu mißbrauchen?

Antwort: Außerhalb der Wohnung führte ich mit Karola auf dem Grundstück in Grünheide den Geschlechtsverkehr durch. Auf dem Grundstück steht eine Laube, in der sich eine Couch befindet. Auf dieser Couch führten wir den

Geschlechtsakt in der Normalstellung durch. Außer auf dem Grundstück und in der Wohnung kam es nirgends zum Geschlechtsverkehr.

Vorhalt: Ihre Stieftochter sagte in ihrer Vernehmung auch aus, daß Sie mit ihr im Wald Geschlechtsverkehr durchführten. Äußern Sie sich dazu!

Antwort: Ja, dieser Vorhalt ist richtig. Das Grundstück liegt im Wald, und in der Nähe ist ein Gewässer des Deutschen Angler-Verbandes, wo ich immer angle. Manchmal kam sie mit, und dann führten wir den Geschlechtsverkehr auch im Wald durch. Karola lag dabei auf dem Waldboden, und ich über ihr.

Vorhalt: Weiterhin gab Ihre Tochter zu Protokoll, daß Sie sie auch beim Holzholen im Wald sexuell mißbrauchten. Nehmen Sie dazu Stellung!

Antwort: Genau erinnere ich mich nicht mehr daran, es ist aber möglich, daß wir, als wir angeln waren, auch Holz holten. Dabei wird es dann zum Geschlechtsverkehr gekommen sein, so wie ich es bereits gesagt habe.

Vorhalt: Erinnern Sie sich, wie oft Sie während der ganzen Jahre mit Ihrer Stieftochter Geschlechtsverkehr durchführten!

Antwort: Zusammenzählen kann ich es heute nicht mehr. So richtig fing es an, als Karola ungefähr 13 oder 14 Jahre alt war. Als Karola zwischen 11 und 12 Jahre alt war, hatten wir im Monat ungefähr fünf Mal Geschlechtsverkehr. Weiterhin möchte ich sagen, daß es auch sehr unregelmäßig war, es kam auch vor, daß wir manche Monate keinen Geschlechtsverkehr hatten.

Als sie dann 13 oder 14 Jahre alt war, begannen wir dann, öfter Geschlechtsverkehr durchzuführen. Es kam dann vor, daß wir manchmal in der Woche zwei- oder dreimal Geschlechtsverkehr hatten, so daß im Monat die Anzahl 10 bis 12 betragen kann. Den Geschlechtsverkehr führten wir am häufigsten durch, als Karola zwischen 14 und 15 Jahre alt war. Seit dieser Zeit führte ich den Geschlechtsverkehr dann nicht häufiger durch.

Vorhalt: Ihre Stieftochter sagte aus, daß Sie zwischen 1982 und

1987 mit ihr durchschnittlich zehn Mal im Monat Geschlechtsverkehr hatten. Äußern Sie sich dazu!

Antwort: Manche Monate gab es, wo wir keinen Geschlechtsverkehr hatten, aber ansonsten stimmt diese Zahl, die meine Stieftochter angegeben hat.

Vorhalt: Ihre Stieftochter gab an, daß sie 1987, wenn Ihre Tochter anwesend war, täglich mit ihr Geschlechtsverkehr hatten und diesen immer mit dem Mundverkehr verbanden. Beziehen Sie dazu Stellung!

Antwort: Dazu muß ich sagen, daß das überhaupt nicht stimmt. 1987 lief kaum noch etwas zwischen uns in sexueller Hinsicht ab. Bis Mai 1987 waren es ca. 10 Handlungen, die ich mit ihr durchführte. Da sie dann von Zuhause abgängig war, konnte ich mit ihr auch keinen Geschlechtsverkehr mehr durchführen.

Vorhalt: Ihre Stieftochter gab an, daß sie im vergangenen Jahr ca. hundertmal Geschlechtsverkehr mit Ihnen durchführte. Äußern Sie sich dazu!

Antwort: Das stimmt überhaupt nicht. Da ich bereits gesagt habe, daß Karola von Zuhause abgängig war, ist dies auch gar nicht möglich.

Frage: Wie oft führten Sie mit Ihrer Stieftochter auf dem Grundstück und im Wald Geschlechtsverkehr durch?

Antwort: Da ich mit Karola nur drei- oder viermal auf dem Grundstück war, dürfte sich die Anzahl des Geschlechtsverkehrs ebenso beziffern.

Vorhalt: Ihre Stieftochter gibt an, daß es ca. zehn Handlungen waren. Nehmen Sie dazu Stellung!

Antwort: Wenn wir Geschlechtsverkehr durchführten, dann war es immer am Tag, also mehr als fünfmal führten wir auf dem Grundstück in Grünheide den Geschlechtsverkehr nicht durch.

Frage: Kam es während der ganzen Geschlechtsakte bei Ihnen zum Samenerguß?

Antwort: Als Karola ungefähr 14 Jahre alt war, benutzte ich beim Geschlechtsverkehr immer Gummischutz. Dabei kam es dann auch immer zum Samenerguß.

Vorher habe ich immer kurz vor dem Samenerguß mein Glied aus ihrer Scheide gezogen.

Frage: Führten Sie mit Ihrer Stieftochter auch Geschlechtsverkehr während ihrer monatlichen Regelblutung durch?

Antwort: Nein, während ihrer Regel hatten wir keinen Geschlechtsverkehr.

Frage: Welche Personen haben Kenntnis von sexuellen Handlungen bzw. welche Familienmitglieder waren zu diesen Zeitpunkten in der Wohnung anwesend?

Antwort: Meines Wissens hat kein Familienmitglied davon Kenntnis gehabt, auch nicht meine Frau. Wenn wir den Geschlechtsverkehr abends durchführten, dann haben bereits alle weiteren in der Wohnung befindlichen Personen geschlafen.

Frage: Wurden Sie bei den sexuellen Handlungen überrascht?

Antwort: Nein, überrascht wurden wir niemals.

Vorhalt: Ihre Ehefrau sagte in ihrer Vernehmung, daß sie einmal dazukam, als Sie auf dem Sessel saßen und Ihre Stieftochter auf dem Schoß hatten. Äußern Sie sich dazu!

Antwort: Das ist richtig, sie kam dazu, als meine Tochter auf meinem Schoß saß. Wir hatten in diesem Moment aber keinen Verkehr.

Vorhalt: Ihre Frau sagte weiterhin, daß sie Sie überraschte, als Sie Ihrer Stieftochter im Badezimmer die Brüste abfrottierten. Nehmen Sie dazu Stellung!

Antwort: Ja, auch das ist richtig. Ich habe nicht nur Karolas Brüste abgetrocknet, sondern ihren ganzen Körper.

Frage: Was war Ihr Motiv, Ihre Stieftochter sexuell zu mißbrauchen?

Antwort: Einen richtigen Grund hatte ich nicht, aber eine Rolle spielte, daß ich mit meiner Frau sexuelle Probleme habe; sie wollte nicht so oft wie ich den Geschlechtsverkehr.

Und es ergab sich dann, daß Karola sich nicht gegen das sexuelle Verhältnis zu mir sträubte.

Frage: Unterhielten Sie noch Verhältnisse zu anderen Frauen?

Antwort: Nein, ich habe keine weiteren Beziehungen unterhalten.

Frage: Sind Sie sich der Strafbarkeit Ihrer Handlungen, die Sie an Ihrer Stieftochter durchgeführt haben, bewußt?

Antwort: Ich bin mir der Strafbarkeit voll bewußt. Es war mir auch von Anfang an klar, daß ich mit den sexuellen Handlungen an meiner Tochter gegen gesetzliche Normen verstoße. Ich stehe auch voll für meine Handlungen ein.

Frage: Sind Sie sich bewußt, daß Sie die Schuld an der Entwicklung Ihrer Tochter tragen und daß Sie bei ihr einen schweren moralischen Schaden angerichtet haben?

Antwort: Daß Karola durch meine Handlungen einen moralischen Schaden erlitten hat, war für mich nicht ersichtlich. Sie hat sich ja auch nie gegen die Handlungen gewehrt. Schon in ihren ersten Schuljahren, also in der ersten und zweiten Klasse, hat sie sich herumgetrieben und wurde mit einem Funkwagen nach Hause gebracht. An ihrer Entwicklung sind die durch mich begangenen sexuellen Handlungen bestimmt nicht schuld.

Frage: Ihnen wurden in der 1. Beschuldigtenvernehmung bereits Beweismittel zur Kenntnis gegeben. Außerdem gelangte am heutigen Tage die Zeugenvernehmung Ihrer Stieftochter vom 12. Juni 1988 zur Kenntnis. Nehmen Sie die Beweismittel zur Kenntnis und stellen Sie selbst Beweisanträge?

Antwort: Ich habe die Beweismittel zur Kenntnis genommen und stelle selbst keine Beweisanträge. Ich habe das Protokoll meiner heutigen Beschuldigtenvernehmung selbst gelesen. Der Inhalt entspricht wahrheitsgemäß meinen Angaben, was ich durch meine Unterschrift bestätige.

geschlossen: 12.45 Uhr
(Unterschrift) Max Mehlmann   (Unterschrift) Johannes Maier

Krim.-Omstr.

ABV	Abschnittsbevollmächtigter der Volkspolizei
AG	Arbeitsgruppe
BdVP	Bezirksbehörde der Volkspolizei
DHG	Diensthabende Gruppe der Kriminalpolizei
DVP	Deutsche Volkspolizei
HA K	Hauptabteilung Kriminalpolizei im MdI
MdI	Ministerium des Innern
MfS	Ministerium für Staatssicherheit
MUK	Morduntersuchungskommission
ODH	Operativer Diensthabender
PdVP	Präsidium der Volkspolizei Berlin
PE	Persönliches und privates Eigentum
PM 1a	Antrag für Ausstellung eines Personalausweises der Abteilung Paß- und Meldewesen
S 26	Personenbewegungskarte der Schutzpolizei
SE	Sozialistisches Eigentum
TPA	Transportpolizeiamt
VPI	Volkspolizei-Inspektion
VPKA	Volkspolizei-Kreisamt
ZKS	Zentrale Kräfte der Schutzpolizei

Literatur-
und Quellenverzeichnis

Burghard, Waldemar. Kriminalistik: Eine selbständige Wissenschaft? Kriminalistik 5/1993, S. 286

Dettenborn, Harry. Täter Opfer Zeuge. Streifzüge durch die Gerichtspsychologie. VEB Deutscher Verlag der Wissenschaften. Berlin 1988

Dettenborn, Harry, Hans-H. Fröhlich und Hans Szewczyk. Forensische Psychologie. Lehrbuch der gerichtlichen Psychologie für Juristen, Kriminalisten, Psychologen, Pädagogen und Mediziner. VEB Deutscher Verlag der Wissenschaften. Berlin 1984

Eppelmann, Rainer, Horst Möller, Günter Nooke und Dorothee Wilms (Hrsg.). Lexikon des DDR-Sozialismus. Das Staats- und Gesellschaftssystem der Deutschen Demokratischen Republik. Verlag Ferdinand Schöningh. Paderborn 1996

Friebel, Wilfried, Kurt Manecke und Walter Orschekowski (Hrsg.). Gewalt- und Sexualkriminalität. Erscheinungsformen Ursachen Bekämpfung. Staatsverlag der DDR. Berlin 1970

Fröhlich, Hans-H.. Die Sexualkriminalität im Blickwinkel menschlicher Sexualität und sexueller Normen. Kriminalistik und forensische Wissenschaften 41, 1980, S. 43-54

Kriminalitätsstatistik gefälscht. Berliner Zeitung vom 2./3. 3. 1991, S. 4

Kube, Edwin. Kriminalität in Deutschland. Ein Ost-West-Vergleich. In: Kaiser/Jehle (Hrsg.): Politisch-gesellschaftlicher Umbruch, Kriminalität und Strafrechtspflege. Kriminalistik Verlag. Heidelberg 1993, S. 19-34 (Neue Kriminologische Schriftenreihe. Bd. 101)

Littmann, Eckhard. Victimologische Untersuchungen an sexuell mißbrauchten Kindern und Jugendlichen. Ergebnisse der forensisch-psychologischen Glaubwürdigkeitsbegutachtung. In: Heide-Ulrike Jähnig und Eckhard Littmann (Hrsg.). Kriminalpsychologie und Kriminalpsychopathologie. Medizinisch-juristische Grenzfragen Bd. 16. VEB Gustav Fischer Verlag. Jena 1985, S. 88-102

Northoff, Robert. Ohne Vorurteil und Verlegenheit. Teil I: Die DDR, ein kriminalpräventives Gesamtkunstwerk? Teil II: Zur Brauchbarkeit primärpräventiver Ansätze in der DDR. Kriminalistik 1 und 2, 1995, S. 51-54 und 129-133

Quambusch, Erwin. Hochschulausbildung von Polizei und Verwaltung. Der unausweichliche Aufbruch zur externen Hochschule der Verwaltung. Kriminalistik 5/1994, S. 311-320

Prusseit, Otto. Zur Aufdeckung latenter Sexualstraftaten. Forum der Kriminalistik 3, 1971, S. 121-124

Przybylski, Peter. Kriminalitätsexplosion und kein Ausweg. Forum der Kriminalistik 1/1973, S. 47

Röhner, Karl-Heinz. Das Kind als Opfer sexueller Mißbrauchshandlungen. In: Kriminalwissenschaftliche Perspektiven im Umbruch. Ansichten nach dem Zerfall der DDR. Materialien der Kriminologischen Forschungsstelle am Kriminalwissenschaftlichen Institut der Humboldt-Universität 3, 1992, S. 61 bis 72

Weisung aus Moskau. Der Spiegel 10/1995, S. 107

Wörterbuch der sozialistischen Kriminalistik. Ministerium des Innern, Publikationsabteilung. Berlin 1981

Zuprotokoll. Wer mißbraucht hier wen? konkret 10/1996, S. 30-32

ISBN 3-360-00982-7

© 2002 Das Neue Berlin Verlagsgesellschaft mbH
Rosa-Luxemburg-Str. 39, 10178 Berlin
Umschlagentwurf: Peperoni Werbeagentur, Berlin
Druck und Bindung: Ebner & Spiegel, Ulm

Die Bücher des Verlags Das Neue Berlin
erscheinen in der Eulenspiegel Verlagsgruppe.

www.eulenspiegel-verlag.de